AF748474

La lutte contre la criminalité économique : réponses interdisciplinaires à un défi global

Les Actes de l'ILCE

Collection dirigée par Isabelle Augsburger-Bucheli

L'Institut de lutte contre la criminalité économique (ILCE)

L'Institut de lutte contre la criminalité économique de la Haute école de gestion Arc, Neuchâtel, a été créé à la fin de l'an 2000. Il offre différentes formations postgrades de haut niveau, telles le Master of Advanced Studies en lutte contre la criminalité économique, le Certificate of Advanced Studies en investigation financière et le Certificate of Advanced Studies en investigation numérique.

L'ILCE tisse en permanence des liens de collaboration avec des institutions suisses et étrangères. Il assure des mandats de recherche, d'enquêtes, d'évaluations des risques ou de coaching. Véritable observatoire de l'évolution de la criminalité économique et institut destiné à la recherche, l'ILCE est dirigé depuis sa création par Isabelle Augsburger-Bucheli, Dr en droit, professeure HES et doyenne de l'institut.
http://www.ilce.ch

© L'HARMATTAN, 2010
5-7, rue de l'École-Polytechnique ; 75005 Paris
http://www.librairieharmattan.com
diffusion.harmattan@wanadoo.fr
harmattan1@wanadoo.fr
ISBN : 978-2-296-12684-8
EAN: 9782296126848

© Schulthess Médias Juridique SA, Genève . Zurich . Bâle 2010
Schulthess Éditions Romandes
Rue du Mont-Blanc 21
CH-1201 Genève
www.schulthess.com
ISBN : 978-3-7255-6182-7
EAN: 9783725561827

Publié sous la direction de
Etienne Blais et de Bertrand Perrin

La lutte contre la criminalité économique : réponses interdisciplinaires à un défi global

Contributions de

Jean-Luc Bacher, Étienne Blais, Maude Blanchette, Patrick Blaser, Ursula Cassani, Benjamin Chapuis, Yanick Charette, Hamza Chraiti, Michaël Dantinne, Pierre Esseiva, Michel Grandjean, Olivier Guéniat, Brigitte Henri, Zora Ledergerber, Amélie-Maude Lemire, Patrice Meyer-Bisch, Carlo Morselli, Juliette Noto, Bertrand Perrin, Ali Rame, Xavier Raufer, Marc Rémy, Daniel Stoll

Schulthess
ÉDITIONS ROMANDES

La publication de cet ouvrage a bénéficié de l'appui de l'Institut du management et des systèmes d'information (IMSI) de la Haute école de gestion Arc.

Couverture : Samantha Guénette et F. Paolo Sciortino – Agence B+ (bpositive.pa@gmail.com)

Mise en page : Nayda Cochet-Sebastian et Mariame Diaby

Sommaire

Avant-propos : Les défis reliés à l'étude et à la prévention de la criminalité économique

ÉTIENNE BLAIS

Professeur adjoint - École de criminologie – Université de Montréal

BERTRAND PERRIN

Responsable adjoint de l'ILCE, Dr en droit, avocat, MA en sciences économiques, Neuchâtel

En décembre 2001, l'une des plus grandes entreprises américaine déclare subitement faillite en raison de pertes occasionnées par ses opérations spéculatives sur le marché de l'électricité, ces dernières ayant été maquillées en bénéfices par le biais de manipulations comptables. La fraude dépasse les 10 milliards de dollars. En plus de laisser dans son sillage de nombreux investisseurs floués, l'affaire Enron a nui à la confiance des investisseurs du marché boursier et à l'économie américaine, tout en laissant des milliers de personnes sans emploi.[1]

Québec, Canada, le 11 janvier 2010, le financier Earl Jones plaide coupable à des accusations de fraude et de vol. À l'aide d'une fraude pyramidale, il reconnaît avoir floué plus de 158 investisseurs pour plus de 50 millions de dollars canadiens entre 1982 et 2009.[2]

Ces deux exemples de fraude illustrent la gravité que peuvent revêtir les crimes économiques tant en termes de coûts directs qu'

Formes de crimes économiques et leur ampleur

En ce qui concerne la question des formes et de l'ampleur des crimes économiques, les affaires Enron et Jones offrent, au mieux, la conception typique du crime économique, tel que dépeint par Sutherland, soit des actes illégaux déployés par des personnes respectables et occupant une position importante.[3] Ces crimes sont aussi les plus spectaculaires et risquent de représenter davantage la couverture médiatique que la réalité.[4]

D'autre part, certains crimes économiques semblent si fréquents qu'ils en sont rendus banals et négligés par les médias. Ces mêmes crimes ne sont que rarement rapportés aux autorités. Leurs répercussions sont pourtant bien palpables. Selon le plus récent *Global Economic Crime Survey*, 56 et 17 % des entreprises canadiennes et suisses sondées ont été victimes de fraude en 2009 (période fenêtre de 12 mois). Et il ne s'agit que des fraudes, ce qui exclut les crimes économiques internes aux organisations qui comptent pour près de 50 % des crimes économiques dont sont victimes les entreprises (par exemple, les vols des employés ou l'utilisation du matériel à des fins personnelles).[5] Dans une publication récente, Vermond estime que les crimes économiques internes représentent, pour les entreprises, des pertes annuelles de plus de 60 milliards de dollars.[6] Par conséquent, au Canada, 40 % des entreprises feront faillite au cours de leurs six premières années d'existence, notamment en raison des fraudes dont elles sont victimes.[7]

Outre les fraudes envers les compagnies et les délits commis à l'interne par les employés, d'autres secteurs et acteurs de l'économie sont affectés. Les garagistes ont notamment l'habitude d'augmenter le coût des réparations

---

[3] Sutherland, E.H. (1940). *White-Collar criminality. American Sociological Review*, 5 : 1-12.

[4] Voir les ouvrages suivants sur le sujet de la construction du crime et de son fonctionnement par les médias : Block, A., et Chambliss, W.J. (1981). *Organizing Crime. New York* : Elsevier. Reiner, R. (2002). *Media-made criminality : The representation of crime in the mass media*, in M. Maguire, R. Morgan et R. Reiner, *The Oxford Handbook of Criminology* 4th Edition, pp. 302-340. New York : Oxford University Press.

[5] Price Waterhouse Coopers (2009). *The Global Economic Crime Survey : Economic crime in a downturn*. Voir également les sondages sur la criminalité économique propres à chaque pays, dont le Canada et la Suisse.

[6] Vermond, K. (2003). *From the inside out.* CMA Management, 77 : 36-38.

[7] Voir note 6 et Statistiques Canada (2008). Tableau 9 : Nombre de PME restantes (créées en 2001) classées par catégorie d'effectifs pour les années d'imposition 2002 à 2006.

des véhicules qui bénéficient d'une couverture d'assurance[8], plusieurs contribuables ont tendance à camoufler leur revenu afin de se soustraire à l'obligation de payer l'impôt foncier au gouvernement[9], et certaines industries pratiquent la facturation de complaisance afin de gonfler artificiellement les coûts de production de leurs marchandises.[10] N'oublions pas non plus les nombreux vols d'identités et d'informations personnelles occasionnés par les brèches de nombreuses organisations gérant des informations personnelles.

Force est d'admettre que d'estimer l'ampleur et les coûts de la criminalité économique s'avère un exercice fastidieux et complexe. C'est notamment le cas de la fraude à l'assurance et plus particulièrement, du gonflement des demandes d'indemnisation à l'assurance privée. Certains avancent que les demandes d'indemnisation montées de toute pièce sont peu fréquentes, mais que la presque totalité des réclamations sont gonflées.[11] À l'opposé, d'autres estiment que les pertes sont minimes et ne représentent qu'un peu plus de 1 % de toutes les indemnisations versées par les compagnies d'assurance.[12] Et les compagnies sont peut-être les victimes directes de la fraude, mais les assurés assument une bonne partie des coûts. Les compagnies investissent très peu d'efforts en termes d'enquêtes et de prévention de la fraude.[13] Afin de compenser pour les pertes liées à la fraude, les compagnies préfèrent tout simplement majorer à la hausse les primes des

---

[8] Tracy, P.E. et Fox, J.A. (1989). *A field experiment on insurance fraud in auto body repair. Criminology,* 27 : 589-603.

[9] Blanchette, M. (2008). L'effet des lois sur l'évasion fiscale : une synthèse systématique des recherches évaluatives. Mémoire de maîtrise (manuscrit non publié). École de criminologie – Université de Montréal.

[10] Paquin, J. (2005). Illustration d'une fraude fiscale collective durable : la facturation de complaisance dans l'industrie du vêtement montréalais, in I. Augsburger-Bucheli et J-L. Bacher (Eds), La criminalité économique : ses manifestations, sa prévention et sa répression, pp. 165-172. Paris (FR) : L'Harmattan.

[11] Ross, L.H. (1970). *Settled out of court.* Chicago (IL) : Aldine. Voir également les différends estimés présentés dans le numéro Juristat sur la fraude et son évolution au Canada : Janhevick, D.E. (1996). L'évolution de la nature des fraudes au Canada, Juristat, 18 (4), 16 pages.

[12] Tremblay, P., Massé, B., et Clermont, Y. (1992). Les fraudes en assurances générales, in J-L. Fortin et D. Girand (Eds.), La fraude à l'assurance – Actes du colloque de Montréal du 26 février 1992, pp. 127-210. Montréal (QC) : Presses de l'Université de Montréal.

[13] Derrig, R.A. (2002). *Insurance Fraud. The Journal of Risk and Insurance,* 69 : 271-287.

assurés et croient, d'ailleurs, qu'il s'agit de l'une des stratégies les plus efficaces.[14]

La prévention de la criminalité économique

Les questions liées à la mesure et à l'ampleur de la criminalité économique ont des implications directes sur les stratégies préconisées pour la combattre. Dans le cas de la fraude à l'assurance, les coûts liés aux enquêtes amènent les compagnies à employer des systèmes experts qui identifient les cas les plus probables. Environ 4 % des réclamations potentiellement suspectes feront l'objet d'une enquête.[15] Dans d'autres secteurs, les autorités compétentes font appel à plusieurs partenaires afin de détecter les crimes économiques. Par exemple, afin de combattre le blanchiment, les organisations financières canadiennes ont l'obligation de déclarer les transactions supérieures à 10 000 $ ainsi que toute transaction jugée suspecte.[16]

Faire l'exercice de se pencher et de se questionner sur les mesures mises en place par les autorités et leurs partenaires est crucial pour en faire une évaluation juste et bien en comprendre les retombées. Autrement dit, le succès des lois peut être intimement lié à notre compréhension ou conception d'un phénomène. Dans le cas de la fraude à l'assurance, il est fort probable que les gains des programmes de prévention soient modestes, particulièrement si le problème n'est pas aussi grave que ce qui est sous-entendu par les compagnies.[17] Dans le présent exemple, les gains attendus dépassent probablement les progrès réellement atteignables en raison d'estimations plutôt alarmistes du phénomène.

Bien que l'exemple suivant soit complètement différent, un parallèle peut être fait avec la fraude à l'assurance, spécialement lorsqu'il est question de bien mesurer l'ampleur du phénomène et d'en comprendre la dynamique. Suite aux attentats du 11 septembre 2001, plusieurs juridictions ont ajouté ou modifié les dispositions de leur code criminel afin de s'attaquer au financement du terrorisme[18]. Les autorités sont particulièrement préoccupées

[14] Voir note 12.

[15] Voir note 13.

[16] Voire note 1.

[17] Blais, É., et Bacher, J-L. (2007). *Situational deterrence and claim padding : results from a randomized field experiment. Journal of Experimental Criminology*, 3 : 337-352.

[18] Au Canada, loi antiterroriste (projet de loi C-36), en vigueur depuis le 24 décembre 2001. En Suisse, article 260^quinquies^ du Code pénal incriminant le financement du terrorisme, en vigueur depuis le 1er octobre 2003.

par le blanchiment d'argent par les organisations terroristes, c'est-à-dire de faire disparaître des revenus criminels sur le marché légitime via l'achat de biens et services. Or, le concept de blanchiment ne s'applique pas au financement du terrorisme. C'est plutôt la destination des fonds (souvent des dons) qu'il faut surveiller. De même, les coûts liés aux activités sont loin d'être proportionnels aux effets observés, diminuant ainsi le potentiel de toute mesure visant à limiter le financement du terrorisme.[19] Bref, les mesures de contrôle et de prévention risquent d'être désuètes si elles s'attaquent à un problème mal compris et surtout dont l'ampleur est surestimée.

Qui sont les responsables des crimes économiques ?

Aux difficultés reliées à l'identification de mesures efficaces et à l'analyse précise des crimes économiques s'ajoutent les défis liés au caractère transnational et international de ces activités illicites.[20] Car aux activités internationales sont liés de nombreux acteurs à qui il faut s'attaquer.[21] Comment appréhender ces acteurs ? Ont-ils tous le même rôle ? Ces questions interpellent tout organisation policière ou organisme chargé de lutter contre la criminalité économique. À ces questions viendront aussi se greffer toutes les embûches reliées à la collaboration avec les autorités des autres pays (procédures, textes de loi).

Encore une fois, les conceptions et compréhensions des crimes économiques risquent d'influer sur le choix des mesures à prendre. L'exemple du terrorisme et de son financement est, encore ici, fort pertinent pour illustrer ce propos. D'un côté, certains stipulent que les organisations criminelles et terroristes fonctionnent selon une structure hiérarchique et qu'une stratégie efficace consiste à s'attaquer à la tête dirigeante. De l'autre côté, nous retrouvons les partisans de l'approche en réseaux. Selon cette conception, le fonctionnement pyramidal est dépassé, voire il n'a jamais existé, et les terroristes comme les criminels fonctionnent en réseaux sans que ces derniers ne communiquent nécessairement les uns avec les autres.[22]

---

[19] Lemans Langlois, S. (2007). Le terrorisme et la lutte au terrorisme, in M. Cusson, B. Dupont et F. Lemieux (Eds.), Traité de sécurité intérieure, pp 199-222. Montréal (QC) : HMH.

[20] Queloz, N. (2003). De l'arsenal de papier aux difficultés de terrain : les aléas de la lutte contre la criminalité économique. Revue économique et sociale, 3 : 11-18.

[21] Voir note 1.

[22] Voir la note 18 et le livre Morselli, C. (2009). *Inside criminal networks.* Pays-Bas : Springer.

Autrement dit, des « cellules » embrassent la cause d'une organisation (Al Qaeda) sans pour autant avoir de lien avec les autres cellules.

Similairement, des chercheurs ont longtemps affirmé que les organisations légitimes étaient à la merci des organisations criminelles qui exerçaient sur elles une pression afin de blanchir leur argent ou de mettre à leur disposition infrastructures et expertises nécessaires à la réalisation de leurs crimes. Une nouvelle perspective est toutefois défendue. L'idée de « crime organisant » fait aujourd'hui de plus en plus consensus. Elle conçoit la criminalité économique comme une symbiose entre le monde criminel et légitime. De nombreuses opportunités criminelles émergent du monde légitime et certains tenteront d'en tirer profit en faisant appel à des contacts criminels. C'est notamment le cas de réseaux de trafiquants de cocaïne et haschisch où des acteurs légitimes vont investir des sommes pour financer le réseau de trafiquants et faciliter les transferts d'argent.[23]

Tous ces débats entourant la mesure, l'identification, la conceptualisation et la régulation des crimes économiques ont récemment fait l'objet d'un colloque, tenu les 7 et 8 mai 2009, à Neuchâtel, en Suisse. Ce colloque a donné lieu à de nombreux symposiums sur les mesures efficaces pour lutter contre la criminalité économique, la criminalité en entreprise, le blanchiment d'argent, le financement du terrorisme, le crime organisé et le trafic de stupéfiants, pour n'en nommer que quelques-uns. La qualité des exposés et les débats animés indiquaient que les sujets abordés lors du colloque interpellaient les chercheurs tout comme les intervenants. L'idée d'un ouvrage collectif germa rapidement et les conférenciers du colloque furent sollicités à produire un texte en lien avec leur exposé.

Ce livre prend donc la forme d'un recueil de textes originaux qui s'inscrivent en continuité avec les principaux débats sur la scène de la criminalité économique. Le lecteur y trouvera de riches informations, entre autres, sur les questions des lois et de leur application dans divers contextes, des pratiques de prévention de la criminalité économique, du crime organisé et du financement du terrorisme. C'est ainsi que cet ouvrage est divisé en fonction de cinq principaux thèmes :

[23] Morselli, C. (2009). *Inside criminal networks*. Pays-Bas : Springer. Voir aussi les deux articles suivants sur le rôle des acteurs légitimes au sein du crime organisé et des marches criminels : Chevrier, E. (2004). *The French Government's will to fight organized crime and clean up the legal professions. Crime Law and Social Change*, 42 : 189-2000. Middleton, D.H., et Levi, M. (2004). *The role of solicitors in facilitating organized crime : Situational crime opportunities and their regulation. Crime Law and Social Change*, 42 : 123-161.

1. Le blanchiment d'argent et la confiscation des profits du crime.
2. La corruption.
3. Les infractions contre le patrimoine et la délinquance en entreprise.
4. L'éthique, la prévention et la perception de la criminalité économique.
5. La criminalité organisée et le trafic de stupéfiants.

Au total, cet ouvrage compte 21 textes qui sauront à la fois instruire le néophyte et stimuler la réflexion chez le chercheur aguerri. Sans oublier que les décideurs en entreprise et responsables de la sécurité y trouveront de riches enseignements sur les mesures en prévention du crime économique et les modes opératoires des fraudeurs.

Nous remercions vivement Me NAYDA COCHET-SEBASTIAN, assistante de recherche à l'ILCE, pour sa relecture attentive et critique des manuscrits. Nous exprimons aussi notre reconnaissance à la Haute école de gestion Arc pour son précieux soutien financier.

Au nom du comité éditorial, nous vous souhaitons une bonne lecture!

Table des abréviations

ACFE	*Association of Certified Fraud Examiners*
ACJ	Arrêt de la Cour de justice (Genève)
AdC	Autorité de contrôle en matière de lutte contre le blanchiment d'argent (Suisse)
ADN	Acide désoxyribonucléique
AFIS	*Automated Fingerprint Identifiction System* (=système automatisé d'identification des empreintes digitales)
al.	alinéa
ANOVA	Analyses de variance
art.	article
ATAF	Arrêt du Tribunal administratif fédéral (Suisse)
ATF	Arrêt du Tribunal fédéral (Suisse)
AUC	*Autodefensas Unidas de Colombia*
BIC	*Bank Identifier Code*
CANAFE	Centre d'analyse des opérations et déclarations financières du Canada
cf.	confer (= comparer)
CFB	Commission fédérale des banques (Suisse)
CFMJ	Commission fédérale des maisons de jeu (Suisse)
ch.	chiffre
CIRDI	Centre international de règlements des différends relatifs aux investissements
CMF	Code monétaire et financier (France)
CO	Code des obligations (RS 220)
CODIS	Combined DNA Index System
Comco	Commission de la concurrence (Suisse)
consid.	considérant(s)
CP	Code pénal (Suisse)
CPS	Code pénal suisse
CRF	Cellule de renseignement financier
CTIF	Cellule de traitement des informations financières (Belgique)
CTR	Contrôle téléphonique rétroactif
Dahir	Décret royal (Maroc)
DBG	= LIFD (Loi fédérale sur l'impôt fédéral direct, RS 642.11)

DETEC	Département fédéral de l'environnement, des transports de l'énergie et de la communication (Suisse)
DM	*Deutsche Mark* (= mark allemand)
DOJ	*Department of Justice* (États-Unis d'Amérique)
DPA	Loi fédérale sur le droit pénal administratif (RS 313.0)
DRMCC	Département de recherche sur les menaces criminelles contemporaines (France)
éd	édition
Eds	éditions
EM	Echelle méthodologique
ERMP	Ecole romande de magistrature pénale, Neuchâtel (Suisse)
ESC	Ecole des sciences criminelles, Lausanne (Suisse)
ETA	*Euskadi ta Askatasuna* (organisation armée basque indépendantiste)
EUR	Euros
FARC	Forces armées révolutionnaires de Colombie
FBI	*Federal Bureau of Investigation*
FCPA	*Foreign Corrupt Practices Act*
Fedpol	Office fédéral de la police (Suisse)
FED	*Federal Reserve System* (= Réserve fédérale américaine)
FF	Feuille fédérale (Suisse)
FINMA	*Swiss Financial Market Supervisory Authority* (Autorité fédérale suisse de surveillance des marchés financiers)
FMI	Fonds monétaire international
G7	Groupe des sept (France, Allemagne, Italie, Japon, Royaume-Uni, Canada et Etats-Unis d'Amérique)
GAFI	Groupe d'action financière sur le blanchiment de capitaux
GE	Genève (canton de, Suisse)
GRECO	Groupe des États contre la corruption
HEG	Haute école de gestion Arc, Neuchâtel (Suisse)
HES-SO	Haute école spécialisée de Suisse occidentale
IAASB	*International Auditing and Assurance Board*
i.e.	in extenso
IFAC	*International Federation of Accountants*
IFRS	*International Financial Reporting Standards*
IIEDH	Institut interdisciplinaire d'éthique et des droits de l'homme, Fribourg (Suisse)
IRS	*Internal Revenue Service*

ILCE	Institut de lutte contre la criminalité économique de la HEG Arc, Neuchâtel (Suisse)
IPS	Institut de Police Scientifique, Lausanne (Suisse)
ISA	*International Standards of Auditing*
JCP	Juris classeur périodique
JdT	Journal des Tribunaux (Suisse)
JO	Journal officiel de l'Union européenne
KYC	*Know your customer*
LAA	Loi fédérale sur l'assurance-accidents (RS 832.20)
LAB	Lutte anti-blanchiment
LAMal	Loi fédérale sur l'assurance-maladie obligatoire (RS 832.10)
LAUFIN	Loi sur l'Autorité fédérale de surveillance des marchés financiers (RS 956.1). Abrégée aussi LFNIMA
LAVS	Loi fédérale sur l'assurance-vieillesse et survivants (RS 831.10)
LBA	Loi fédérale concernant la lutte contre le blanchiment d'argent et le financement du terrorisme dans le secteur financier (Loi sur le blanchiment d'argent, RS 955.0)
LCart	Loi sur les cartels et autres restrictions à la concurrence (RS 251)
LCD	Loi fédérale contre la concurrence déloyale (RS 241)
LDIP	Loi fédérale sur le droit international privé (RS 291).
LFINMA	Loi sur l'Autorité fédérale de surveillance des marchés financiers (RS 956.1)
LP	Loi fédérale sur la poursuite pour dettes et la faillite (RS 281.1)
LPD	Loi fédérale sur la protection des données (RS 235.1)
LPP	Loi fédérale sur la prévoyance professionnelle, survivants et invalidité (RS 831.40)
LSD	Lysergesäurediethylamid (psychotrope hallucinogène)
LSR	Loi fédérale sur la surveillance de la révision (RS 221.302)
LSu	Loi fédérale sur les subventions (RS 616.1)
LTVA	Loi fédérale régissant la taxe sur la valeur ajoutée (Loi sur la TVA, RS 641.20)
LRTV	Loi fédérale sur la radio et la télévision (RS 784.40)
MPC	Ministère public de la Confédération (Suisse)

MROS	*Money Laundering Reporting Office Switzerland* (Bureau suisse de communication en matière de blanchiment d'argent)
MS	*Mara Salvatrucha*
MSP	Média de service public
n.	note(s)
NA	Normes d'audit
NAS	Normes d'audit suisses
NASA	*National Aeronautics and Space Administration*
NIP	Numéro Identifiant Personnel
n°	numéro
not.	notamment
NY	New York
OBCBA	Ordonnance sur le Bureau de communication en matière de blanchiment d'argent (RS 955.23)
OBA-CFB 2003	Ordonnance de la Commission fédérale des banques en matière de lutte contre le blanchiment d'argent (Ordonnance de la CFB sur le blanchiment d'argent, RS 955.022)
OBA-FINMA 1	Ordonnance de l'Autorité fédérale de surveillance des marchés financiers sur la prévention du blanchiment d'argent et du financement du terrorisme dans le domaine des banques, des négociants en valeurs mobilières et des placements collectifs (Ordonnance 1 de la FINMA sur le blanchiment d'argent, OBA-FINMA 1, RS 955.022)
OBA-FINMA 2	Ordonnance de l'Autorité fédérale de surveillance des marchés financiers sur la prévention du blanchiment d'argent et du financement du terrorisme dans le domaine des assurances privées (RS 955.032)
OBA-FINMA 3	Ordonnance de l'Autorité fédérale de surveillance des marchés financiers sur la prévention du blanchiment d'argent et du financement du terrorisme dans les autres secteurs financiers (RS 955.033.0)
OCDE	Organisation de coopération et de développement économiques
OECD	*Organisation for economic cooperation and development (=OCDE en français)*
ODCCP	*Office for Drug Control and Crime Prevention* (Nations Unies)
OFCOM	Office fédéral de la communication (Suisse)

ONG	Organisation non gouvernementale
ONU	Organisation des Nations Unies
ONUDC	Office des Nations Unies contre la drogue et le crime
op. cit.	*opus citatum* (ouvrage cité)
ORTV	Ordonnance sur la radio et la télévision (RS 784.401)
OUC	Onde ultra courte
p.	page
PCC	Premier Commando de la Capitale
PJF	Police judiciaire fédérale (Suisse)
PKK	*Partiya Karkeren Kurdistan* (parti des travailleurs du Kurdistan)
PIB	Produit intérieur brut
PIDA	*Public Interest Disclosure Act*
PME	Petites et moyennes entreprises
PNB	Produit national brut
PNUCID	Programme des Nations Unies sur le contrôle international des drogues
pp.	pages
PPF	Procédure pénale fédérale (Suisse)
PS	Parti socialiste
PUF	Presses Universitaires de France
PWC	PriceWaterhouseCoopers
RDAF	Revue de droit administratif et de droit fiscal (Suisse)
Rec.	Recueil
RdRC	Recommandation de révision comptable (Suisse)
RDSP	Représentant du système pénal (Canada)
RG	Renseignements généraux (France)
RS	Recueil systématique du droit fédéral (Suisse)
RO	Recueil officiel du droit fédéral (Suisse)
SA	Société anonyme
SCI	Système de contrôle interne
SEC	*Securities and Exchange Commission*
SGDN	Secrétariat général de la Défense nationale (France)
SJ	Semaine judiciaire (Suisse)
SOX	*Sarbanes-Oxley Act*
SRG	*Schweizerische Radio- und Fernsehgesellschaft* (= SSR en français)
ss.	et suivant(e)s
SSR	Société suisse de radiodiffusion et de télévision

SWIFT *Society for Worldwide Interbank Financial Telec*

1. Blanchiment d'argent et confiscation

Blanchiment de capitaux et crise économique et financière

MICHAËL DANTINNE

Professeur de criminologie, Ecole liégeoise de criminologie, Université de Liège - Belgique

Les liens entre criminalité et situation économique – les deux concepts devant être ici interprétés dans leur acception la plus large – ont, de tous temps, formé un objet d'étude cher aux criminologues. Von Mayr, par le parallèle qu'il traça entre les fluctuations du prix du grain et celles du nombre de vols commis en Bavière entre 1833 et 1861[1] ou Exner, via sa démonstration d'une corrélation entre le nombre de personnes sans emploi et le nombre de vols en Allemagne entre 1926 et 1938, ne sont que deux exemples de cet intérêt quasi historique[2]. Dans le même ordre d'idée, le 11ème colloque de criminologie du Conseil de l'Europe, qui se tint à Strasbourg en 1994, fut consacré au thème « Crime et économie » avant que d'autres études ne fournissent des analyses plus approfondies de ce lien[3].

Les relations susceptibles d'unir plus spécifiquement situation économique et criminalité économique ont elles aussi été l'objet d'attentions criminologiques nombreuses. Kellens, en 1974, étudia ainsi les liens entre cycles économiques et banqueroutes frauduleuses[4]. Alors que Simpson, dans une célèbre étude des violations des lois antitrust commises par 52 entreprises US, mit en évidence le fait que la situation économique générale et/ou industrielle engendrait un impact plus fort sur les comportements

---

[1] VON MAYR, G., *Statistik des Gerichrlichen Polizei in Koningsreiche* Bayern, Statistics Bavaria, Munich, 1867; voir aussi MEHLUM, H., MIGUEL, E., TORVIK, R., *Poverty and crime in the 19th century Germany*, [En ligne], http://www.svt.ntnu.no/iso/ragnar.torvik/bavaria_30aug05.pdf, 2005, consulté le 30 juin 2009.

[2] EXNER, F., Kriminologie, Berlin, Springer, 1949.

[3] Voir not. PYLE, D.J., DEADMAN, D.F., *Crime and the Business Cycle in Post-War Britain, British Journal of Criminology*, 1994, Vol. 34, N°3, pp. 339-57.

[4] KELLENS, G., Banqueroutes et banqueroutiers, Bruxelles, Dessart et Mardaga, 1974.

transgressifs desdites entreprises que leur situation financière intrinsèque[5]. Et ce ne sont évidemment là que quelques exemples choisis.

S'intéresser aux liens potentiels entre blanchiment de capitaux et crise économique et financière s'inscrit dès lors dans le prolongement quasi naturel de ces travaux. Mais ceci dépasse la simple filiation historique tant une absence d'interrelation semble inimaginable dès lors que l'on considère que l'économie, à la fois au sens macro et micro-économique, est au cœur du blanchiment, comme motivation, comme théâtre et comme objet de répercussion. Alors que cette contribution est rédigée au plus fort du deuxième krach de l'histoire économique, comment ne pas prendre en compte ce facteur contextuel majeur dans l'étude du blanchiment de capitaux?

1. Evocations publiques récentes

L'évidence apparente du lien entre blanchiment de capitaux et crise économique et financière ressortant d'une toute première approche contraste singulièrement avec le volume de la production scientifique qui y est consacrée. En effet, les résultats d'une recherche bibliographique ne permettent pas réellement de pointer l'une ou l'autre étude de référence, et encore moins un faisceau d'analyses qui démontrerait une relation causale et en préciserait le sens.

Pourtant, trois évocations d'actualité récente ont directement concerné cette question, alimentant de la sorte l'hypothèse d'un lien.

En date du 27 février 2009, le Groupe d'Action Financière (GAFI), à la fois sorte de diapason mondial et aiguillon intergouvernemental de la lutte contre le blanchiment de capitaux et le financement du terrorisme, précisait explicitement, dans ses résolutions de fin de réunion plénière, qu'il entendait étudier l'impact de la crise économique et financière sur les deux phénomènes qui forment le centre de son action. Plus précisément, le GAFI annonçait une évaluation du poids des mesures de lutte contre le blanchiment de capitaux et le financement du terrorisme dans les solutions nationales et mondiales apportées à la crise et une vérification que les mesures destinées à soutenir les économies n'entamaient pas les contrôles réalisés pour lutter contre ces phénomènes[6].

---

[5] SIMPSON, S., *Corporate Crime, Law and Social Control, New York, Cambridge, Cambridge University Press*, 2002.

[6] GAFI, Réunion plénière du 25 au 27 février 2009 - Résumé du Président, 27 février 2009.

Le 24 avril 2009, le quotidien belge *Le Soir*, publiait un article intitulé « Les blanchisseurs d'argent ne connaissent pas la crise »[7]. Cet article faisait écho à la publication du rapport annuel (2008) de la cellule belge de renseignement financier, la Cellule de Traitement des Informations Financières (CTIF). Constatant qu'en 2008 la cellule n'avait pas connu de fléchissement dans le volume des déclarations de soupçon reçues, telles qu'émanant des professionnels soumis aux obligations du dispositif belge, l'article, reprenant en cela les déclarations des dirigeants de la CTIF, constatait qu'en dépit de la crise, le blanchiment de capitaux ne semblait connaître aucune conséquence de la crise ambiante. S'il faut d'emblée relativiser ce propos sur le fond, notamment en ce sens que les fluctuations du nombre de déclarations de soupçon ne peuvent pas sans précaution et nuance être assimilées à des évolutions des phénomènes du blanchiment de capitaux et du financement du terrorisme, il participe néanmoins à la question des liens que ces derniers entretiennent éventuellement avec la crise économique.

Enfin, une déclaration publique du directeur exécutif de l'office des Nations Unies pour la lutte contre la drogue et le crime (UNODC), datée du 17 avril 2009, ne se bornait pas à poser des questions quant à cet impact de la crise économique et financière, mais emportait une interprétation péremptoire : « La crise financière offre une opportunité extraordinaire aux mafias d'élargir leur infiltration d'établissements financiers privés de liquidités : la crise bancaire engendrant une grave perturbation du crédit, ces groupes criminels, qui disposent de beaucoup de cash, ont émergé comme étant aujourd'hui une des rares sources de crédit possibles »[8].

A défaut de données précises ou d'étude scientifique phare, force est de constater que le thème des liens entre crise économique et financière et blanchiment de capitaux alimente la réflexion, voire excite les imaginations, ce qui fonde la présente contribution qui n'a cependant pour vocation que d'être une présentation de l'hypothèse.

2. Positionnement : sens de la relation causale envisagée et macro/micro-économie

L'approche des liens entre blanchiment de capitaux et crise économique peut être réalisée grâce à l'utilisation de divers prismes analytiques.

---

[7] Les blanchisseurs ne connaissent pas la crise, Le Soir, 24 avril 2009.

[8] Crime commission opens in Vienna, 17 avril 2009, [En ligne], http://www.unodc.org/unodc/en/frontpage/crime-commission-opens-in-vienna.html, consulté le 5 juin 2009.

Il y a tout d'abord à trancher le sens de la relation étudiée. En effet, celle-ci peut s'envisager de deux manières : les effets du blanchiment sur la crise économique (en ce compris l'hypothèse du rôle du blanchiment comme déclencheur) et les effets de la crise économique sur le blanchiment de capitaux[9].

Le blanchiment de capitaux peut-il engendrer ou même simplement alimenter une crise économique et financière telle que la crise mondiale qui sévit depuis 2008 ? Répondre par l'affirmative consiste à admettre l'idée que des organisations criminelles disposeraient de la capacité, volontaire ou involontaire, par leurs activités et/ou la masse de leurs avoirs, d'engendrer un déséquilibre économique suffisamment important pour entraîner une situation de crise mondiale. L'échelle dont il est question ici dépasse les ressorts locaux et régionaux au sein desquels il ne faut parfois pas nier les impacts économiques réels des économies informelles ou illégales, à tout le moins pour certains types de marchés de biens ou de services[10]. Ces considérations renvoient aux difficultés de quantification du phénomène de blanchiment de capitaux[11]. Mais elles réfèrent également à un « marché de la menace », alimenté à coups de chiffres massues, dégusté à l'aide de fourchettes d'estimation pantagruéliques et assis par des déclarations qui se valident mutuellement[12]. Les acteurs intéressés de ce marché stimulent des représentations alarmées et alarmistes, qui les servent avant tout, et parasitent ensuite les réflexions à la poursuite de l'objectivité ; Van Duyne résuma parfaitement la situation par la formule : *Bad facts stick like mud- Les mauvais faits adhèrent aux semelles des chaussures comme de la boue*[13].

---

[9] A ce stade, nous avons décidé de ne plus traiter la question du financement du terrorisme. Si celui-ci est souvent associé au blanchiment de capitaux, nous considérons qu'il s'agit d'un phénomène répondant à des dynamiques très différentes et que, de surcroît, sans éliminer d'office les répercussions qu'engendre sur lui la crise économique, celles-ci pourraient revêtir des formes très différentes.

[10] Pour une illustration de quelques unes de ces déclinaisons, voir not. SIEGEL, D., NELEN, H. (ed.), *Organized Crime – Culture, Markets and Policies*, New York, Springer, 2008.

[11] CARTIER-BRESSON, J., JOSSELIN, Ch., MANACORDA, S., Les délinquances économiques et financières et globalisation, Rapport IHESI. Etudes et Recherches, Paris, 2001.

[12] FAVAREL-GUARRIGUES, G., Crime organisé transnational et lutte anti-blanchiment, VIIe congrès de l'Association Française de Science Politique, 18-21 septembre 2001.

[13] VAN DUYNE, P., *Money-Laundering : Pavolv.s Dog and Beyond, The Howard Journal of Criminal Justice*, Vol.37, N°4, pp. 359-374.

Au-delà de ces incertitudes, il nous semble que l'hypothèse d'une déstabilisation de l'ordre économique mondial par des capitaux d'origine criminelle ne résiste pas à la connaissance de la physionomie et des mécanismes du fonctionnement de l'économie contemporaine. Cette hypothèse apparaît effectivement du même acabit que les bruits qui avaient circulé, quelques heures à peine après les attentats du 11 septembre 2001, et selon lesquelles Al-Qaïda aurait réalisé des opérations boursières quelques jours avant la date fatidique afin de déstabiliser l'ordre économique mondial. Ces rumeurs furent finalement totalement infirmées par les investigations officielles chargées de faire la lumière sur ces affirmations[14].

C'est donc vers l'autre sens relationnel que nous orienterons notre réflexion, à savoir l'hypothèse des conséquences engendrées par la crise économique et financière sur le blanchiment de capitaux. Il convient cependant de préciser d'emblée que ce choix n'exclut pas qu'il existe tantôt des phénomènes ciblés d'aggravation ou, à l'inverse d'atténuation, des effets de la crise, générés par le blanchiment de capitaux. Tout comme ceci ne remet pas en cause la réalité de l'ampleur des masses financières dégagées par la palette d'activités criminelles sévissant sur la planète.

La question des impacts de la crise économique et financière sur le blanchiment de capitaux peut à son tour être envisagée sous deux perspectives. Sur un plan macroéconomique, il s'agit de déterminer la mesure dans laquelle les profonds bouleversements économiques induits par la crise peuvent globalement modifier la donne au niveau du blanchiment de capitaux. Sur un plan microéconomique, il y a lieu de voir, au niveau des acteurs concernés directement ou indirectement par le blanchiment de capitaux, quels pourraient être les impacts de la crise sur leurs comportements.

L'utilisation de ce distinguo macro/micro ne doit cependant pas cultiver deux représentations erronées. D'une part, macroéconomie et microéconomie forment bel et bien deux réalités liées et non hermétiquement distinctes : dans la mesure où nous privilégions une perspective holistique pour étudier le blanchiment de capitaux, ces deux niveaux d'analyse sont avant tout utilisés afin d'accroître la lisibilité du

[14] THE COMMITTEE OF EUROPEAN SECURITIES REGULATORS, *Preliminary report on the inquiries and investigations in the securities markets in Europe after the 11 september 2001 attacks*, 10 octobre 2001, [EnLigne], http://europa-eu-un.org/articles/en/article_176_en.htm, consulté le 5 juin 2009.

raisonnement[15]. D'autre part, le focus n'est pas ici strictement quantitatif, ce que pourrait laisser entendre l'utilisation de concepts économiques ; il est aussi qualitatif, en considérant que si la crise économique peut, par exemple, entraîner une variation de telle offre ou de telle demande, elle est tout autant susceptible d'engendrer des modifications structurelles au sein de ladite offre et de ladite demande, le volume restant par ailleurs constant.

Dans la ligne du positionnement qui précède, la présente contribution, dans son objectif d'initiation du débat, propose de traiter respectivement un aspect macroéconomique et un aspect microéconomique, tous deux choisis, de ces interrelations entre blanchiment de capitaux et crise économique et financière.

3. Le marché de l'usure : exemple d'un impact macroéconomique

Le Fonds Monétaire International estime que le blanchiment de capitaux est compris entre 2 et 5% du Produit Intérieur Brut mondial[16]. Dans la mesure où le même FMI prévoit une contraction du PIB mondial consécutive à la crise, de l'ordre de 1,3% en 2009, il serait tentant de conclure que les crises économiques et financières présentent des effets bénéfiques en matière de lutte contre le blanchiment de capitaux : en réduisant le PIB et/ou sa croissance, elles diminueraient le volume de capitaux blanchis.

Ce raisonnement est toutefois doublement erroné. D'une part, il méconnaît les mécanismes particuliers de fonctionnement des marchés criminels de fourniture de biens et de prestation de services. D'autre part, il ne prend aucunement en considération les logiques fondamentales auxquelles doit répondre tout processus de blanchiment de capitaux.

Au-delà, il semble difficile de postuler un effet unique et monodirectionnel de l'impact de la crise économique et financière sur l'ensemble des activités criminelles. Une approche individualisée de ces activités, replacées dans les contextes de marché sur lesquelles elles interviennent, semble en revanche nettement plus appropriée. Elle permet de prendre en considération les particularismes de l'offre, de la demande ou encore de la réglementation de ces marchés, à l'instar de l'approche

[15] DANTINNE, M., Approche criminologique du blanchiment de capitaux par le biais d'opérations sur valeurs mobilières et produits dérivés, Thèse de doctorat, Université de Liège, Faculté de droit, 2005, 332 p.

[16] OECD, *Ten years of combatting Money Laundering*, OECD Observer, N 217-218, 1999.

proposée par Albanese[17]. Il y a effectivement fort à parier que les marchés de contrebande, de la drogue (et dans ce groupe, les différents marchés envisagés par type de substance) ou encore du trafic d'œuvres d'art réagissent différemment à une crise économique et financière, au même titre que les offres et demandes des marchés non criminels.

L'usure fait partie de ce panel de marchés, avec la particularité qu'il n'est pas systématiquement illégal et/ou informel, en fonction des réglementations en vigueur. Une association de commerçants italiens, *Confeserecenti*, estimait, en mars 2009, que 180.000 commerçants se sont récemment tournés vers des prêteurs privés, dont certains sont clairement liés à la mafia[18]. Le responsable d'une autre association en charge de l'aide aux personnes victimes de problèmes financiers estime que l'usure, qui rapporterait annuellement 12,6 milliards d'euros aux mafias italiennes, avec des taux d'intérêt de 100 à 200%, serait en pleine expansion[19]. Mais il n'y a pas qu'en Italie que cette répercussion est pointée du doigt : en Malaisie, 100.00 personnes seraient aux prises avec les usuriers, selon l'agence d'information *Bernama*[20] et l'organisation italienne *SOS racket et usure* a reçu de très nombreuses demandes d'aide venant de victimes suisses de l'usure[21].

Cette possible recrudescence du nombre de prêts à taux usuraire s'explique par le manque de liquidités caractéristique de la crise économique mondiale qui sévit depuis 2008. Les banques ont cherché à réduire leur exposition aux risques pour consolider leur position et l'offre de crédit s'en est trouvée considérablement resserrée. A côté de l'offre, la crise impacte aussi directement la demande de crédit, même si cet impact diffère en fonction du type de crédit envisagé : si certains ménages préfèrent postposer leurs investissements à financer en raison des incertitudes liées à la crise, d'autres, en revanche, se tournent vers le crédit de façon à tenter d'en

[17] ALBANESE, J., *A Criminal Network Approach to Understanding & Measuring Trafficking in Human Beigns* in SAVONA, E., STEFANIZZI, S. (ed.) *Measuring Human Trafficking – Complexities and Pitfalls*, New York, Springer, 2007, pp. 55-71.

[18] RODIER, A., La crise économique mondiale profite au crime organisé, Centre Français de Recherche sur le Renseignement - Note d'actualité, N°170, 22 avril 2009.

[19] Crises : les bonnes affaires de la mafia, Le Point, 5 avril 2009.

[20] Les prêteurs illégaux sont en demande en Malaisie, lapresseaffaires, 30 mars 2009.

[21] Les cas de racket en augmentation, 20 minutes, 23 avril 2009.

gommer les effets, notamment les pertes de revenus. Si l'offre de crédit diminue et que l'offre reste stable ou croît, le prix d'équilibre augmente. Cette hausse du taux d'intérêt élimine à son tour certains demandeurs, effrayés du coût ou tout simplement mis hors jeu en raison de leurs revenus, ou parce qu'évalués négativement à la lueur de critères d'octroi rendus plus stricts par les politiques de prudence de rigueur. Le marché trouve alors un nouvel équilibre et ce, jusqu'à une nouvelle fluctuation de l'offre et/ou de la demande qui ré-initie le processus d'ajustement.

L'usure subit les mêmes contraintes imposées par ces dynamiques de marché. L'erreur à ne pas commettre est de considérer que son caractère informel et/ou illégal la met à l'abri de la crise. En effet, les prêts à taux usuraires forment un marché corollaire du marché classique du crédit, ce qui crée sinon une forme de complémentarité, à tout le moins une interaction, au même titre que les marchés de contrebande sont connectés aux marchés licites des biens sur lesquelles ils portent[22].

La similitude n'est cependant pas totale et l'usure se distingue des prêts classiques sur deux points liés au moins. L'exposition au risque acceptée par l'usurier est supérieure à celle tolérée par les prêteurs classiques, banques en tête, a fortiori en situation de crise. En bon principe économique, il en résulte un prix plus élevé, qui est la contrepartie de ce risque. Si l'usurier accepte de prendre ce risque supérieur, de surcroît dans une période de crise, et même s'il y trouve une contrepartie financière, c'est en raison des moyens exclusifs dont il dispose et qui forment autant de garanties de récupération des sommes prêtées. C'est une caractéristique centrale de différenciation entre usure et prêt classique, car certaines garanties et autres « méthodes de recouvrement » sont l'apanage exclusif de l'usure, la majorité d'entre elles étant illégales. Intimidation, représailles matérielles, représailles symboliques (peinture des façades des immeubles des mauvais payeurs en rouge) et violence physique, parfois létale, font partie de la palette des moyens les plus généralement utilisés. Une pratique malaise, non dénuée d'originalité, mérite à ce titre d'être pointée : l'envoi, par les usuriers, de belles femmes qui se présentent au bureau et/ou domicile des débiteurs et qui y font des esclandres particulièrement gênants pour le débiteur. Payer est donc la seule manière de se débarrasser de ces récupératrices de dettes à la présence aussi gênante que leur plastique est agréable à regarder[23]…

[22] Voir not. DANTINNE, M., Contrebande de cigarettes : un exemple moderne de délinquance d'entreprise, Revue Internationale de Criminologie et de Police Technique et Scientifique, Vol. 54, n° 1, 2001, pp. 3-25.

[23] Les prêteurs illégaux sont en demande en Malaisie, lapresseaffaires, 30 mars 2009.

La crise économique qui secoua l'Asie en 1997, et plus particulièrement la situation en Corée du Sud, est exemplative du fait que l'usure peut bel et bien profiter de la crise économique pour se développer. Ainsi, dans les années qui suivirent cette crise, le taux d'endettement des ménages sud-coréens devint le plus fort au monde, le nombre de personnes en défaut de paiement des factures de cartes de crédit et des utilisateurs d'usure passant de 3,72 millions en 2003, pour 2,08 millions en 2000[24]. On recense encore aujourd'hui plus de 50.000 prêteurs privés, dont seulement 16.000 enregistrés, suite aux tentatives de régulations portées par les autorités coréennes[25].

Certes, l'usure n'est pas la chasse gardée des organisations criminelles, mais elle est régulièrement pointée au rang de leurs *core businesses*[26]. Par conséquent, il semble raisonnable d'estimer, sous réserve de vérification de nature empirique, que les crises économiques et financières sont des causes possibles du développement du marché de l'usure : l'offre formelle de crédit se resserre et ne rencontre plus une demande elle aussi impactée par la crise, ce qui favorise l'éclosion d'une offre parallèle acceptant une plus forte exposition au risque pendant que les régulateurs n'ont pas comme priorité première de lutter contre ce type de pratique. La recrudescence de l'usure, lorsqu'elle forme une pratique interdite, produit des capitaux dès lors à blanchir, ce qui permet de tracer un lien, en amont, entre la crise économique et financière et le blanchiment de capitaux.

En aval cette fois, et toujours dans l'étude de l'usure comme exemple, la crise impacte directement le blanchiment de capitaux à proprement parler. Pour poser le débat, il convient de se souvenir des fondamentaux qui animent tout processus de blanchiment. En effet, si le blanchiment engendre le plus souvent un coût que les criminels sont prêts à supporter, c'est parce qu'il s'agit du prix à payer à la fois pour rentabiliser les risques encourus à travers la perpétration d'actes délictueux et pour s'assurer une protection en

[24] Voir not. NOLAND, M., *From player to referee ? The State and The South Korean Economy, Institute for International Economics*, 2005, [En ligne], http://www.iie.com/publications/papers/noland0905a.pdf, consulté le 30 juin 2009.

[25] *IMMIGRATION AND REFUGEE BOARD OF CANADA, South Korea: Nature and extent of loan-sharking ; protection for victims of loan sharks*, 2007, [En ligne], http://www.unhcr.org/refworld/type,QUERYRESPONSE,,KOR,47d6545e23,0.html consulté le 30 juin 2009.

[26] Voir not. SCHELLING, T.C., *What is the business of Organized Crime?, Emory Law Journal, 1971, Vol. 20, N°71, pp. 71-84; KAPLAN, D.E., DUBRO, A., The Explosive Account of Japan's Criminal Underworld*, Boston, Addison-Wesley, 1986.

brouillant les liens susceptibles d'unir le bénéficiaire auxdits actes[27]. Les activités usuraires, lorsqu'elles sont illégales, n'échappent pas à ces dynamiques. Mais l'usure favorise assez souvent une forme de « blanchiment intégré » au travers de l'appropriation de la garantie réalisée par le prêteur, au détriment de son débiteur. Comme le soutient Champeyrache, « en prêtant des fonds requérant le versement d'intérêts prohibitifs, le prêteur mafieux ne fait qu'accentuer la crise de liquidités frappant le propriétaire, celui-ci doit alors céder l'entreprise qu'il n'est plus en mesure d'exploiter »[28]. De contrainte, l'affaire se transforme alors en poule aux œufs d'or : l'usurier, peut prendre le contrôle des structures commerciales gagées, ce qui lui ouvre des perspectives extrêmement porteuses de blanchiment. Est-il besoin de rappeler ici des horizons que dégagent le contrôle de droit ou de fait de ces structures économiques formelles, qu'il s'agisse de justifier des flux financiers (nationaux ou transnationaux) et/ou de retirer personnellement des bénéfices d'apparence licite (sous forme de salaires, d'avantages extra-légaux) ? Sans oublier les participations croisées entre sociétés qui peuvent se révéler de véritables écheveaux pour les autorités en charge des poursuites.

Certains secteurs, comme ceux de la restauration, de l'hôtellerie (plus généralement celui du tourisme) ou de l'import/export viennent directement à l'esprit dans la mesure où ils sont généralement pointés comme étant à risque, en-dehors même des situations de crise. Il semble néanmoins qu'aucun marché ne soit réellement à l'abri. En témoignent par exemple les déboires du club de football belge de première division de l'Excelsior de Mouscron qui, au bord du dépôt de bilan, a vu successivement, parmi les candidats repreneurs ayant manifesté leur intérêt d'investir dans leur structure sportive, un homme d'affaires anglais impliqué dans de nombreuses escroqueries et une piste russe qui s'est mystérieusement évaporée dès lors que des interrogations sur l'origine de leurs capitaux se sont fait jour[29]…

[27] Ces deux finalités sont les deux logiques fondamentales auxquelles doit répondre tout blanchiment de capitaux. Pour plus de détails, voir not. DANTINNE, M., Paris sportifs via Internet et blanchiment de capitaux, Revue de la Faculté de droit de l'Université de Liège, 2006, Vol. 1-2, pp. 69-83.

[28] CHAMPEYRACHE, C., L'infiltration mafieuse dans l'économie légale, Paris, L'Harmattan, 2007.

[29] L'Excelsior de Mouscron piégé par un escroc ?, Le Soir, 10 avril 2009.

4. Approche microéconomique : les incitants de la crise

S'il existe des différences locales, les systèmes de prévention du blanchiment de capitaux existant de par le monde reposent sur une ossature commune. Ils ont été dessinés, notamment à l'initiation et sous la pression du GAFI, comme autant de dispositifs de protection du périmètre de l'économie dite légale. Ces systèmes de prévention sont principalement appuyés sur deux grands types de mesures : les règles d'identification des clients et les déclarations de soupçon qui ont toutes deux pour objectifs potentiellement contradictoires d'une part, de refouler les capitaux d'origine criminelle afin de les empêcher de circuler dans le système protégé et, d'autre part, de remonter les pistes menant aux auteurs des comportements infractionnels[30].

La principale particularité de ce dispositif est qu'il repose sur l'obligation, faite par les Etats à des listes de professions arrêtées par eux, d'appliquer les règles d'identification des clients et de procéder, le cas échéant, aux déclarations de soupçon nécessaires. Les professionnels visés doivent dès lors occuper un rôle central de première ligne, celui de filtre déclencheur des moyens de prévention et de répression. Mais il faut bien garder à l'esprit que cette position ne résulte pas d'un libre choix puisqu'il s'agit en réalité de dépositaires contraints (sous peine de sanctions) dudit rôle. Ce choix « architectural » suscite à tout le moins deux interrogations. Primo, l'on peut s'étonner du choix d'un système qui, par souci d'uniformité traite de façon identique des professions aussi diverses que celles, par exemples, de banquier, d'assureur, d'exploitant de casino, d'antiquaire, de notaire ou d'avocat. Secundo, et de façon liée, cet « amalgame » ne semble pas prendre en considération le rapport de chacune des professions visées à l'objectif de lutte contre le blanchiment de capitaux, en regard de leurs objectifs premiers d'activité.

L'approche microéconomique des relations entre crise économique et financière et blanchiment de capitaux doit par conséquent impérativement être replacée dans ce contexte, sous peine de les appréhender de façon tronquée. Pour les besoins de la présente contribution, nous avons choisi de nous intéresser principalement à un seul type d'acteurs, en l'occurrence les établissements de crédit, considérant qu'il s'agit à la fois du type d'acteurs auquel le plus grand nombre d'études a été consacré et qu'il incarne assez

[30] Sur cette architecture, voir not. THONY, J.-FR., Les mécanismes de traitement de l'information financière en matière de blanchiment de l'argent, Revue de Droit Pénal et de Criminologie, 1996, N°11, pp. 1031-1062.

bien les effets possibles de la crise économique et financière, étant au cœur de celle-ci.

Les résultats des études récentes consacrées aux postures des *compliance officers* actifs au sein des banques, à savoir les cadres en charge de la politique de conformité de l'institution vis-à-vis du blanchiment de capitaux, traduisent une orientation résolument utilitariste. La *compliance* représente un coût, direct (à travers les salaires, les softwares, ...) et indirect (incidences parfois négatives sur l'activité commerciale, ...). Pour être maintenue, elle doit engendrer un bénéfice supérieur à ce coût. Particularité de cette équation, le bénéfice est ici le plus souvent calculé comme une absence de coût grave, à savoir une protection contre des atteintes potentielles inhérentes à une « affaire » de blanchiment de capitaux. La protection vis-à-vis des atteintes réputationnelles trône au sommet des motivations à appliquer le dispositif anti-blanchiment, devant le risque légal, la combinaison des deux éléments conduisant à la politique du type « couverture des arrières » (*Cover your ass policy*), la plus répandue[31]. La perception d'un bénéfice « strictement positif » (pas l'absence d'un coût) semble limitée à l'hypothèse d'une stratégie marketing dans laquelle l'éthique tient un rôle central.

Cette perspective utilitariste se heurte cependant aux difficultés du calcul coût/bénéfice qui la sous-tend. En effet, s'il reste possible d'appréhender les coûts de la politique anti-blanchiment, le bénéfice, quant à lui, est bien plus délicat à évaluer. Tel est notamment le cas de la valeur de la réputation (et des atteintes qui lui sont faites), impalpable et évoluant de façon dynamique[32]. Sans compter que le risque de réputation doit s'envisager dans les deux sens (réputation générale écornée par l'implication dans un scandale lié au blanchiment et réputation commerciale atteinte par une politique trop rigoriste en matière de blanchiment) et qu'il peut entretenir des relations conflictuelles avec le risque légal, comme l'incarne une politique de risque légal zéro qui impliquerait de dénoncer tous les clients et/ou transactions suscitant le moindre doute, mais pourrait porter préjudice aux affaires de l'établissement de crédit envisagé. Dans cette hypothèse, le « cercle vertueux de la *compliance* », qui résulte de l'adhésion et de l'internalisation organisationnelle des fondements de la lutte contre le blanchiment de

[31] VERHAGE, A., *Between the hammer and the anvil? The anti-money laundering complex and its interactions with compliance industry, Crime, Law & Social Change*, Vol. 52, N°1, pp. 9-32.

[32] Pour un développement des rapports entre politique anti-blanchiment de capitaux et réputation, voir not. HARVEY, J., FUNG LAU, S., *Crime-money, reputation and reporting, Crime, Law & Social Change*, Vol. 52, N°1, pp. 57-72.

capitaux, laisse la place à un autre cercle, beaucoup moins vertueux, du transfert de responsabilité, ce qui peut néanmoins s'apparenter à une forme de juste retour des choses, la banque renvoyant la charge de cette politique à son expéditeur étatique.

Plus fondamentalement, cette représentation résolument utilitariste de l'action anti-blanchiment des établissements de crédit nous semble reposer sur deux fictions majeures. La première de ces fictions consiste en une appréhension de la gestion des risques faite par les banques comme étant totalement hermétique et strictement interne à l'organisation. En effet, ceci supposerait une absence totale d'interaction entre l'entreprise et son environnement. Comment, en effet, imaginer que les mutations environnementales profondes que connaît la planète en cette période de crise économique et financière de la fin de la première décennie du 21ème siècle n'impactent pas l'entreprise, en ce compris dans les décisions relatives à l'application des obligations anti-blanchiment ? P.C. Yeager a pourtant pu démontrer l'impact de ces contingences exogènes à l'entreprise : « (...) les conditions économiques et politiques expliquent mieux les niveaux de violation de la loi par les entreprises que les analyses faites par celles-ci de leur propre situation financière (...) le personnel peut prendre des décisions sur la *compliance* basées sur leurs prévisions personnelles des conditions économiques de leur industrie et de l'économie en général »[33]. Par conséquent, il y a lieu de considérer qu'une situation de crise économique et financière mondiale impacte potentiellement le calcul coût/bénéfice de la *compliance*. Précisément, que faut-il penser du poids relatif du risque de notoriété, traditionnellement postulé comme central dans l'application du dispositif anti-blanchiment, dès lors que, crise aidant, celui-ci serait mis en balance avec ni plus ni moins que la survie économique de l'établissement de crédit ? Dans le même ordre d'idée, comment appréhender les impacts respectifs des coûts et bénéfices liés au risque de notoriété et au risque légal dès lors qu'ils seraient mis en miroir avec la perspective d'un gain financier important dans un contexte économique tellement morose ? A l'opposé, ne faut-il pas aussi envisager ce type de période économique comme créatrice d'opportunités, s'agissant de manœuvres de déstabilisation dont l'effet est démultiplié par le levier de la crise ? Ou d'une excellente justification permettant à des comportements de passer du statut de « frauduleux » à celui de « réflexe de survie » ? Différents scandales financiers, comme l'affaire

[33] YEAGER, P.C., *Understanding Corporate Lawbreaking: From Profit Seeking to Law Finding* in PONTELL, H., GEISS, G. (ed.), *International Handbook of White-Collar and Corporate Crime*, New York, Springer, 2007, pp. 25-49.

Fortis en Belgique, survenus dans ce contexte de crise économique et financière, devraient pourvoir faire office d'objets d'étude pertinents quant à ces questions, une fois les ondes des séismes dissipées. Mais il y a d'ores et déjà lieu de pointer qu'il serait illusoire de croire que la crise n'aurait aucun effet sur les décisions des acteurs économiques, notamment pour ce qui touche à l'application des dispositions visant à lutter contre le blanchiment de capitaux. Nier cette conclusion imposerait de passer de la fiction à la science-fiction et équivaudrait à considérer comme plausible l'existence d'une armure magique qui protégerait totalement les personnes actives au sein des établissements de crédit des effets de l'environnement extérieur.

La seconde fiction recelée par cette approche utilitariste est relative à l'anthropomorphisme qui la sous-tend. Evoqué à satiété dès lors qu'il est question du principe de la responsabilité pénale des personnes morales, le biais de l'anthropomorphisme semble aussi s'appliquer à la question du blanchiment de capitaux, envisagé dans le chef des acteurs de prévention de première ligne. En effet, au-delà du charme bien réel de la simplicité et des apparences cultivées par les premières analyses, peu d'études sérieuses ont réellement pu mettre en évidence la domination sans partage d'un calcul opportuniste, en l'occurrence amoral, qui aurait, seul, conduit à l'adoption de conduites déviantes au sein d'entreprises. Les ré-études du cas longtemps présenté comme emblématique de la rationalité des conduites organisationnelles délinquantes, le *Pinto Case*, sont en l'espèce particulièrement éclairantes en ce qu'elles brisent le mythe d'une simple décision fondée sur une potence dont le côté gauche est formé par les coûts liés à une réaction corrective éthique et le côté droit par le choix machiavélique du laisser-aller, avec toutes les conséquences liées[34].

Il y a donc certainement lieu de chercher d'autres pistes d'explication, par des analyses minutieuses des processus organisationnels, à l'instar des travaux de Vaughan consacrés à l'écrasement de la navette Challenger ou encore d'introduire de nouveaux prismes théoriques dans l'analyse, comme les théories de la tension[35]. Ainsi, et par exemple, dans une optique mertonienne, pourrait-on voir, dans un système capitaliste (au sein duquel l'objectif des établissements de crédit est la maximalisation du profit) secoué par la crise, des réactions, certes d'innovateurs décidant de renoncer aux prescrits légaux en matière de lutte contre le blanchiment de capitaux pour

[34] Voir not. LEE, M.T., ERMANN, D.M., Pinto *"Madness" as a Flawed Landmark Narrative : An Organization and Network Analysis, Social Problems*, Vol. 46, N°1, pp. 30-47.

[35] VAUGHAN, D., *The challenger Launch Decision : Risk Technology, Culture and Deviance at NASA, University of Chicago Press*, Chicago, 1996.

atteindre leur but, mais aussi de conformistes sacrifiant la survie de leur entreprise sur l'autel éthique, de retraitistes fermant boutique pour se retirer du circuit, de ritualistes appliquant sagement les règles ou encore de rebelles, se lançant, par réaction, dans des activités de systèmes informels de remise de valeurs à finalité djihadiste ! En toute hypothèse, la crise économique et financière induit des bouleversements si profonds qu'il relèverait du non-sens de considérer qu'elle ne présente aucun impact sur le comportement microéconomique des acteurs et ce, même si l'on persiste à considérer la question exclusivement sous l'angle rationnel.

Conclusions

L'hypothèse d'un impact de la crise économique et financière sur le blanchiment de capitaux, et plus généralement celle des relations entre ces deux éléments, apparaît, au terme de cette première analyse, loin d'être déraisonnable. L'économie, en effet, forme le dénominateur commun de la crise qui se joue actuellement, des infractions qui produisent les capitaux à blanchir et des processus de blanchiment eux-mêmes. Le renversement de perspective, qui impose de quitter quelques instants la position du régulateur pour adopter celle du criminel désireux de blanchir des capitaux, permet de constater à quel point la crise économique et financière est susceptible d'engendrer des bouleversements, tant au niveau macro que micro-économique, qui peuvent s'avérer autant de modificateurs et/ou de créateurs d'opportunités à exploiter.

Cet impact est vraisemblablement quantitatif : la crise majeure que nous connaissons actuellement change à ce point la donne économique mondiale que les marchés criminels, celui du blanchiment de capitaux compris, en subissent eux aussi les conséquences. Mais les répercussions sont aussi vraisemblablement qualitatives et, s'agissant spécifiquement du blanchiment, des glissements d'opportunités, comme par exemple l'orientation vers de nouveaux vecteurs, techniques et/ou acteurs sont à envisager très sérieusement, d'autant que l'attention accordée par les Etats à cette problématique semble régresser en ce type de période, priorités obligent.

En filigrane de la réflexion sur les liens entre crise économique et financière et blanchiment de capitaux se dessine une question plus fondamentale, celle de l'état réel des connaissances sur le blanchiment de capitaux, comme phénomène, actes ou séquences d'actes, sans évoquer l'absence tout au moins aussi forte de données quant aux « blanchisseurs ». Elles apparaissent en effet particulièrement « diluées » lorsqu'elles sont fondées sur les informations qui émanent des cellules de renseignement financier et/ou des autorités judiciaires (quelle partie de l'iceberg voit-on ?) et parcellaires, dès lors qu'elles proviennent d'études uniquement fondées sur des données fournies par des intervenants personnes physiques en charge de la *compliance*. Plus loin, ces limites posent l'importante question des sources qui ont permis la construction du système de lutte contre le blanchiment de capitaux. A la lueur du trompe-l'œil anthropomorphiste évoqué auparavant et d'une espèce de totalitarisme du paradigme rationnel qui en résulte, il est peut-être temps d'oser aborder de front cette interrogation. Ceci forme un authentique plaidoyer pour un déploiement de recherches innovantes, appelées à compléter le thésaurus déjà existant. La crise économique et financière planétaire de ce début du 21ème siècle est susceptible de leur fournir d'excellents sujets d'étude. Mais ceci suppose, au-delà d'une réelle et donc courageuse volonté politique, une allocation suffisante de moyens. En temps de crise profonde, l'affaire n'est pas forcément gagnée d'avance ; voilà peut-être là encore un effet de la crise économique et financière sur le blanchiment de capitaux.

Le dispositif canadien de lutte contre le blanchiment d'argent
La rapide et délicate évolution d'un système en voie d'amélioration

JEAN-LUC BACHER

Juge au Tribunal pénal fédéral

Introduction

Au Canada, le blanchiment a été défini en ces termes[1] : il consiste à transformer les profits d'actes criminels de façon à en dissimuler l'origine illégale. Selon d'éminents experts[2], le blanchiment est un processus dynamique en trois étapes : celle de dissocier les fonds de l'infraction dont ils proviennent, celle d'en dissimuler les traces pour déjouer les recherches, et enfin celle de restituer l'argent au criminel après avoir masqué l'origine « économique » et géographique de l'argent.

Le blanchiment constitue donc une sorte d'entrave à la justice puisqu'il tend à empêcher la justice de retracer et de récupérer les produits du crime. En cela, le blanchiment est un comportement analogue au recel. Originellement, l'infraction de blanchiment a été conçue pour cibler les produits des trafics de drogues. De nos jours, au Canada, on peut se rendre coupable de blanchiment non plus seulement des gains de trafics de stupéfiants ou des revenus de crimes graves, mais aussi des bénéfices de presque tous les crimes lucratifs dont une personne peut être accusée : fraude, escroquerie, vol, contrebande, corruption, proxénétisme, etc.

Notre présentation du dispositif canadien de lutte contre le blanchiment d'argent et de son évolution comporte cinq parties complémentaires. Premièrement, celle de la nature et des caractéristiques du dispositif canadien anti-blanchiment ; deuxièmement celle des changements législatifs ayant été apportés au dispositif canadien ces dernières années ;

---

[1] Bureau du vérificateur général du Canada (2003). La stratégie du Canada pour lutter contre le blanchiment d'argent. Rapport de la vérificatrice générale du Canada à la Chambre des communes. Avril, chapitre 3. Ministre des Travaux publics et des Services gouvernementaux, Canada, Ottawa.

[2] Blum J.A, Levi M., Naylor R.T. et Williams P. (1999), Paradis financiers, secret bancaire et blanchiment d'argent ; Bulletin d'information, N° 34-35, *Technical Series du PNUCID*, N°8, Nations Unies, ODCCP, New York.

troisièmement celle de l'accueil réservé aux nouvelles normes par les acteurs de la lutte contre le blanchiment ; quatrièmement, celle des difficultés accompagnant la mise en œuvre des nouvelles normes et, cinquièmement, la question des résultats obtenus par le dispositif canadien ou, du moins, celle de la perception qu'en ont les acteurs.

I. Nature et caractéristiques du dispositif canadien

Au Canada, c'est en 1989 que le blanchiment d'argent est devenu un acte criminel, en prenant place dans une partie nouvelle du Code criminel : la Partie XX.2 sur les produits de la criminalité. Cela étant, la lutte contre le blanchiment d'argent au Canada repose grosso modo sur trois piliers : le Code criminel, la loi sur le recyclage des produits de la criminalité et les règlements afférents à cette loi.

En 1991 est adoptée la première loi canadienne sur le recyclage des produits de la criminalité. Cette même année, la Gendarmerie Royale du Canada a créé trois unités intégrées de contrôle des produits de la criminalité. Dix autres unités ont vu le jour en 1996.

Cette première loi sur le recyclage des produits de la criminalité était succincte et son champ d'application restreint. Elle avait essentiellement pour objet d'instaurer, dans le secteur financier, une obligation de tenue de documents pour faciliter la recherche et la poursuite des infractions de blanchiment d'argent. Quant à la déclaration aux autorités des transactions douteuses, elle pouvait alors se faire mais n'était pas obligatoire.

La même année, le Groupe d'action financière sur le blanchiment de capitaux (GAFI), qui émanait du G7, a étendu l'application des règles sur le blanchiment aux produits de tous les crimes graves.

Le Canada a été l'un des derniers pays à instaurer un système de déclaration des opérations douteuses, en adoptant, en 2000, une nouvelle *loi sur le recyclage des produits de la criminalité.* Cette loi a institué le Centre d'analyse des opérations et déclarations financières du Canada (CANAFE). Ce centre est aussi ce qu'on appelle, de par le monde, une cellule de renseignement financier (CRF). La même loi a aussi introduit l'obligation légale pour les entités déclarantes, soit les banques, les assurances-vie, les sociétés fiduciaires, les comptables, les casinos - pas pour les avocats, ni les notaires - de déclarer les opérations douteuses, les télévirements internationaux à partir de 10 000 $ et les opérations en espèces à partir de 10 000 $. Ainsi, le système canadien est caractérisé par l'obligation, pour les intermédiaires financiers, de faire des déclarations automatiques qui sont basées sur des critères objectifs, comme, en l'occurrence, un seuil quantitatif minimal. Avec ce type de déclarations, plusieurs auteurs voient le danger d'une surcharge de renseignements susceptible de compliquer la détection[3].

Les entités déclarantes doivent aussi réunir et conserver les documents en lien avec leurs déclarations et parvenir à identifier la personne qui commande l'opération financière rapportée. Ces informations doivent être conservées pour le cas où la police voudrait faire enquête. Les entités déclarantes doivent aussi avoir un programme de conformité, qui prévoit la nomination d'un agent de conformité devant veiller à ce que les employés se soumettent à la loi et qui assume l'organisation de formations continues pour les employés en matière de blanchiment d'argent. L'agent de conformité doit enfin s'assurer que son organisation est toujours respectueuse des dispositions légales.

En 2001, la lutte contre le financement des activités terroristes est ajoutée au mandat du CANAFE. Ainsi, la loi a été renommée la *loi sur le recyclage des produits de la criminalité et le financement des activités terroristes*.

Une autre des grandes caractéristiques du dispositif canadien anti-blanchiment, c'est que son fonctionnement ne dépend qu'en second lieu des agents de l'État, soit de ceux du CANAFE, de la police, de la Couronne et de la justice. Il dépend en fait en premier lieu des agents des entités déclarantes qui sont pour la plupart des employés d'entreprises privées.

Comme les entités financières ont l'obligation au Canada de rapporter un nombre très considérable de transactions, le CANAFE a logiquement une tâche beaucoup plus volumineuse à accomplir que celle de son homologue suisse, le Bureau de communication en matière de blanchiment d'argent (MROS) ; cette tâche est de trier et d'analyser la somme des informations qui lui est adressée pour documenter le phénomène du blanchiment et pour trouver des cas susceptibles d'être rapportés aux autorités policières, douanières ou à celles de l'immigration pour enquête.

Autre particularité du dispositif canadien : celle de s'être doté, avec le CANAFE, d'une CRF de type administratif, indépendante des autorités répressives et judiciaires. Ce type de cellule tient lieu de tampon entre les entités déclarantes (intermédiaires financiers) et les autorités judiciaires. Comme le CANAFE analyse les transactions rapportées, qu'il fait un tri entre les transactions licites et celles pouvant être reliées à des activités de blanchiment d'argent, qu'il s'efforce de faire connaître aux autorités de

[3] Mani M. (2004). L'union européenne face à la criminalité financière, *In* F. Ludovic P. Chaigneau et M. Chesney (Eds.), Blanchiment et financement du terrorisme, pp. 93-108 Paris : Ellipses Marketing.

poursuites les cas les plus vraisemblablement constitutifs de blanchiment, les entités déclarantes peuvent effectuer leurs déclarations sans craindre de déclencher une enquête qui serait basée sur une mauvaise interprétation des faits[4]. Avec ce type de CRF, le Canada cherche aussi à protéger les informations nombreuses et parfois sensibles qui sont fournies par les entités déclarantes. Certains experts considèrent en outre qu'il est plus facile pour ce type de CRF d'échanger des informations avec les autres CRF du monde[5].

Il est vrai que les entités déclarantes ont, elles aussi, beaucoup de travail à accomplir pour alimenter le CANAFE en informations, mais elles sont aidées ou accompagnées dans leurs tâches par le CANAFE qui a notamment émis des listes d'indicateurs pour permettre aux entités déclarantes de mieux identifier les opérations devant être considérées comme douteuses. Il faut dire à ce sujet que l'administration fédérale et, en particulier, le CANAFE se sont vu attribuer, par délégation du législateur, de larges compétences leur permettant de compléter la législation fédérale par de la réglementation. Ce vaste pouvoir délégué a été déploré par certains parlementaires canadiens (surtout issus de l'opposition officielle), mais il a également été jugé utile par bon nombre de parlementaires, car il s'agit de donner au CANAFE les moyens de s'adapter à une situation qui est en constante évolution :
«Le Centre qu'on crée avec ce projet de loi aura à faire preuve de flexibilité parce qu'avec la technologie présente, qui change de façon rapide tous les jours, il aura besoin de s'adapter..... C'est la raison pour laquelle le pouvoir réglementaire est très étendu (Parti de l'opposition, Hansard[6] 90 :1335)».

II. Rapidité des changements législatifs apportés

Ce n'est qu'en 1989 que le blanchiment d'argent ou le recyclage des produits de la criminalité est devenu une infraction criminelle. A ce moment là, l'argent blanchi ne pouvait provenir que de deux sources criminelles : la criminalité organisée ou les infractions en matière de drogue. Cela dit, les infractions du crime organisé comprenaient notamment des actes de corruption de fonctionnaires, de fraude envers le gouvernement, de

[4] Gleason P., Gottselig G. (2004), Les cellules de renseignements financiers : tour d'horizon. Washington, D.C. : Fonds monétaire international.

[5] Schott P.A. (2003), *Reference Guide to Anti-Money Laundering and Combatting the Financing of Terrorism, Washington*, D. C. : *The World Bank : International Monetary Fund.*

[6] Transcription des débats des séances parlementaires, soit de la Chambre des Communes et du Sénat.

proxénétisme, de meurtre, de vol qualifié. Quant aux infractions en matière de drogue, elles étaient prévues par la loi sur les aliments et drogues[7] et la loi sur les stupéfiants[8]. Il s'agissait, entre autres, de trafic, d'importation, d'exportation et de possession.

En 2001, la loi a changé et il devient alors possible de blanchir les produits non plus seulement du crime organisé et des infractions en matière de drogue, mais les produits d'une vaste gamme d'infractions, soit de la plupart des actes criminels qui sont grosso modo les infractions les plus graves du Code criminel.

En 2005, un autre changement est intervenu dans le code criminel : il devient possible de blanchir de l'argent provenant non plus seulement d'actes criminels, mais aussi d'infractions mixtes, soit des infractions qui, selon ce que préfère le Procureur, peuvent mais ne doivent pas nécessairement être poursuivies par voie de mise en accusation[9], et qui représentent la plus grande partie des infractions du code criminel. Il y a donc élargissement considérable des infractions dont les produits sont susceptibles d'être blanchis.

Un changement législatif d'un autre genre est intervenu dans l'énoncé de l'infraction de recyclage des produits de la criminalité. En effet, dans une affaire Dynar, qui est allée jusqu'à la Cour suprême, en 1997, les juges se sont demandés si l'on pouvait condamner pour blanchiment celui qui accepte de recycler de l'argent qui, contrairement à ce qu'il croit, ne provient pas d'une activité criminelle[10]. C'était le cas d'un individu qui avait acquiescé à la demande d'un informateur du FBI, se faisant passer pour un délinquant, de recycler de l'argent prétendument sale.

Les juges ayant conclu qu'il n'est pas possible de se rendre coupable de blanchiment quand l'argent n'est pas vraiment de provenance criminelle, le législateur a modifié la loi en ce sens qu'il ne faut plus nécessairement savoir que l'argent est sale pour le recycler, mais qu'il suffit de le croire… même à tort. Autrement dit, il est devenu possible de blanchir de l'argent qui ne proviendrait pas d'une infraction, mais dont des policiers pourraient faire croire à quelqu'un qu'il est d'origine illicite.

En 2005, une autre modification a été apportée à l'énoncé légal de l'infraction qui définit le recyclage. Cette modification s'inscrit dans le prolongement d'une autre cause judiciaire ayant été portée à la Cour

---

[7] Loi sur les aliments et drogues, L.R.C. (1985), ch. F-27.
[8] Loi sur les stupéfiants, L.R.C. (1985), ch. N-1.
[9] Sur la base d'un acte d'accusation.
[10] États-Unis d'Amérique *c.* Dynar, [1997] 2 R.C.S. 462, décision du 26 juin 1997.

suprême : l'affaire Daoust[11]. Là, les juges ont constaté que la version française de l'article 462.31 du Code criminel définissait le recyclage par énumération exhaustive des modalités possibles du recyclage. Et qu'en l'occurrence, n'est pas constitutif de recyclage le fait d'acheter des biens réputés provenir d'un crime, car l'acheteur ne se rend pas responsable d'un transfert de possession. C'est en effet, selon la Cour, le vendeur qui est en mesure d'opérer un tel transfert, pas l'acheteur.

Suite à l'arrêt Daoust, le législateur a harmonisé les deux versions de l'article en ajoutant dans la version française «ou prend part à toute autre forme d'opération à leur égard». Avec cette modification, l'article cesse d'être exhaustif et son énumération devient exemplative, ce qui permet finalement de réprimer des formes de blanchiment qui ne seraient pas expressément énoncées dans l'article de loi.

En définitive, l'article 462.31 (1) réprimant le recyclage est formulé comme suit :

« Est coupable d'une infraction quiconque - de quelque façon que ce soit - utilise, enlève, envoie, livre à une personne ou à un endroit, transporte ou modifie des biens ou leurs produits, en dispose, en transfère la possession ou prend part à toute autre forme d'opération à leur égard, dans l'intention de les cacher ou de les convertir sachant ou croyant qu'ils ont été obtenus ou proviennent, en totalité ou en partie, directement ou indirectement :

a) soit de la perpétration, au Canada, d'une infraction désignée ;
b) soit d'un acte ou d'une omission survenu à l'extérieur du Canada qui, au Canada, aurait constitué une infraction désignée ».

III. Accueil réservé aux nouvelles normes par les acteurs de la lutte contre le blanchiment

Pour mémoire, le Canada a attendu une évaluation peu flatteuse du GAFI pour passer d'un régime volontaire à un régime obligatoire de déclarations des transactions financières et pour instaurer un centre d'analyse de renseignements financiers. En ce sens, le Canada n'a pas agi de façon proactive, mais réactive puisqu'il a été le dernier pays du G-7 à se conformer aux exigences du GAFI. Lorsqu'il a adopté une loi sur le blanchiment, le Canada savait qu'il passait pour un pays constituant une « plaque tournante » du blanchiment d'argent et réagissait au fait qu'il avait été placé, en 1999,

[11] R. *c*. Daoust, [2004] 1 R.C.S. 217, 2004 CSC 6, décision du 12 février 2004.

par les États-Unis sur une liste de pays comportant des lacunes dans la lutte anti-blanchiment[12].

Pour prendre la mesure de l'accueil réservé aux nouvelles normes par les acteurs de la lutte contre le blanchiment, nous en avons entendus, par entrevues, 17 qui étaient au service de 10 institutions financières différentes. Il s'est agi d'entrevues hybrides soit semi directives dans un premier temps puis directives. Ont aussi été entendus par entrevue 6 représentants du système pénal (RDSP).

La majeure partie des agents que nous avons entendus était favorable à la loi contre le blanchiment qui a été adoptée en 2000. Elle était en effet d'avis que cette loi était nécessaire pour améliorer la lutte anti-blanchiment et pour remédier à la réputation de « passoire » que le Canada s'était forgée au fil des années.

Tous s'accordent pour dire que le recyclage est un crime grave, mais il y a une différence de perception quant à la source de la gravité en fonction du passé professionnel des interviewés. De fait, les interviewés issus des milieux policier et juridique conçoivent la gravité du crime en fonction, principalement, des crimes préalables, c'est-à-dire ceux qui sont à l'origine des produits du crime qui seront recyclés. Les interviewés provenant du secteur financier associent davantage la gravité du blanchiment aux effets qu'il a sur la compétition dans le monde des affaires et la concurrence.

Quelle que soit leur façon d'expliquer la gravité du crime, les interviewés reconnaissent le bien-fondé du dispositif canadien de lutte contre le blanchiment d'argent. Cependant, ils estiment que les nouvelles mesures anti-blanchiment permettront de ne débusquer, fort probablement, que de petits blanchisseurs. En effet, selon eux, ceux de plus grande envergure sauront, tôt ou tard, s'adapter aux changements et trouver d'autres moyens de parvenir à leurs fins. De plus, plusieurs acteurs estiment que les délinquants les plus entreprenants parviendront toujours à trouver un professionnel (avocat, comptable, etc.) qui les aidera à blanchir.

Il y a des représentants d'institutions financières qui jugent utile la menace de sanctions contre les institutions qui ne voudraient pas s'acquitter de leurs obligations, aux fins d'inciter toutes les entités déclarantes à se conformer aux exigences légales, de manière à ce que les déclarations soient faites plus ou moins systématiquement et qu'elles permettent au CANAFE de bien faire son travail. Plusieurs représentants des entités déclarantes ont

[12] Roberge I. (2004), Le Canada et le régime international de lutte contre le blanchiment d'argent et le financement du terrorisme : un exemple de coordination verticale et horizontale, *International journal,* 59(3), 635-654.

reconnu que, si elles n'y étaient pas tenues par la loi, les institutions financières n'auraient fort probablement pas contribué au dispositif canadien de façon aussi rigoureuse. Certains ont souligné que les sommes investies en ressources humaines et matérielles pour remplir leurs obligations se sont avérées exorbitantes et d'aucuns ont même jugé utile de rappeler que les institutions financières «*sont là pour faire de l'argent, pas tellement pour en dépenser*».

Les membres de direction d'institutions financières que nous avons interviewés ne cachent pas que la motivation première de leurs entreprises de se conformer à la loi est de conserver une image et une réputation irréprochables. Ils rapportent en effet qu'il leur importe de bien remplir leurs obligations pour que leur bonne réputation demeure intacte aux yeux du public et de leur clientèle et que cette dernière sache que leur institution déploie les efforts nécessaires pour ne pas servir d'outil aux blanchisseurs. Les institutions financières semblent à ce point motivées par le souci de protéger leur réputation qu'elles n'hésiteraient pas, pour la plupart, à fermer des comptes très lucratifs ou à refuser des services après avoir constaté que les transactions réalisées par un client sont suspectes. En effet, plus d'un représentant des institutions financières est d'avis qu'il est plus redoutable pour l'institution qui serait prise en défaut de voir son image ternie par les medias que d'écoper d'une sanction officielle.

IV. Difficultés et résistances liées à la mise en oeuvre des nouvelles normes

Au début de l'implantation du système dans les institutions financières, les coûts de cette implantation ont été la première cause de réticence des dirigeants à satisfaire aux nouvelles obligations légales. Il a donc fallu convaincre ces dirigeants d'entreprises du caractère impératif des nouvelles obligations des institutions en matière de lutte contre le blanchiment et les rendre attentifs aux sanctions auxquelles elles s'exposaient en cas de manquement.

Selon les représentants des institutions financières, il s'est avéré fort difficile, à l'occasion de l'implantation du dispositif, de convaincre leurs directions qu'elles devaient consacrer d'importants budgets à la modernisation des systèmes informatiques ou se doter des outils adéquats pour remplir leurs obligations. Des interviewés de souligner que ces montants, très considérables, n'ayant pas permis de générer de gain, n'ont pas contribué à atteindre les objectifs d'ordre économique des institutions financières.

Au-delà des coûts économiques, l'implantation des systèmes informatiques a occasionné de grandes dépenses de temps et d'énergie. Les efforts consentis pour développer et programmer les systèmes ont été d'autant plus importants qu'il s'agissait de les rendre capables de détecter des types différents de transactions.

La majorité des personnes interviewées ont relevé que la mise sur pied du système des déclarations a soulevé de nombreuses questions au sein des institutions tant au sujet des outils de déclaration (formulaires informatiques, etc.) qu'au sujet de la nature des déclarations, de leur teneur. Pour une partie des personnes interviewées, les contacts pris avec le CANAFE pour tenter de trouver des réponses à leurs questions se sont avérés insatisfaisants : difficultés à entrer en contact avec une personne susceptible d'apporter de l'aide, brièveté des contacts avec le personnel du CANAFE, temps d'attente relativement long pour obtenir des réponses précises aux questions posées voire même absence de réponse à certaines questions.

Après avoir implanté toutes les composantes du dispositif anti-blanchiment, les institutions financières ont rapidement été confrontées à la nécessité de réagir adéquatement aux changements (départs et déplacements) de personnel intervenant à l'interne, aux modifications de l'organigramme ou aux fusions. Il faut généralement, dans ces cas-là, donner une formation ou un complément de formation à tous ceux qui sont nouvellement impliqués dans la lutte contre le blanchiment. Ainsi, les institutions financières doivent parfois dispenser plusieurs formations analogues dans un court laps de temps. Plusieurs de leurs représentants déplorent donc que le CANAFE ne dispense pas de formation utile aux employés des institutions financières. Des représentants des institutions ont également déploré la fréquence des changements de procédure imposés par le CANAFE et leurs conséquences : nouveaux outils, nouveaux investissements et ralentissement du travail d'intégration.

V. Résultats préliminaires obtenus par le système et degré de satisfaction

Selon les représentants des institutions financières, les résultats obtenus par elles en matière de traitement des opérations douteuses donnent lieu à un bilan positif. En effet, ils se disent globalement satisfaits de leurs systèmes, de leurs processus d'analyse et du travail effectué par les employés pour détecter et traiter les opérations douteuses. Leurs procédures seraient adéquates et produiraient les résultats escomptés. Il est ressorti des entrevues que les institutions financières ont développé de grandes aptitudes à repérer et à trouver, parmi les transactions de leurs clients, ce qu'ils appellent les anomalies, soit les transactions qui se démarquent du profil du client et des habitudes générales de la clientèle ou des pratiques courantes. C'est en effet en détectant des anomalies que les institutions financières sont à même d'identifier des opérations douteuses.

Plusieurs représentants des institutions estiment qu'avec le dispositif mis en place dans leur institution, ils sont mieux à même de détecter et de prévenir d'autres crimes que le blanchiment, comme la fraude. Ils considèrent en outre que, dorénavant, ils connaissent mieux leur clientèle, notamment en raison du fait qu'ils sont plus à l'aise pour poser des questions à leurs clients et que ces derniers savent dorénavant que des vérifications sont nécessaires.

Dans les institutions financières, les responsables de la détection du blanchiment croient en leur mission et en font même parfois du zèle : dans certaines institutions, il arrive qu'après une première déclaration au CANAFE un rapport subséquent soit envoyé pour lui faire part d'un complément d'information.

Entre les corps de police et les institutions financières, de meilleures relations de confiance se seraient instaurées et l'information circulerait dans les deux sens. Des représentants d'institutions vont jusqu'à informer la police non pas seulement de déclarations faites au CANAFE, mais aussi de leurs intentions de fermer des comptes de clients. L'occasion est ainsi donnée à la police de faire, le cas échéant, une demande officielle pour obtenir que le compte demeure ouvert aux fins d'enquête ou pour appeler directement l'institution dans le but de recueillir de l'information supplémentaire. Une personne issue du système pénal a d'ailleurs admis que l'information susceptible d'être obtenue auprès des institutions financières est généralement beaucoup plus complète que celle que fournit le CANAFE. Il note qu'ainsi, paradoxalement, ce n'est pas le CANAFE en tant que tel qui leur facilite le travail, mais les institutions.

A l'inverse, il arriverait que des institutions financières parviennent à obtenir des corps de police de l'information sur la « réputation » d'individus pour lesquels elles envisagent d'ouvrir ou de fermer un compte. Ce faisant, la police irait jusqu'à faire part de soupçons à propos de certaines personnes. Un représentant d'institution financière, conscient de recevoir parfois de l'information sensible ou très confidentielle par échange avec les forces de l'ordre, émet l'opinion que cette information peut être d'une grande utilité pour lutter contre le blanchiment et que son obtention justifie que les normes relatives à la protection de l'information ne soient pas appliquées avec trop de rigueur.

Au sujet du CANAFE, les avis des représentants des institutions financières sont plus mitigés. Même si la majorité semble reconnaître que le CANAFE jouera un certain rôle dans la lutte contre le blanchiment, pour une grande partie des personnes interrogées, il est encore trop tôt pour se prononcer sur l'efficacité du CANAFE. Faisant preuve d'une certaine indulgence à son égard, plusieurs de ces personnes estiment qu'il n'était pas en mesure de faire face à l'ampleur de la tâche au moment de sa création et qu'il est encore en période de rodage. Les représentants des institutions financières déplorent en particulier le peu de rétroaction de la part du CANAFE sur la qualité de leurs déclarations, la rétroaction intervenant jusque là presque exclusivement dans les cas où les déclarations s'avéraient lacunaires.

Plusieurs interviewés ont manifesté le souhait que le CANAFE partage plus largement son information avec eux, pour pouvoir mieux prévenir et détecter les opérations de blanchiment. Ils voudraient en particulier recevoir des informations sur des clients ayant déjà fait l'objet de plusieurs déclarations et dont ils entendent ouvrir ou gérer le dossier. Ainsi, ils regrettent que les règles de divulgation de l'information qui s'imposent au CANAFE soient si contraignantes, dans la mesure où elles nuisent à l'efficacité du système.

La majorité des personnes interrogées saluent le fait que les données soient centralisées dans les mains du CANAFE qui a ainsi une vue d'ensemble des opérations en lien avec le blanchiment et qui peut faire des recoupements d'information. Selon elles, ce seul bénéfice justifiait déjà la création du CANAFE. Cependant, si une partie des personnes entendues considère que le volume des déclarations traitées par le CANAFE est de nature à augmenter les chances de recoupements utiles et donc l'efficacité de l'agence, d'autres craignent que ce volume provoque un engorgement du système ou une trop grande dilution de l'information pertinente dans une masse de données diverses.

Les personnes interrogées déplorent, au vu des chiffres présentés par les rapports annuels 2004 et 2005 du CANAFE[13], le peu de communications réalisées par lui. La plupart d'entre ces personnes estiment que le CANAFE transmet peu de communications au regard du nombre de déclarations qui lui

[13] Les rapports annuels sont disponibles à l'automne. La majorité des entretiens (14) se sont déroulés à l'été et au début de l'automne 2005, soit avant que le rapport annuel de cette même année soit mis en ligne sur le site web du CANAFE. Les 14 interviewés concernés se sont fiés aux chiffres du rapport annuel 2004 pour émettre leurs opinions. Les 7 autres ont pu se référer au rapport annuel 2005. Le rapport 2004 fait ainsi mention de 197 communications et le 2005 de 142.

sont acheminées et certains s'étonnent de la baisse de volume intervenue entre 2004 et 2005.

Pour les représentants du système pénal que nous avons interviewés, les informations communiquées par le CANAFE permettent fréquemment d'enrichir un dossier d'enquête déjà ouvert, en y ajoutant des éléments de preuve, en désignant de nouvelles personnes, de nouvelles entreprises ou de nouveaux comptes ou en apportant simplement des confirmations additionnelles aux éléments préalablement établis. Quand les communications du CANAFE ne permettent pas d'enrichir un dossier en cours, elles devraient donner lieu à l'ouverture de nouveaux dossiers d'enquête, mais cela n'a pas lieu de façon systématique, car les RDSP semblent peu portés à prioriser le suivi des communications du CANAFE. Plusieurs estiment d'ailleurs que la teneur des communications du CANAFE est trop restreinte et que l'information obtenue est ou paraît généralement d'une utilité toute relative. D'aucuns déplorent ce qu'ils appellent la « rétention » d'information pratiquée par le CANAFE. Ils craignent que le CANAFE détienne parfois de l'information qui serait très utile à l'avancement d'une enquête, mais que les forces de l'ordre ne font rien pour l'obtenir faute d'en avoir le temps ou, pire encore, faute de se douter de l'existence d'une telle information et de son utilité.

Conclusion

Bien qu'encore jeune et perfectible, le dispositif canadien produit déjà des résultats encourageants, mais encore limités quantitativement. Il comporte notamment des avantages que le législateur n'avait pas forcément prévus. Au nombre de ceux-ci, mentionnons le grand nombre d'anciens policiers travaillant au service des institutions financières et participant à la lutte contre le blanchiment, mais aussi contre d'autres formes de criminalité. De par leur culture professionnelle et leurs qualités d'investigateurs, ils apportent une contribution très appréciable aux services chargés de la lutte contre le blanchiment. Ils « y croient » et ne sont pas obsédés par les coûts de la lutte contre le blanchiment. A cela s'ajoute qu'ils ont souvent conservé des contacts dans leurs corps de police d'origine et se font un devoir de transmettre de l'information non pas seulement au CANAFE, mais aussi aux corps policiers qui en retour leur en fournissent aussi. Les anciens policiers travaillent enfin avec une indépendance que ne peuvent avoir les gestionnaires de portefeuilles dont on attend, y compris dans certaines banques encore aux prises avec d'importants problèmes de blanchiment, qu'ils recueillent sur leurs clients de l'information qui pourrait commander à la banque de clôturer le compte d'un client, voire même de le dénoncer aux autorités de poursuites.

Sachant que la lutte contre le blanchiment a donné lieu à la mise en œuvre de moyens très considérables, aussi bien sur les plans humain, législatif, technique que matériel, de moyens d'une ampleur inédite dans l'histoire de la lutte contre le crime, il est parfaitement légitime que les acteurs associés à la lutte contre le blanchiment aient d'importantes attentes quant aux résultats devant être obtenus, des attentes se situant à la mesure des moyens déployés. Cela dit, si un très grand effort peut décemment être demandé aux institutions financières pour contribuer à lutter contre le blanchiment, c'est bien parce que leurs activités génèrent, ou généraient, d'innombrables opportunités criminelles pour les blanchisseurs et qu'elles sont ainsi mieux placées que quiconque pour prévenir et détecter les agissements de ceux qui voudraient saisir ces opportunités.

L'échange d'informations entre les autorités administratives et judiciaires actives dans la lutte contre le blanchiment d'argent : entre collaboration et obstruction

MARC RÉMY

Adjoint scientifique de l'ILCE/ERMP, Juge d'instruction suppléant extraordinaire, Neuchâtel

Introduction

La présente contribution a pour objectif d'examiner la nature de l'échange d'informations entre les autorités administratives et judiciaires actives dans la lutte contre le blanchiment d'argent, principalement en distinguant s'il s'agit d'échanges de type « facultatifs » (dépendants du bon vouloir des autorités) ou « obligatoires » (imposés par une base légale).

S'agissant des autorités examinées, notre analyse se limitera aux principaux acteurs fédéraux (FINMA, CFMJ, MPC, MROS, PJF) et cantonaux (autorités cantonales de poursuite pénale, polices cantonales) actifs dans le domaine concerné. L'échange d'informations avec les autorités fiscales ne sera pas non plus traité, cette problématique ayant fait l'objet de nombreuses publications.

Pour des raisons pratiques, nous avons dû limiter la présente étude au cas de la Suisse. Ainsi, les questions relatives à la collaboration entre les autorités suisses et étrangères (entraides judiciaire et administrative internationales) ne seront pas abordées.

1. Présentation des principaux acteurs de la lutte anti-blanchiment

Les principaux acteurs sont les suivants :

1.1 L'autorité de surveillance des marchés financiers (FINMA)

Depuis le 1er janvier 2009, la surveillance des marchés incombe à la FINMA, nouvel organe issu de la fusion de trois autorités[1]. Cet

---

[1] La Commission fédérale des banques (CFB), l'Autorité de contrôle en matière de lutte contre le blanchiment d'argent (AdC) et l'Office des assurances privées (OFAP).

établissement de droit public, comptant près de 320 collaborateurs, exerce une surveillance sur les banques, les entreprises d'assurance, les bourses, les négociants en valeurs mobilières ainsi que sur les autres intermédiaires financiers. En matière de lutte contre le blanchiment d'argent, la FINMA est chargée de faire appliquer la loi sur le blanchiment d'argent dans le secteur financier[2] et les ordonnances d'application[3]. En cas de violation de ces dispositions, la FINMA, par sa section *Enforcement*, est tenue de prendre des sanctions administratives. Celles-ci peuvent aller jusqu'au retrait de l'autorisation accompagné au besoin de la liquidation de l'intermédiaire financier respectivement de l'établissement bancaire.

1.2 La Commission fédérale des maisons de jeu (CFMJ)

En tant qu'autorité de surveillance, la CFMJ veille au bon fonctionnement des maisons de jeu. Organisme indépendant de l'administration fédérale rattaché administrativement au Département fédéral de justice et police, la CFMJ est chargée de la perception des impôts sur les maisons de jeu et de la taxe de surveillance. Elle est habilitée à infliger les sanctions prévues par la loi lorsque les maisons de jeu ne respectent pas les prescriptions légales ou les dispositions de l'acte de concession. S'agissant de ses activités en matière de lutte contre le blanchiment d'argent, la CFMJ est chargée de vérifier si :

- l'exploitation de la maison de jeu se fait dans le respect des obligations de diligence ;
- toutes les indications données sont véridiques, claires et compréhensibles ;
- la maison de jeu dispose d'une organisation adéquate pour lutter contre le blanchiment d'argent ;

---

[2] Loi fédérale concernant la lutte contre le blanchiment d'argent dans le secteur financier (LBA, RS 955.0).

[3] Ordonnance de l'Autorité fédérale de surveillance des marchés financiers du 18 décembre 2002 sur la prévention du blanchiment d'argent et du financement du terrorisme dans le domaine des banques, des négociants en valeurs mobilières et des placements collectifs (Ordonnance 1 de la FINMA sur le blanchiment d'argent, OBA-FINMA 1, RS 955.022) / Ordonnance de l'Autorité fédérale de surveillance des marchés financiers du 24 octobre 2006 sur la prévention du blanchiment d'argent et du financement du terrorisme dans le domaine des assurances privées (Ordonnance 2 de la FINMA sur le blanchiment d'argent, OBA-FINMA 2, RS 955.032) / Ordonnance de l'Autorité fédérale de surveillance des marchés financiers du 6 novembre 2008 sur la prévention du blanchiment d'argent et du financement du terrorisme dans les autres secteurs financiers (Ordonnance 3 de la FINMA sur le blanchiment d'argent, OBA-FINMA 3, RS 955.033.0).

- la documentation est complète et régulièrement mise à jour.

Au 1er janvier 2008, la CFMJ employait 36 personnes.

1.3 Le Bureau de communication en matière de blanchiment d'argent (MROS)

Le Bureau de communication en matière de blanchiment d'argent (*Money Laundering Reporting Office-Switzerland*, MROS) rattaché à l'Office fédéral de la police (Fedpol) joue un rôle de relais et de filtre entre les intermédiaires financiers et les autorités de poursuite pénale. Conformément à la loi sur le blanchiment d'argent, ce service national central reçoit, analyse et, si nécessaire, transmet aux autorités de poursuite pénale les communications de soupçons des intermédiaires financiers relatives au blanchiment d'argent, au financement du terrorisme, aux fonds d'origine criminelle ou aux organisations criminelles.

1.4 Le Ministère public de la Confédération (MPC) et la Police judiciaire fédérale (PJF)

Le Ministère public de la Confédération est l'autorité dirigeante en matière d'investigation et d'accusation pour les délits qui ressortissent à la juridiction fédérale en vertu de l'article 336 du Code pénal suisse et des dispositions idoines d'autres lois fédérales. Depuis le 1.1.2002, le Ministère public de la Confédération (MPC) enquête et soutient l'accusation dans les affaires touchant au crime organisé, au blanchiment d'argent, à la corruption et à la criminalité économique, s'il s'agit d'affaires complexes ayant des ramifications internationales ou intercantonales (art. 337 CP). Le MPC s'est vu en outre attribuer la compétence de poursuivre les délits contre les intérêts de la communauté internationale (génocide, titre 12bis CP). En matière de poursuite d'infractions liées au blanchiment d'argent, la juridiction fédérale est compétente si des actes ont été commis : a) pour une part prépondérante à l'étranger ou b) dans plusieurs cantons sans qu'il y ait de prédominance évidente dans l'un d'entre eux[4]. Le Ministère public de la Confédération compte 145 collaborateurs. Son siège est à Berne avec des antennes à Lausanne, Lugano et Zurich.

La Police judiciaire fédérale (PJF) mène des enquêtes préliminaires et des procédures de police judiciaire dans les domaines relevant de la compétence de la Confédération. La PJF est donc chargée des poursuites dans le domaine complexe de la grande criminalité transfrontalière, dont font partie le crime organisé et la criminalité économique. Elle mène en outre des enquêtes en cas de soupçons d'activités terroristes et de financement de

[4] Article 337 alinéa 1 CPS.

telles activités. La PJF dépend de l'Office fédéral de la police, tout comme le MROS. La PJF travaille en étroite collaboration avec le MPC dont elle exécute les délégations et réquisitions. La PJF compte environ 500 collaborateurs[5].

1.5 Les autorités de poursuite pénale et les polices cantonales

Comme indiqué ci-avant, la poursuite et le jugement des infractions liées au blanchiment d'argent relève de la compétence des autorités fédérales si des actes ont été commis pour une part prépondérante à l'étranger ou dans plusieurs cantons sans qu'il y ait de prédominance évidente dans l'un d'entre eux. Il résulte de ce qui précède que les autorités judiciaires et policières cantonales peuvent, à certaines conditions[6], être compétentes pour poursuivre et juger ce type d'infractions. Par ailleurs, il convient de mentionner que les autorités judiciaires cantonales peuvent être saisies, par délégation[7], d'affaires relevant de la compétence fédérale.

En 2008[8], 66% des communications parvenues au MROS ont été transmises aux autorités judiciaires cantonales[9] et 34% au Ministère public de la Confédération[10].

Les polices cantonales exécutent les délégations et les réquisitions émanant de leurs autorités judiciaires. La plupart de ces corps de police disposent de brigades économiques compétentes pour traiter les affaires liées au blanchiment d'argent. S'agissant des cantons ne disposant pas de l'expérience et/ou des ressources nécessaires au traitement de telles affaires, la détermination de la compétence (fédérale ou cantonale) peut être résolue à l'aide du « principe de l'efficacité ». Cette règle, dégagée par la doctrine et la jurisprudence, prévoit que préalablement à l'attribution d'une affaire à un canton déterminé, il convient d'examiner si les ressources de la

---

[5] GISLER FRÉDÉRIC, La coopération policière internationale de la Suisse en matière de lutte contre la criminalité organisée, Editions Schulthess, Zurich, 2009, p. 61.

[6] Par exemple, blanchiment dans le canton X d'une somme provenant d'un crime commis dans ce même canton.

[7] Article 18bis PPF. Cette délégation intervient notamment lorsqu'il s'agit « d'enquêtes simples dans leur phase initiale », GISLER (ouvrage précité), p. 68.

[8] Office fédéral de la police, 11ème rapport annuel du MROS, Berne, avril 2009, p. 56 ss, document disponible sur le site internet www.fedpol.admin.ch.

[9] Parmi les 66% des communications transmises aux cantons, ZH, GE et TI représentent à eux-seuls 37%.

[10] Le taux de retransmission des communications au MPC est en diminution (2007 : 49% / 2008 : 34%).

Confédération ne sont pas plus adaptées pour assurer une répression efficace des infractions en cause[11].

2. L'échange d'informations entre les principaux acteurs

Comme indiqué dans l'introduction, nous avons pris l'option de présenter l'échange d'informations entre les acteurs actifs dans la lutte contre le blanchiment d'argent suivant que cet échange intervienne sur une base obligatoire (imposé par une base légale) ou facultative (dépendant du bon vouloir de l'autorité requise). Cette analyse, tient naturellement compte des récentes modifications législatives[12]. Cela permettra de mettre en exergue le type d'échange actuellement dominant.

Avant d'entrer dans l'examen des divers types d'échange d'informations, nous présentons, sous la forme graphique, les flux d'informations échangés par les diverses autorités actives dans la lutte contre le blanchiment d'argent.

[11] GISLER FRÉDÉRIC, op. cit., p. 67.

[12] Loi sur l'Autorité fédérale des marchés financiers (LFINMA ; RS 956.1) entrée en vigueur le 01.01.2009 / révision de la loi fédérale concernant la lutte contre le blanchiment d'argent et le financement du terrorisme dans le secteur financier (LBA ; RS 955.0) prenant effet le 01.02.2009.

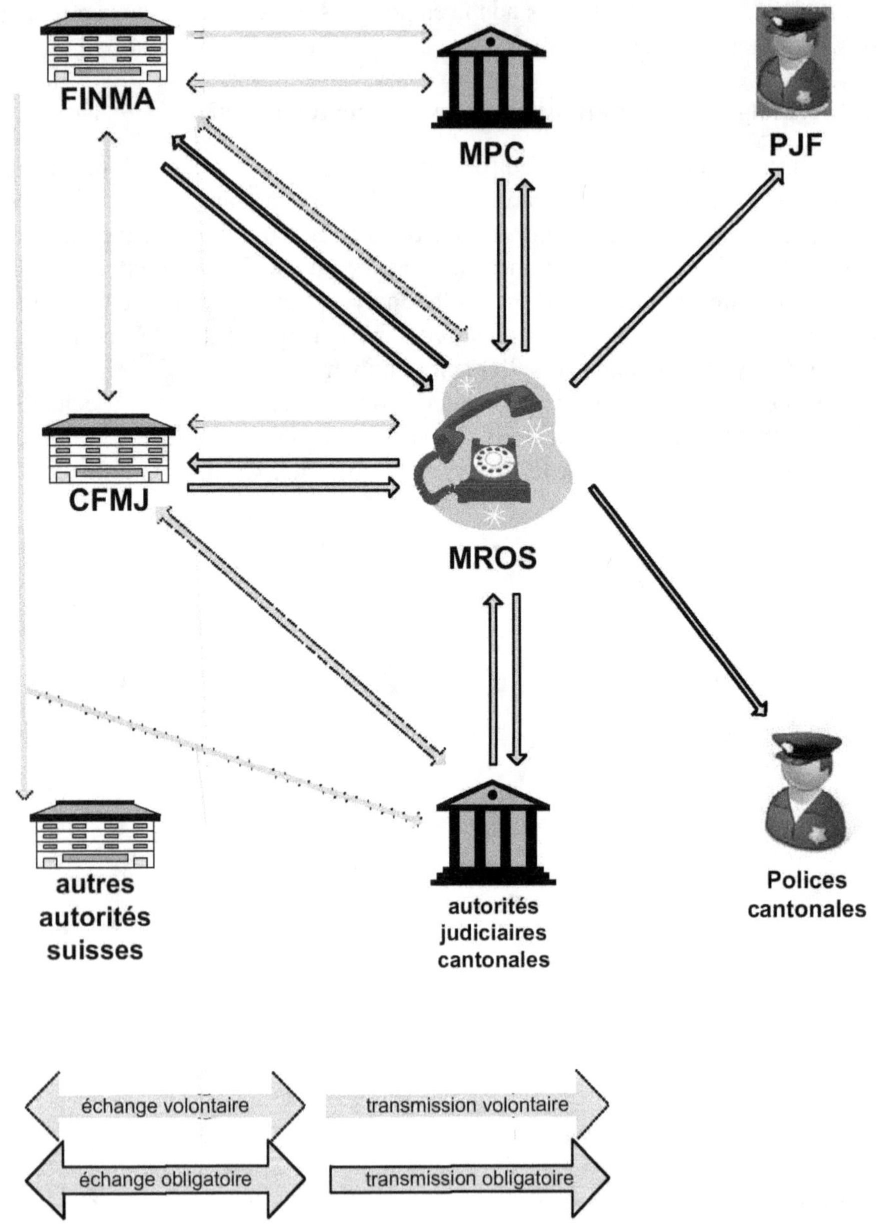
FINMA
MPC
PJF
CFMJ
MROS
autres autorités suisses
autorités judiciaires cantonales
Polices cantonales
échange volontaire
transmission volontaire
échange obligatoire
transmission obligatoire

2.1 L'échange volontaire

2.1.1 Article 29 alinéa 1 LBA : l'échange entre les autorités de surveillance et le MROS

Cet article dispose que la FINMA, la Commission fédérale des maisons de jeu et le Bureau de communication (MROS) peuvent échanger tous les renseignements et documents nécessaires à l'application de la loi fédérale concernant la lutte contre le blanchiment d'argent et le financement du terrorisme dans le secteur financier (LBA). Cette disposition vise avant tout à permettre un échange, sur une base volontaire, entre les autorités de surveillance (FINMA, CFMJ) et l'autorité chargée d'enregistrer les communications (MROS).

2.1.2 Article 29a alinéa 3 LBA : l'échange entre les autorités de poursuite pénale et les autorités de surveillance

Les autorités de poursuite pénale, fédérales et cantonales, sont autorisées à transmettre des renseignements et des documents aux autorités de surveillance pour autant que ceux-ci soient nécessaires à l'accomplissement de leur tâche et que cette transmission d'informations ne constitue pas une entrave à la procédure pénale. L'introduction de cette nouvelle disposition légale doit être saluée. En effet, avant cette modification législative et du fait de l'absence de base légale, les autorités de surveillance, notamment l'Autorité de contrôle en matière de lutte contre le blanchiment d'argent, rencontraient d'importantes difficultés à se faire remettre des informations ou des documents de la part des autorités judiciaires. L'échange d'informations n'était certes pas inexistant, mais ces pratiques demeuraient discutables du point de vue juridique.

Nous nous interrogeons toutefois sur le fait que cet échange judiciaro-administratif ne soit qu'une faculté et non une obligation à charge des autorités de poursuite pénale. En effet, comme le souligne le Message[13] du Conseil fédéral, la transmission d'informations par les autorités pénales constitue souvent l'unique moyen, pour les autorités administratives, d'effectuer leur mission de surveillance et, le cas échéant, de prendre des sanctions. Le Message, soulignant l'importance des informations devant être transmises aux autorités administratives parle même d'un « droit d'être renseigné ». De plus, il est précisé que les autorités pénales sont toujours libres de déterminer le moment et l'étendue de la communication des informations. Au vu de ce qui précède, nous s échange devrait reposer sur une base obligatoire mentionnant, au besoin, quelques exceptions à ce principe.

2.2 L'échange obligatoire

2.2.1 Article 29 alinéa 3 LBA : la communication par le MROS aux autorités de surveillance des décisions rendues par les autorités cantonales de poursuite pénale

Le MROS est tenu d'informer la FINMA et la CFMJ des décisions rendues par les autorités cantonales de poursuite pénale. Le but de cette disposition est ainsi de permettre aux autorités de surveillance de se tenir informées de l'évolution de la pratique des autorités judiciaires en matière de répression d'actes liés au blanchiment d'argent. Ces informations sont prioritairement destinées aux autorités de surveillance mais également aux intermédiaires financiers par le biais des publications et des cours émanant desdites autorités. La présente disposition prévoit la communication aux autorités de surveillance, par le MROS, des décisions des autorités de poursuite pénale cantonales. Si l'on s'en tient à une interprétation purement littérale de cette disposition, force est de constater que les autorités de surveillance n'ont aucun droit à être informées des décisions rendues par les autorités fédérales de poursuite pénale. Dans la pratique, une interprétation plus large est heureusement retenue. Le MROS nous a indiqué qu'il communiquait aux autorités de surveillance les décisions rendues par les autorités de poursuite pénale tant cantonales que fédérales. A l'appui de son interprétation de l'article 29 alinéa 3 LBA, le MROS se réfère au Message du Conseil fédéral relatif à la révision de la LBA[14]. Selon ce texte, le terme « autorités pénales » comprend les autorités pénales dans leur ensemble. Selon le MROS, la particularité susmentionnée résulte d'une omission du législateur.

2.2.2 Article 16 LBA : les communications des autorités de surveillance au MROS

La FINMA et la CFMJ ont l'obligation de prévenir le MROS lorsque des soupçons fondés permettent de présumer qu'une infraction mentionnée aux articles 260ter chiffre 1, 305bis ou 305ter alinéa 1 CP a été commise. L'obligation de communication existe également lorsque les soupçons fondés portent sur des valeurs patrimoniales provenant d'un crime, soumises

[14] Message sur la mise en œuvre des recommandations révisées du Groupe d'action financière (GAFI) du 15 juin 2007 / FF 2007 5953.

au pouvoir de disposition d'une organisation criminelle ou servant au financement du terrorisme.

L'obligation à charge des autorités de surveillance tombe si un intermédiaire financier ou un organisme d'autorégulation a déjà signalé ce cas au MROS.

2.2.3 Article 29a alinéas 1 et 2 LBA : les annonces et communications des autorités pénales au MROS

Les autorités pénales doivent annoncer, sans délai, au MROS les décisions prises sur les dénonciations adressées par ce dernier. Par ailleurs, les autorités pénales doivent également informer le MROS des procédures pénales pendantes en rapport avec les articles 260ter chiffre 1, 260^{quinquies} alinéa 1, 305bis et 305ter alinéa 1 CP. Finalement, parvenues au terme de leurs procédures, les autorités pénales doivent c lui adressait. Certes, l'ancienne disposition, soit l'article 10 OBCBA[17], ne mentionnait que la simple faculté, pour le MROS, de transmettre des informations et des documents aux autorités requérantes. Le MROS interprétait cependant cette disposition de manière très restrictive et concluait ainsi à l'absence de base légale. Ce raisonnement avait pour conséquences un refus quasi systématique du MROS de donner suite aux requêtes qui lui parvenaient. Au final, l'Autorité de contrôle en matière de lutte contre le blanchiment d'argent se trouvait privée d'informations capitales et nécessaires à l'accomplissement des tâches qui lui étaient imposées par la LBA. Nous sommes ainsi convaincus que cette nouvelle disposition permettra d'améliorer la collaboration entre le MROS et l'actuelle FINMA.

2.2.5 Article 38 alinéas 1 et 3 LFINMA : la collaboration entre la FINMA et les autorités de poursuite pénale

Le principe général de la collaboration est inscrit à l'article 38 alinéa 1 LFINMA : « la FINMA et les autorités de poursuite pénale de la Confédération et des cantons s'accordent mutuellement l'entraide judiciaire et l'assistance administrative conformément aux lois applicables ».

Plus précisément, la FINMA est tenue d'informer les autorités de poursuite pénale des crimes ou délits de droit commun et des infractions aux lois sur les marchés financiers dont elle a connaissance[18]. Dans le cadre de sa mission de surveillance des marchés financiers, il incombe à la FINMA de rechercher activement les infractions aux lois y relatives. Il s'agit donc d'une obligation de recherche et de dénonciation (aux autorités pénales). S'agissant des infractions de droit commun, la FINMA n'a qu'une obligation de dénonciation[19].

L'article 40 FINMA contient une exception de taille. En effet, cet article dispose que la FINMA peut refuser de communiquer des informations respectivement de transmettre des documents aux autorités de poursuite pénale dans l'une des situations suivantes, soit si les informations/documents sollicités :

a) ne lui servent qu'à se faire une opinion interne ;

b) peuvent mettre en péril une procédure en cours ou nuire à la surveillance des marchés financiers ;

[17] Ordonnance sur le bureau de communication en matière de blanchiment d'argent (OBCBA ; RS 955.23) du 16.03.1998, état le 26.09.2003.

[18] Article 38 alinéa 3 LFINMA.

[19] Message concernant la loi fédérale sur l'Autorité fédérale de surveillance des marchés financiers (LAUFIN) du 1er février 2006, FF 2005 2797.

c) ne sont pas compatibles avec les buts de la surveillance des marchés financiers.

Le Message ne contient aucune précision relative à ces situations. A terme, la jurisprudence, la doctrine ainsi que la pratique de la FINMA[20] permettront assurément de préciser le contour de ces situations où la collaboration avec les autorités pénales n'est pas donnée. Dans l'immédiat, il reste à espérer que la FINMA usera avec parcimonie de ces clauses de « non-collaboration » dans la mesure où l'échange d'informations constitue souvent le seul moyen pour une autorité d'exercer les tâches qui lui sont imposées par la loi. Les autorités qui ont donné naissance à la FINMA, notamment l'Autorité de contrôle en matière de lutte contre le blanchiment d'argent, ont longtemps « souffert » de l'absence d'informations émanant du MROS et de certaines autorités pénales. Il serait dès lors regrettable que la FINMA tombe dans les mêmes travers…

2.2.6 Article 39 LFINMA : la collaboration entre la FINMA et les autres autorités suisses

Cette disposition pose un principe général : la collaboration de la FINMA avec les autres autorités suisses est régie, en ce qui concerne la FINMA, par les lois sur les marchés financiers et, en ce qui concerne les autres autorités suisses, par les lois qui leur sont applicables.

Les principales dispositions des lois sur les marchés financiers régissant la collaboration du point de vue de la FINMA sont :

- articles 139 et 140 de la loi fédérale sur les placements collectifs de capitaux[21]. Ces dispositions régissent la collaboration des tribunaux respectivement des tiers avec la FINMA ;
- article 23bis de la loi fédérale sur les banques et les caisses d'épargne[22]. Cet article traite de la collaboration entre la FINMA et les autres autorités suisses chargées de la surveillance des marchés financiers / la Banque nationale suisse ;
- articles 34bis et 38 de la loi fédérale sur les bourses et le commerce de valeurs mobilières[23]. Cette disposition règle la collaboration intervenant entre la FINMA et les acteurs cités au paragraphe précédent ;

[20] Dans sa réponse adressée à l'auteur début juillet 2007, la FINMA a déclaré ne pas avoir (encore) arrêté de pratique concernant l'article 40 LFINMA.

[21] RS 951.31.

[22] RS 952.0.

[23] RS 954.1.

- articles 49 et 80 de la loi fédérale sur la surveillance des entreprises d'assurance[24]. Ces articles régissent la collaboration entre la FINMA et divers acteurs (tribunaux, Banque nationale suisse, autres autorités de surveillance des marchés financiers).

Ainsi, lors de toute question intervenant au sujet de la collaboration entre la FINMA et une autorité il conviendra d'examiner les dispositions contenues dans la législation du domaine concerné (banques / assurances / placements collectifs) et ce en relation avec les articles 39 et 40 FINMA. Les dispositions relatives aux autorités pénales demeurent réservées.

La collaboration entre la FINMA et les autres autorités suisses connaît les mêmes exceptions que celles prévalant dans les relations FINMA – autorités de poursuite pénale (art. 40 LFINMA). Nous renvoyons donc le lecteur à ce qui précède.

Conformément à l'article 41 LFINMA, le Tribunal administratif fédéral (TAF) est l'autorité chargée de trancher les différends en matière de collaboration qui opposent la FINMA et les autorités de poursuite pénale, respectivement les autres autorités suisses. Une rapide consultation de la jurisprudence figurant sur le site internet du Tribunal administratif fédéral nous informe que, mi-2009, les arrêts relatifs à l'entraide administrative traitent exclusivement des questions d'entraide administrative internationale. Il faudra par conséquent encore attendre avant de pouvoir lire un arrêt du TAF précisant la collaboration entre la FINMA et des autorités suisses.

Conclusion

Le tour d'horizon auquel nous venons de procéder a mis en évidence deux types d'échange d'informations respectivement de documents : les échanges facultatifs et obligatoires.

De manière générale, la qualité des échanges peut être qualifiée de bonne. En effet, il a été constaté que bon nombre d'échanges étaient de type obligatoire. Par ailleurs, des échanges, autrefois de type facultatif, sont désormais obligatoires (par ex. art. 12 OBCBA). Cela contribue évidemment à améliorer la collaboration entre autorités. Les luttes de pouvoir entre des chefs de service ne voulant plus collaborer sont ainsi supprimées avec ce type de disposition.

D'autre part, les échanges qui autrefois n'avaient aucune base légale figurent désormais dans la législation fédérale (par ex. art. 29a al. 3 LBA). Il convient donc de souligner l'effort d'adaptation de la législation.

[24] RS 961.01.

Cependant, tout ne va pas pour le mieux dans le meilleur des mondes. Le tableau présenté au début de ce texte met clairement en évidence les « *maillons faibles* » (flèches d'échange et de transmission volontaires) de l'échange d'informations entre autorités. L'on constate ainsi que les faiblesses du système se trouvent notamment dans la collaboration entre les autorités pénales et les autorités de surveillance. Ainsi, outre le *caractère facultatif* de certains types de collaboration, notamment l'article 29a alinéa 3 LBA (transmission d'informations des autorités pénales à la FINMA respectivement à la CFMJ), nous sommes préoccupés par les exceptions de non-collaboration figurant dans certaines dispositions légales, en particulier l'article 40 LFINMA permettant à la FINMA de ne pas donner suite aux requêtes des autorités pénales et des autres autorités (administratives) suisses. Ces exceptions légales sont d'autant plus préoccupantes qu'elles sont formulées en termes généraux. Ce manque de précision législative a pour conséquence l'indépendance la plus totale de l'autorité requise dans son interprétation des textes légaux et, partant, dans sa collaboration avec les autres autorités. Il ne reste plus qu'à espérer que ce manque de courage législatif sera compensé par le bon sens des fonctionnaires chargés de traiter les requêtes provenant de tiers. Ce bon sens est parfois absent en raison de luttes de pouvoir ou de conflits personnels entre individus. Une raison de plus pour demander au parlement de faire preuve de clarté et de courage lorsqu'il légifère sur des questions touchant à la collaboration entre les autorités. En procédant de la sorte, le législateur accorde au droit, et non à la négociation respectivement à la psychologie, le soin de régir la collaboration entre autorités…

Systèmes de transferts formalisés et non formalisés: la question de la trace documentaire

HAMZA CHRAITI

Licencié ès sciences économiques, Diplômé HES en lutte contre la criminalité économique, Analyste en criminalité économique au Pouvoir Judiciaire de Genève

Introduction

L'investigation financière vise en premier lieu à établir le circuit financier qu'empruntent des fonds suspects. C'est l'étape préalable à toute analyse. Cela permet, en particulier, de mesurer la valeur explicative de l'arrière-plan économique des transactions visées.

Dans un système de paiement scriptural les transferts de compte à compte se réalisent par un jeu d'écritures comptables et chaque nouvelle écriture est instruite par un ordre de virement. La traçabilité d'un transfert, autrement dit l'identification de l'expéditeur et du bénéficiaire du transfert, dépend du degré de formalisation de l'ordre de virement.

De fait, suivant le système de transfert utilisé, la trace documentaire que laisse une transaction financière se présente différemment: transfert entièrement formalisé (circuit bancaire), semi-formalisé (réseau "western union"), ou non formalisé (mécanisme de compensation).

Ainsi, dans la perspective de tracer des fonds suspects, passer en revue les différents systèmes de transfert selon leur degré de formalisation permet de mesurer les limites et la complémentarité entre les moyens de l'enquête de police (écoutes téléphoniques, surveillance électronique, filature) et ceux de l'enquête financière (perquisition documentaire).

1. La formalisation des systèmes de transferts

Plus le système de transfert est formalisé plus la documentation sur la transaction est standardisée et détaillée. Cela permet avec une certaine assurance d'identifier l'expéditeur et le destinataire des fonds. A l'inverse, dans le cas d'une absence totale de formalisation, l'instruction de virement peut paradoxalement ne reposer sur aucune trace écrite mais se réaliser sur la base d'un simple accord verbal. Trois systèmes de transferts peuvent être distingués suivant leur niveau de formalisation:

- Système entièrement formalisé de transfert: il s'agit du virement dans le secteur bancaire;
- Système semi-formalisé de transfert: il s'agit du secteur non bancaire permettant le transfert de petites sommes (moins de 10'000.- EUR en moyenne). Ce sont des sociétés de services spécialisées dans les transferts de fonds dont le leader est la société américaine Western Union;
- Système informel de transfert: c'est le transfert de fonds par compensation n'utilisant pas les institutions du secteur bancaire classique (ou l'utilisant de manière détournée).

1.1. Système entièrement formalisé: le virement bancaire

Les virements bancaires internationaux entre institutions financières se font essentiellement par le réseau S.W.I.F.T. (*Society for Worldwide Interbank Financial Telecommunication*).

Il s'agit d'un réseau informatique de transferts électroniques de messages hautement sécurisé et formalisé. Les membres du réseau sont identifiés par une adresse *swift* appelée BIC (*Bank Identifier Code*). Ce message *swift* constitue la trace documentaire du transfert bancaire. La formalisation est poussée à l'extrême afin que les opérations de transfert soient automatisées au maximum.

L'identité du destinataire des fonds est toujours connue avec précision car le titulaire indique toutes les références de la banque du bénéficiaire lorsqu'il envoie des fonds. Par contre, en amont du compte (lorsque le titulaire reçoit des fonds), le message *swift* doit être déchiffré. Les champs codifiés du message indiquent la banque expéditrice (soit le champ 52a) et le client donneur d'ordre (soit le champ 50a). Par ailleurs, il n'est pas négligeable de relever que cette documentation est archivée plusieurs années durant.

1.2. Système semi-formalisé: transfert par Western Union

Un transfert de fonds semi-formalisé peut être schématisé de la façon suivante:

Fig. 1 Schéma d'un transfert par Western Union

Le schéma ci-dessus illustre l'exemple d'un agent expéditeur de Western Union qui reçoit d'un travailleur émigré une somme à transmettre à sa famille restée au pays. L'agent receveur de Western Union est informé par un courrier électronique qu'il doit remettre cette somme au bénéficiaire désigné (la méthode d'identification du bénéficiaire est aussi indiquée). Entre-temps le travailleur émigré avertit le bénéficiaire par téléphone ou par le réseau internet de la transaction et lui transmet la réponse à la question test ainsi que le numéro de transaction lui permettant de percevoir son dû.

Le rôle des agents expéditeurs ou receveurs peut s'inverser, de ce fait, les

s

Ces flux financiers vont généralement dans le sens opposé des flux migratoires, c'est-à-dire pour l'essentiel dans le sens nord-sud. Ainsi, l'identité des expéditeurs est connue compte tenu des régulations en vigueur dans les pays du nord.

A l'inverse, dans certains pays bénéficiaires, où la régulation est insuffisante voire inexistante, le véritable bénéficiaire reste anonyme. C'est le cas par exemple lorsque le pays n'est pas en mesure de fournir de documents d'identité à ses ressortissants. A l'encaissement et à défaut de pièce d'identité, le bénéficiaire répond simplement à une question-test.

Avec le système semi-formalisé et lors de transferts dans le sens nord-sud, l'expéditeur est ainsi connu mais l'identification du bénéficiaire n'est pas toujours garantie.

1.3. Système informel de transfert: la compensation de type "hawala"

Le terme *hawala* (échange) désigne un réseau informel de transfert de fonds d'un lieu à un autre par le biais de courtiers: *les hawaladars*. Il peut être schématisé comme suit:

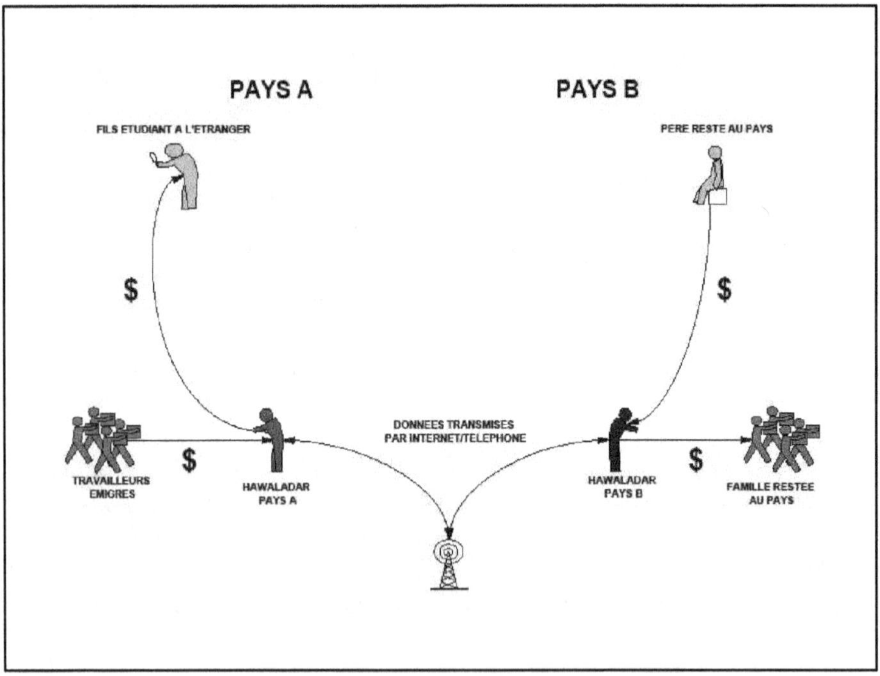

Fig. 2 Schéma d'un transfert par hawala

Dans l'exemple ci-dessus, le hawaladar dans le pays A, reçoit d'un travailleur émigré une somme à transmettre à sa famille restée au pays. Le hawaladar dans le pays B est informé par son correspondant dans le pays A via un courrier électronique ou par téléphone qu'il doit remettre cette somme au bénéficiaire désigné. Du fait de la relation de confiance au sein du réseau, l'identification du bénéficiaire n'est pas une difficulté. Après la remise des fonds, le hawaladar du pays A a un engagement envers son correspondant du pays B, le dénouement des positions peut alors se faire par règlement financier ou importation de biens et services. Dans l'exemple, un père resté au pays dénoue les positions. Il s'agit d'une hawala en sens inverse, ce père remet une somme au hawaladar du pays B destinée à couvrir les dépenses en formation de son fils étudiant dans le pays A. L'hawaladar du pays A peut ainsi régler sa dette en remettant la somme au fils étudiant.

Ce mode de transfert caractérisé par une absence de documentation suppose un fort rapport de confiance entre les participants au réseau. Ce système existe hors de toute instance officielle ou de contrôle. De ce fait, l'instruction de virement n'est pas formalisée, ni standardisée et encore moins archivée. N'importe quelle monnaie peut être échangée alors même que certains pays l'interdisent. Les instructions sont données par téléphone, courrier électronique, les fonds sont livrés en mains propres dans les 24h par un correspondant même dans les lieux difficiles d'accès. Il supplée souvent à un réseau bancaire déficient ou inexistant. C'est un système sûr qui repose sur les liens de parenté, d'appartenance ethnique ou sur les relations personnelles entre les *hawaladars* et les travailleurs expatriés.

Cependant entre les *hawaladars* le transfert est opéré par un rapport de créances. Les montants transférés restent ainsi limités d'une part à la taille du réseau du *hawaladar* et d'autre part à la capacité du réseau à absorber les montants en circulation.

Bien qu'il possède des atouts indéniables en matière d'anonymat, ce système informel de transfert n'offre pas la même souplesse que le réseau bancaire puisque il se limite à certaines régions géographiques ou à certaines communautés. En matière d'investigation financière, cette absence de documentation empêche tout traçage de fonds. Seul l'audition des *hawaladars* permet d'identifier l'expéditeur et le bénéficiaire d'un transfert.

1.4. Système informel de transfert: La compensation impliquant des virements bancaires

Un système hybride peut combiner la *hawala* avec des virements bancaires. Il peut être schématisé comme suit:

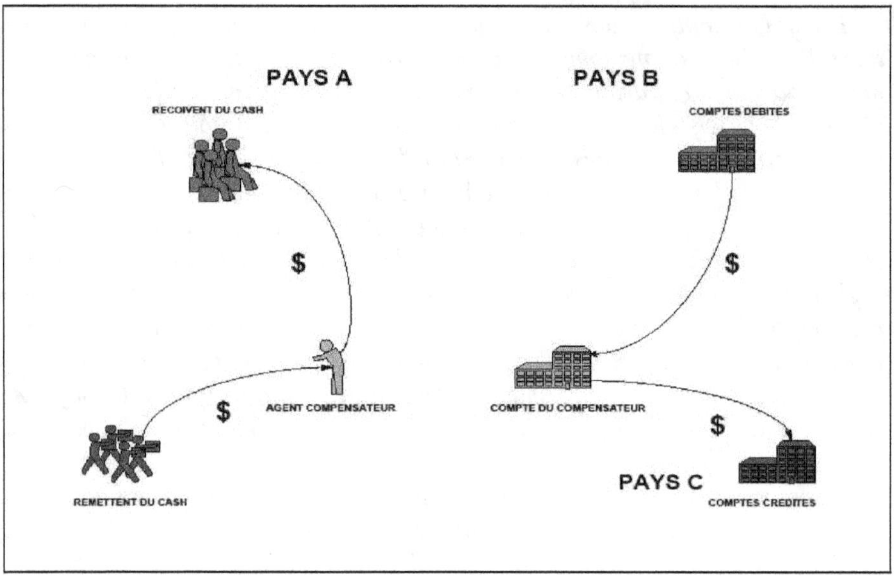

Fig. 3 Schéma de compensation impliquant des virements bancaires

Ici, l'exemple d'un courtier hawaladar ou agent compensateur résidant en France (pays A) est schématisé. Il reçoit à Paris de ses clients chinois des montants en espèces à remettre à des tiers en Chine (pays C). Ce même agent compensateur a aussi à Paris des clients fortunés, titulaires de comptes bancaires en Suisse (pays B). Ces derniers reçoivent des fonds en espèces à Paris et parallèlement ils débitent leurs comptes bancaires en Suisse et créditent le compte en Suisse du compensateur. Ainsi avec les fonds reçus sur son compte l'agent compensateur peut virer en Chine l'équivalent des montants reçus à Paris. Il règle de cette manière la créance résultant des montants qui lui ont été remis en espèces par ses clients chinois à Paris.

Ce système hybride implique que les montants à transférer soient élevés. C'est notamment le cas lorsque ce réseau est étroitement lié à un réseau commercial d'import-export de marchandises. Si le réseau du *hawaladar* n'est pas suffisamment étendu ou lorsque les échanges de biens et services sont restreints, les virements bancaires sont alors la règle.

Ce mode de transfert hybride est aussi caractérisé par une absence de documentation malgré celle relative aux virements bancaires. Si des expéditeurs et des bénéficiaires peuvent être identifiés, le lien entre un expéditeur et son bénéficiaire ne pourra être établi. Dans ce cas de figure également, seule l'audition du *hawaladar* permet d'établir cette correspondance.

Conclusion

Lorsque des transactions suspectes utilisent un système de transferts formalisés, l'enquête financière est particulièrement efficace dans sa capacité à retracer les flux financiers. A l'inverse, lorsque la circulation des fonds se fait au travers des systèmes de transferts informels, le défaut de trace documentaire crée un réel problème pour les autorités de poursuite. De fait, ces différents modes de transferts créent une ligne de démarcation entre l'enquête de police et l'enquête financière. Là où il n'y a plus de trace documentaire l'enquête financière s'arrête et commence l'enquête de police.

Ainsi le paradoxe est le suivant: alors que les transferts de fonds de monnaie fiduciaire (cash) doivent être investigués avec des moyens de police traditionnels, les transferts de fonds scripturaux (compte à compte) devraient être l'apanage de l'investigation financière. Cependant, suite à la description des différents systèmes de transferts, on comprend qu'un ordre de virement puisse ne pas figurer dans un document formalisé mais reste pour ainsi dire lié à un accord verbal empêchant par là même toute identification documentée des parties à la transaction. Dans ce cas, les moyens d'investigation de la police doivent une nouvelle fois être mis en œuvre.

Cela étant, lorsque ces mécanismes de transferts informels reposent même partiellement sur le trafic des paiements du secteur bancaire à l'exemple du schéma de compensation impliquant des virements bancaires (Fig. 3), un traçage de fonds est à nouveau possible. L'enquête financière peut ainsi reprendre le relais de l'enquête policière voire même la devancer lorsque l'analyse des comptes bancaires met à jour un mécanisme de transfert informel.

En définitive, face à la multiplicité des systèmes de transfert, la recherche de complémentarité entre l'enquête de police et l'enquête financière ne peut que les rendre l'une et l'autre plus efficaces.

L'argent n'a-t-il vraiment pas d'odeur en matière fiscale ?

DANIEL STOLL

Professeur remplaçant, Substitut du Juge d'instruction du canton de Vaud

Introduction

A la lecture d'un arrêt du Tribunal fédéral suisse faisant état du fait que le fisc prélevait la taxe sur la valeur ajouté (ci-après TVA) sur le trafic de drogue[1], le non-fiscaliste est surpris, pour ne pas dire choqué. Le pénaliste se demande si et dans quelle mesure le prélèvement de la TVA sur un produit illicite ne constitue pas un blanchiment d'argent et ne devrait pas faire l'objet d'une confiscation pénale. Quelques avocats spécialisés dans la défense pénale à qui l'auteur de la présente contribution a présenté la problématique étaient plutôt amusés à l'idée que l'Etat prélève sa dime du trafic de stupéfiants pensant sans doute qu'ils tenaient là une bonne introduction pour leur prochaine affaire de stupéfiants.

Apparemment correct sous l'angle du droit fiscal, le résultat d'une telle jurisprudence interpelle néanmoins et mérite qu'on s'y arrête un instant. Tout au long de la réflexion juridique, on hésite entre le raisonnement pénal qui consiste strictement à saisir les profits illicites et le raisonnement fiscal qui prône l'égalité entre justiciable, peu importe l'origine (licite ou non) des revenus. Sous l'angle de la prévention générale, on pouvait se demander s'il n'était peut-être finalement pas si négatif qu'en plus de se voir confisquer la drogue, respectivement leur chiffre d'affaires, les trafiquants de drogue aient à payer une créance supplémentaire à l'Etat.

Ainsi, certains Etats prélèvent un impôt sur le chiffre d'affaires provenant d'activités illégales, ainsi assimilées à n'importe quelles autres activités licites. La présente contribution a pour objet de relever l'ambiguïté du message transmis au justiciable par une telle pratique. Elle vise également à rappeler la nécessité de prendre en compte les différents domaines d'un ordre juridique afin d'en assurer la cohérence dans son entier tant dans ses principes que dans son application. Il s'agit d'éviter que la spécialisation dans un domaine du droit n'entraîne des décisions qui se révèlent incohérentes dans un autre domaine, et partant, dans l'ordre juridique.

---

[1] TF, 2c_16/2008 du 16 mai 2008 notamment.

1. Traitement fiscal des revenus illicites en matière de TVA

a) La jurisprudence de la Cour de justice des Communautés européennes

La Cour de justice des Communautés européennes a eu l'occasion de se positionner sur le point de savoir si le fisc pouvait percevoir la TVA sur le produit du trafic de stupéfiants. Elle a eu l'occasion de le faire dans le cadre de l'interprétation de l'article 2 de la sixième directive 77/388/CEE du Conseil, du 17 mai 1977, en matière d'harmonisation des législations des Etats membres relatives aux taxes sur le chiffre d'affaires – Système commun de taxe sur la valeur ajoutée[2].

Dans les arrêts Happy Family[3] et Mol[4], la Cour de justice a jugé que le principe de neutralité fiscale s'oppose effectivement, en matière de perception de la TVA, à une différenciation généralisée entre les transactions licites et les transactions illicites. La Cour de justice a cependant consacré une exception en déclarant que ce n'était pas vrai pour la livraison de produits tels que les stupéfiants, qui présentent : « *des caractéristiques particulières en ce qu'ils relèvent, par leur nature même, d'une interdiction totale de mise en circulation dans tous les états membres, à l'exception d'un circuit économique strictement surveillé en vue d'une utilisation à des fins médicales et scientifiques* ». Dans une telle situation spécifique où toute concurrence entre un secteur économique licite et un secteur illicite est exclue, le non assujettissement à la TVA ne saurait affecter le principe de neutralité fiscale.

La Cour de justice a confirmé sa jurisprudence en 1999 dans l'affaire *Coffee shop « Siberië »*[5] en précisant que si la vente de stupéfiants demeurait non taxable, tel n'était pas le cas de la location d'un emplacement utilisé pour la vente de stupéfiants (en l'occurrence une table de coffee shop), puisqu'il existe une concurrence entre activité licite et illicite dans ce secteur

---

[2] JO L 145, p. 1 : L'article 2 de la sixième directive dispose : « *Sont soumises à la taxe sur la valeur ajoutée :*

1. les livraisons de biens et les prestations de services, effectuées à titre onéreux à l'intérieur du pays par un assujetti en tant que tel ;

2. les importations de biens ».

Quant à l'article 4 de cette même directive, il dispose : « *Est considéré comme assujetti quiconque accomplit, d'une façon indépendante et quel qu'en soit le lieu, une des activités économiques mentionnées au paragraphe 2, quels que soient les buts ou les résultats de cette activité* ».

[3] du 5 juillet 1988 (289/86, Rec. p. 3655), point 20.

[4] du 5 juillet 1988 (269/86, Rec. p. 3627), point 18.

[5] du 29 juin 1999 (C-158/98).

et en cas de non-assujettissement, il serait porté atteinte au principe de neutralité fiscale du système de TVA.

En résumé, la Cour de justice a considéré que le sacro-saint principe de la neutralité de la TVA s'entendait lorsqu'une activité illicite pouvait entrer en concours avec une activité licite. Mais la taxation était exclue dans les cas où, comme les stupéfiants, toute concurrence entre un secteur économique licite et un secteur économique illicite était exclue.

b) La jurisprudence du Tribunal fédéral suisse (TF) et du Tribunal administratif fédéral suisse (TAF) en matière de TVA sur le commerce illicite de stupéfiants

Le Tribunal administratif fédéral suisse et le Tribunal fédéral suisse se sont montrés moins nuancés que la Cour de justice européenne dans l'interprétation du principe de neutralité de la TVA. L'assiette de l'impôt est définie à l'article 5 de la loi fédérale (suisse) régissant la taxe sur la valeur ajoutée[6].

i) La jurisprudence du Tribunal administratif fédéral suisse

Dans le cadre d'une affaire concernant une société en nom collectif inscrite au registre du commerce qui vendait du chanvre et qui a fait faillite, l'administration fédérale des contributions a confirmé la taxation en matière de TVA à hauteur de fr. 11'875.05[7]. La faillite de la société est la conséquence d'une intervention des autorités de poursuite pénale qui ont mis à jour un trafic de stupéfiants, savoir de chanvre à haut taux de THC et pas simplement des produits dérivés du chanvre dont la production était licite.

Les administrateurs de la société ont recouru contre la décision de taxation en faisant valoir que la TVA ne pouvait pas être perçue sur des produits illicites.

Tout en citant la jurisprudence de la Cour de justice européenne dont la Suisse peut s'inspirer, mais qui ne la lie pas, le Tribunal administratif fédéral a suivi partiellement cette jurisprudence, dans la mesure où elle déclare qu'en matière de perception de la TVA, une différenciation généralisée entre

[6] RS 641.20 ; cette disposition est ainsi rédigée : « *sont soumises à l'impôt, pour autant qu'elles ne soient pas expressément exclues du champ de l'impôt (art. 18), les opérations suivantes effectuées par des assujettis : a. les livraisons de biens faites à titre onéreux sur le territoire suisse ; b. les prestations de services fournies à titre onéreux sur le territoire suisse : c. les prestations à soi-même effectuées sur le territoire suisse ; d. l'acquisition à titre onéreux de prestations de service d'entreprises ayant leur siège à l'étranger* ».

[7] ATAF 2007/23 du 3 mai 2007.

les transactions licites et les transactions illicites violerait le principe de neutralité de l'impôt, de sorte que toute transaction devait être soumise à la TVA. En revanche, l'exception selon laquelle la livraison illicite de produits stupéfiants n'est pas soumise à la TVA ne trouve pas grâce aux yeux du Tribunal administratif fédéral estimant qu'une telle exception n'est pas pertinente pour la Suisse. L'argument avancé consiste dans le fait que l'existence d'un rapport de concurrence possible entre secteur illégal et secteur légal n'est pas une condition de soumission à la TVA en droit suisse.

L'administration des impôts ne tient pas non plus compte d'une éventuelle confiscation des produits illicites par l'autorité pénale, estimant que ce dont il faut tenir compte pour calculer l'impôt, c'est ce que dépense le destinataire de la prestation et non ce que reçoit le fournisseur de la prestation.

ii) La jurisprudence du Tribunal fédéral suisse

Dans le cadre de trois affaires, toutes rendues en date du 16 mai 2008[8], l'administration fiscale a effectué un contrôle de commerces de plantes, produits de jardin et autres. Il a été constaté à chaque fois que des coussinets de chanvre ont été vendus et déclarés avec un taux de TVA de 2 % au lieu de 6,5 %. Ce taux était applicable pour un certain nombre de produits dits de nécessité, notamment les aliments, mais également, en ce qui concerne les affaires dont il est fait état, pour les semences, tubercules et oignons à planter, plantes vivantes, boutures, greffons, fleurs coupées et rameaux, également en bouquets, couronnes et arrangements analogues[9].

Dans le cadre de l'affaire n° 2c_11/2008, la valeur litigieuse s'élevait à fr. 795'227.75. Le recourant n'a pas invoqué le caractère illégal de son produit – et celui-ci n'était d'ailleurs pas démontré – pour tenter d'échapper à la TVA, mais uniquement que c'est bien le taux de 2 % qui devait être appliqué et non celui de 6,5 %. Il est ainsi inutile d'approfondir l'examen, puisqu'il n'est pas fait état d'activités illicites.

Dans le cadre de l'affaire n° 2c_16/2008, la valeur litigieuse était de fr. 244'571.-. Le recourant a tenté d'invoquer principalement le caractère illégal de son produit et accessoirement que le taux de 2 %, plutôt que le taux de 6,5 % devait être appliqué. Le Tribunal fédéral arrive à la conclusion que la TVA s'applique à la vente de stupéfiants. Il cite la jurisprudence de la Cour de justice et la critique en citant un certain nombre d'auteurs, soulignant en substance que sous l'angle de la TVA, la taxation ne peut pas

---

[8] TF, 2c_11/2008 ; TF, 2c_16/2008 ; et TF, 2c_17/2008, tous du 16 mai 2008.

[9] Article 36 lettre a chiffre 5 LTVA : le taux est passé à 2,4 % depuis le 1er janvier 2001.

dépendre du point de savoir s'il existe un concours entre un secteur économique licite et illicite[10].

Dans le cadre de l'affaire n° 2c_17/2008, la valeur litigieuse s'élevait à fr. 185'239.-. Les mêmes arguments que dans l'affaire précédente sont invoqués et le raisonnement de la cour est exactement le même. On n'y reviendra pas.

Le Tribunal fédéral a également eu l'occasion de se prononcer non pas sur le point de savoir si une activité illégale pouvait être taxée sous l'angle de la TVA, mais si une activité considérée comme immorale est également soumise à la TVA[11]. Notre Haute Cour n'avait évidemment plus à aborder le problème de l'illégalité et a ainsi pu confirmer que la TVA était due, à plus forte raison en cas d'immoralité uniquement.

Dans l'affaire 2c_426/2008, il s'agissait d'un tenancier de maison close avec une valeur litigieuse de fr. 444'582.-.

Dans l'affaire 2c_430/2008, il s'agissait également d'un tenancier de maison close avec une valeur litigieuse de fr. 95'332.-.

Il ressort d'ailleurs de la doctrine et de la jurisprudence qu'en général en matière fiscale et pas uniquement dans le cadre de la TVA – par exemple pour les impôts sur le revenu – même si le fondement de l'acquisition du revenu réside dans un acte prohibé, c'est-à-dire contraire à l'ordre juridique ou aux bonnes mœurs, il y a assujettissement à l'impôt sur le revenu[12].

Mais pour l'impôt sur le revenu, à la différence de la TVA, dans la mesure où les revenus sont susceptibles d'être confisqués par l'Etat, le revenu est alors neutralisé et ne saurait donc accroître le revenu de l'assujetti[13]. Le montant confisqué n'est ainsi pas taxable. Voilà une solution qui paraît tenir compte à la fois des nécessités fiscales et des buts poursuivis par le droit pénal.

iii) La jurisprudence de la Cour canadienne de l'impôt

Dans le cadre d'une affaire John Molenaar contre la Reine, dont l'arrêt a été rendu le 6 juin 2003, la Cour canadienne de l'impôt a considéré que les fournitures de marihuana sont taxables sous l'angle de la loi sur la taxe de vente du Québec (anciennement loi sur la taxe d'accise (LTA)[14]. Autrement

---

[10] Cf. TF, 2c_16/2008 c. 5.7 du 16 mai 2008.

[11] TF, 2c_426/2008 du 18 février 2009 et 2c_430/2008 du 18 février 2009.

[12] RDAF 2001 II 348 et réf. citées.

[13] Oberson Xavier, Droit fiscal suisse, éd. 2007, p. 82s. ; Locher, Kommentar DBG, n° 14 ad article 16.

[14] Cour canadienne de l'impôt, réf. 2003CCI468 : http://decision.tcc-cci.gc.ca/fr/2003cci468/2003cci468.html#_ftn4.

dit, la jurisprudence canadienne va dans le même sens que la jurisprudence helvétique.

2. Autres hypothèses d'application de la jurisprudence en matière de TVA

a) Les revenus du tueur à gages

Il est intéressant de prendre pour exemple, un cas relativement rare (en tous cas en Suisse) : les revenus du tueur à gages. Sous l'angle de l'une ou l'autre jurisprudence, l'Etat va-t-il prélever sa dime ?

i) Sous l'angle de la jurisprudence de la Cour de justice

La prestation fournie par le tueur à gages, c'est-à-dire commettre l'homicide volontaire d'une personne à la demande d'une autre personne, moyennant paiement d'une certaine somme, constitue bel et bien une prestation de services effectuée à titre onéreux au sens de l'article 2 de la sixième directive. Une telle prestation est donc susceptible, comme la vente de drogue, d'être soumise à la TVA.

Cependant, la Cour de justice examinera si la prestation consistant à tuer quelqu'un entre en concurrence avec une activité dans un secteur économique licite. Nous sommes forcés d'admettre que tel n'est pas le cas. Les Etats européens ne pourront ainsi pas prélever la TVA sur les gages du tueur.

ii) Sous l'angle de la jurisprudence du TF

La prestation fournie par le tueur à gages, constitue bel et bien une prestation de services effectuée à titre onéreux sur le territoire suisse. Une telle prestation est donc susceptible, comme la vente de drogue, d'être soumise à la TVA.

Le TF considère que le principe de neutralité de l'impôt impose qu'il n'y ait pas de différenciation généralisée entre les transactions licites et les transactions illicites[15]. La taxation ne peut pas dépendre du point de savoir s'il existe un concours entre un secteur économique licite et illicite, de sorte qu'il n'existe pas d'exception, contrairement à ce que prévoit la Cour de justice. Dès lors, le Fisc suisse prélèvera la TVA sur les gages du tueur.

[15] Cf. notamment TF, 2c_16/2008 c- 5.7 du 16 mai 2008.

b) Les revenus provenant des films pornographiques illicites

Il convient d'examiner un second domaine, dont l'activité est beaucoup plus fréquente dans notre pays que celui du tueur à gages : les films pédophiles.

i) Sous l'angle de la jurisprudence de la Cour de justice

Pour les revenus de films pédophiles, il y a lieu de faire exactement le même raisonnement qu'avec les gages du tueur. En effet, les films pédophiles sont illicites et ne sont pas dans un rapport de concurrence avec un autre secteur économique licite, puisque le film est illicite en tant que tel. La situation est différente de l'affaire concernant la table mise à disposition pour vendre de la drogue[16]. La table peut aussi servir à autre chose et être louée pour autre chose de licite. Tel n'est pas le cas du film pédophile. Dès lors, les Etats européens ne peuvent pas prélever la TVA sur les ventes de films pédophiles.

ii) Sous l'angle de la jurisprudence du TF

Comme pour le tueur à gages, il n'y a pas d'exception. Le principe de neutralité de l'impôt impose la taxation des revenus provenant de la vente de films de pédophilie.

3. L'appréciation de cette jurisprudence sous l'angle du droit pénal

Les éléments constitutifs du blanchiment sont-ils réalisés ?

L'article 305bis du code pénal suisse réprimant le blanchiment d'argent dispose que se rend coupable de blanchiment celui qui aura commis un acte propre à entraver l'identification de l'origine, la découverte ou la confiscation de valeurs patrimoniales dont il savait ou devait présumer qu'elle provenait d'un crime.

En prélevant la TVA sur la vente de produits stupéfiants sans en aviser les autorités pénales et en acceptant ainsi de l'argent provenant d'une activité illicite, le fisc réalise les éléments objectifs de l'infraction de blanchiment. Celui qui accepte de l'argent sale en paiement de sa créance commet dite infraction.

Pour s'en convaincre, il suffit de rappeler l'existence d'un arrêt du Tribunal fédéral où il était question de la confiscation d'une avance d'honoraires que le client avait remise à son avocat. Il se trouve que l'argent versé provenait d'une activité délictueuse. Le juge en a avisé l'avocat en prononçant le séquestre de dite somme. Il a été jugé que l'avocat était de

[16] Affaire Coffee Shop « Siberië » du 29 juin 1999 (C-158/98).

bonne foi jusqu'à la réception de l'ordonnance de séquestre. Dès lors, il a pu compenser l'avance reçue avec les opérations qu'il avait effectuées jusqu'à réception de l'ordonnance. En revanche, le solde était séquestré[17]. Dans l'affaire en question, l'avocat était de bonne foi ne connaissant pas la provenance délictueuse de l'argent et ne pouvant pas s'en douter. S'il en avait eu connaissance, il aurait été inquiété pour blanchiment. A priori il n'y a pas de raison de traiter les deux situations de manière différente sur le plan des éléments objectifs.

Le seul motif pour lequel le fisc ne peut pas être poursuivi dans ce cas, c'est en raison de l'existence d'un fait justificatif. Dans la mesure où la loi sur la TVA est interprétée en ce sens qu'elle impose ou autorise le prélèvement de la TVA sur toutes les prestations indépendamment de leur caractère licite ou illicite, il s'agit d'un acte autorisé par la loi au sens de l'article 14 du code pénal suisse.

Sous l'angle du droit fiscal et de ses principes, la jurisprudence fédérale admettant le prélèvement de la TVA sur les ventes de stupéfiants paraît trouver l'assentiment de la doctrine majoritaire en ce domaine. Le pénaliste s'interroge néanmoins et ne peut s'empêcher de comparer cette situation au vol de stupéfiants. En effet, selon le Tribunal fédéral suisse, il n'est pas possible de commettre un vol ou un brigandage de drogue, car il s'agit de choses dites « hors commerce » qui ne peuvent ainsi appartenir à autrui. Leur possesseur n'est ainsi pas digne de protection et l'auteur de l'appropriation sera libéré de l'infraction de vol, respectivement de brigandage[18].

Il apparaît contradictoire qu'une même autorité considère qu'une chose est « hors commerce » sous l'angle civil et pénal, mais qu'il est possible de considérer qu'elle puisse faire l'objet d'un échange de prestation et puisse ainsi être taxable sous l'angle fiscal.

4. Conséquence en matière de lutte contre la criminalité économique : l'Etat est-il cohérent ?

Le message transmis par l'Etat au justiciable est ambigu :

- d'une part, on lui interdit de vendre de la drogue et s'il entrave la découverte de l'argent sale en l'investissant dans des entreprises ou au casino ou simplement en payant des créances, il se voit reprocher un blanchiment d'argent ;

[17] TF, 1S.5/2006 du 5 mai 2006 in RSJ 2006 p. 311.
[18] ATF 122 IV 179, JdT 1997 IV 135 ; ATF 124 IV 102.

- d'autre part, on perçoit un impôt sur une prestation interdite, en sachant pertinemment que l'argent encaissé ne peut provenir que d'activités délictueuses, sans que, dans ce cas, l'auteur ne soit inquiété pour blanchiment, ni lui, ni le récipiendaire des montants qui s'avère être le fisc.

La difficulté réside dans le fait que chacun reste dans sa spécialisation sans penser à la cohérence du système. Le droit d'un pays doit s'analyser comme un tout. On ne peut d'un côté interdire une activité et de l'autre prélever un impôt sur cette même activité. C'est l'approche morale.

Mais on peut également comprendre le souci selon lequel les personnes bénéficiant de revenus illicites ne doivent pas en plus se voir exempter d'impôt. L'absence d'imposition pourrait être perçue comme un encouragement à la délinquance, dans la mesure où seules les personnes gagnant honnêtement leur vie paieraient des impôts.

Il convient ainsi de trouver un juste milieu en élevant le raisonnement sur le plan de la cohérence d'un système juridique et non pas en s'enfermant chacun dans sa spécialité : d'une part, le pénaliste estimant intolérable de prélever un impôt sur une activité interdite pénalement ; le fiscaliste estimant qu'on ne saurait tolérer un écart au principe de neutralité de l'impôt.

En ce sens, la solution préconisée par la Cour de justice européenne paraît constituer un juste compromis pour éviter les distorsions de concurrence. Toute activité illégale pouvant entrer en concurrence avec une activité légale doit être soumise à taxation. Mais les activités illégales qui n'ont pas leur pendant dans les activités légales, tel que trafic de drogue, de fausse monnaie, vente de film de pornographie dure, activité du tueur à gages, ne doivent pas être soumis à un tel impôt.

Conclusion

Il faut alors être cohérent et considérer les activités illicites comme des non-activités, ce qui suppose, sur le plan pénal, une confiscation systématique du chiffre d'affaires et non pas du seul bénéfice, voire le prononcé systématique d'une créance compensatrice équivalant au chiffre d'affaires si l'argent n'est plus disponible. C'est bien dans ce sens que va la jurisprudence du TF. Mais il est vrai aussi que les tribunaux de première instance ont tendance, surtout en matière de créance compensatrice, de s'en tenir au bénéfice gagné par le délinquant, afin d'éviter de le pénaliser dans sa reconversion… Peut-être y a-t-il lieu de changer les mentalités.

D'aucun diront peut-être qu'il est choquant que le trafiquant de drogue puisse se prévaloir de la confiscation pour cas échéant demander le remboursement du revenu qu'il aurait par hypothèse déclaré.

Rien n'empêche de prévoir expressément dans la loi sur la TVA une disposition interdisant le remboursement de la TVA, s'il s'avérait après coup que celle-ci n'est pas due en raison de la prestation illicite.

En définitive, il faut aussi penser au discours de prévention et éviter que l'on puisse se voir un jour rétorquer par une personne venant d'acheter du chanvre à haut taux de THC dans un commerce ; « C'est légal, puisque l'on paie la TVA ».

Alors … L'argent n'a-t-il vraiment pas d'odeur en matière fiscale ? Considérer que tel est le cas conduit à transmettre au justiciable un message ambigu. Il pourrait croire – ou du moins s'en prévaloir – que son activité illicite est tolérée par l'Etat qui en prélève la TVA. Dès lors, dans les Etats où le fisc prélève un impôt sur les activités illicites, la pratique doit être modifiée pour une meilleure cohérence de l'ordre juridique.

Lecture sur la loi n°43-05 relative à la lutte contre le blanchiment des capitaux

ALI RAME

Professeur de Droit Privé, faculté de Droit Agdal, Rabat, Maroc

Introduction

Le blanchiment des capitaux[1] est un processus par lequel des actifs obtenus ou produits par une activité illégale sont déplacés ou dissimulés pour masquer leurs liens avec le délit[2]. Il s'agit donc d'une façon de rendre accessibles à des criminels, pour leur usage personnel, des fonds obtenus par des moyens illégaux sans qu'on puisse en retracer la source illicite. Il se déroule en trois étapes : le placement, l'empilage et l'intégration[3].

- Le placement consiste à introduire de l'argent liquide dans le circuit économique et financier ;
- l'empilage vise à brouiller les pistes pour faire disparaître l'origine des fonds ;
- l'intégration est destinée à réintroduire l'argent blanchi dans l'économie légale sans que l'on puisse le rattacher à son origine illégale.

---

[1] L'expression « blanchir des capitaux » est relativement neuve et trouve son origine dans la pègre américaine des années 20 qui avait acheté des laveries, des blanchisseries automatiques, fonctionnant avec des pièces de monnaie, afin de mélanger l'argent du trafic d'alcool aux recettes procurées par ces laveries. Elodie Ferjault, Secret Professionnel et blanchiment de capitaux, Université Panthéon Assas, Magistère de Juriste d'affaires, Mai 2002, p. 2.
Dans les dictionnaires français, il est mentionné que blanchir de l'argent : « consiste à faire disparaître toute preuve de leur origine irrégulière ou frauduleuse » (Le Petit Larousse) ou « donner une existence légale à des fonds dont l'origine est frauduleuse ou illicite », (Le Robert), ou « lui faire subir une série d'opérations à la suite desquelles son origine frauduleuse, illégale n'est plus connue » (Le Grand Larousse Universel).

[2] Fonds Monétaire International (FMI), Le FMI et la lutte contre le blanchiment des capitaux et le financement du terrorisme, Fiche technique - septembre 2005.

[3] Voir dans ce sens : Jean-Louis Hérail et Patrick Ramael, Blanchiment d'argent et crime organisé, la dimension juridique, PUF, Paris, 1996, p. 2ss. ; Patrick Glorieux, Le blanchiment de l'argent de la drogue, article publié dans l'économie du blanchiment, sous la direction de Pierre Kopp, Cahiers Finance Ethique Confiance, 1995, p. 61.

Traditionnellement, quand on parle de blanchiment, on pense au trafic de stupéfiants, la plus importante source de revenus illégaux dans le monde. Mais il ne faut pas négliger la criminalité financière et économique (fraude fiscale, banqueroute – selon l'article 722 du code de commerce marocain, la banqueroute est « punie d'un an à cinq ans d'emprisonnement et d'une amende de 10.000 à 100.000 dirhams », l'équivalent d'environ 1 140 à 11 120 dollars américains –, fraudes en matière de placements, détournements de fonds, contrebande de marchandises, abus de bien sociaux…), qui reste parmi les infractions principales de blanchiment.

Si l'on se réfère à la partie la plus sombre et la plus importante des activités criminelles servant de fonds de retraitement du blanchiment de capitaux, le FMI évaluait le volume annuel des opérations de blanchiment en 1998 dans une fourchette entre 2 et 5 % du PIB (Produit Intérieur Brut) mondial, soit une somme comprise entre 590 et 1500 milliards de dollars[4].

Malgré ce chiffre donné, la réalité des fonds blanchis reste éloignée à cause de la faiblesse et du manque de précision des sources disponibles concernant le volume d'affaires généré par les réseaux de blanchiment de capitaux criminels[5]. Les organisations criminelles ne documentent pas l'étendue de leurs opérations et ne font pas de publicité sur le montant de leurs gains. Par ailleurs, étant donné que ces activités se produisent à l'échelle mondiale, il est encore plus difficile de fournir des estimations. C'est donc quasiment toujours par le biais de renseignements indirects et de recoupements d'informations que certains services ou organismes institutionnalisés « sortent » de telles statistiques.

Face à ce phénomène, la lutte contre le blanchiment des capitaux est devenue l'une des principales priorités des autorités étatiques de répression et constitue aujourd'hui un thème de première importance au plan international[6]. Depuis septembre 2001, cette lutte a bénéficié de la

[4] Vito Tanzi, *Money Laundering and the International Finance System*, document de travail du FMI n°96/55 (mai 1996), pp. 3 et 4.

[5] Les estimations de la taille de l'économie souterraine varient, selon les auteurs et les rapports, de 4 à 33 % du PIB pour les Etats-Unis, de 10 à 33 % pour l'Italie, de 2 à 11 % pour l'Allemagne… pourtant ces données sont régulièrement utilisées pour calculer le montant global de blanchiment !

[6] La mobilisation des Etats s'est opérée par l'instauration de règles, d'engagements, de conventions et la prise en compte des recommandations telles que la recommandation du Conseil de l'Europe du 27 juin 1980 relative aux mesures contre le transfert et la mise à l'abri des capitaux d'origine criminelle, la déclaration du Comité de Bâle du 12 décembre 1988 relative à la prévention de l'utilisation du système bancaire pour le blanchiment de fonds d'origine criminelle, la Convention

mobilisation internationale contre le terrorisme et son financement. En effet, si ces deux problématiques demeurent distinctes, le volet préventif de la lutte contre le financement du terrorisme fait largement appel aux mêmes instruments que ceux mis en œuvre pour lutter contre le blanchiment[7].

Dans ce cadre, le Maroc soutient les efforts internationaux et collabore activement à ces développements[8]. Il contribue activement aux efforts

de Vienne du 20 décembre 1988 contre le trafic illicite de stupéfiants et de substances psychotropes, les quarante recommandations du GAFI (groupe d'action financière), 1990-1996-2001, la Convention du Conseil de l'Europe du 8 novembre 1990 relative au blanchiment, au dépistage, à la saisie et à la confiscation des produits du crime entrée en vigueur le 1 septembre 1993, la directive des communautés européennes du 10 juin 1991 relative à la prévention de l'utilisation du système financier aux fins du blanchiment des capitaux, modifiée par la directive n°2001/97/CE du parlement européen et du conseil, la Convention des Nations Unies contre la criminalité transnationale organisée du 12 décembre 2000.

[7] Parmi les différents travaux de la communauté internationale dans ce domaine, il y a la Convention de New York du 9 décembre 1999 relative à la répression du financement du terrorisme, la Convention des Nations Unies contre la corruption du 9 décembre 2003, la Résolution du Conseil de sécurité des Nations Unies n°1373/2001 sur le gel et blocage des fonds et actifs terroristes.

[8] Malgré l'absence d'une réglementation spécifique relative à la lutte contre le blanchiment des capitaux et au financement du terrorisme, il existe toutefois de nombreuses dispositions générales en droit marocain pouvant être appliquées pour se conformer à certains engagements et recommandations relatifs à la répression du blanchiment des capitaux et du financement du terrorisme. Il s'agit de l'incrimination de certaines activités illicites, le trafic et l'usage des stupéfiants (Dahir du 21 mai 1974 relatif à la répression de la toxicomanie et la prévention des toxicomanes), la saisie et la confiscation des biens ayant servi à commettre des infractions (l'article 89 du code pénal), l'obligation d'identification de la clientèle des établissements de crédit (l'article 488 du code de commerce et l'article 10 de la loi n°58-90 relative aux places financières offshore), l'obligation pour les banques de se doter d'un système de contrôle interne permettant à ces institutions de prévenir tous les risques inhérents à l'exercice de l'activité bancaire (Circulaire n 6-G du 19 février 2001 de Bank Al-Maghrib), la mise en place de mesures visant à encourager le développement des techniques de paiements scripturaux (chèques, cartes de paiement ; virements ; …), la procédure d'extradition des personnes ayant commis des infractions à caractère pénal à l'étranger (l'article 718 et ss. du code de procédure pénale)…

Et malgré ces dispositions générales, le droit marocain souffre d'un certain nombre d'insuffisances notamment de l'absence de définition du blanchiment des capitaux et du financement du terrorisme, l'inexistence de dispositions générales applicables à toutes les institutions financières permettant la levée du secret professionnel, la saisie et la confiscation des biens en cas d'infraction, l'obligation de déclarer leurs déployés, par l'adhésion aux conventions internationales relatives à la lutte contre les différentes formes de criminalité transnationale, par l'harmonisation progressive de la législation nationale avec les engagements internationaux du royaume ciblés dans ces conventions et par la traduction en droit interne des recommandations et résolutions visant la lutte contre les formes de criminalité susvisées, en adoptant en 2003 la loi n°03-03 relative à la lutte contre le terrorisme[9] et, en 2007, la loi n° 43-05 relative à la lutte contre le blanchiment des capitaux[10].

Le dispositif mis en place par le Maroc pour lutter contre le blanchiment de capitaux constitue un ensemble complexe comprenant une composante préventive et une composante répressive, à la lumière d'une politique de bonne gouvernance dans le secteur public et privé, afin de contrer la délinquance financière et économique. Il est utile de mesurer la portée de cette double dimension préventive et répressive.

Cette contribution aborde la gouvernance dans ces secteurs de deux points de vue différents. Le premier point de vue a trait à la gouvernance du secteur financier et économique (section 1) afin de mesurer la transparence et l'efficacité du système bancaire face à la lutte contre le blanchiment des capitaux. Le deuxième concerne le cadre répressif de la lutte contre le blanchiment d'argent (section 2).

Section 1 : La gouvernance du secteur financier et économique

Les banques et autres établissements financiers de dépôts sont les principaux agents de transmission de fonds[11]. Il est clair que l'étape du dépôt d'espèces dans ces établissements est une étape essentielle pour le blanchiment de capitaux. C'est pour cette raison que les politiques criminelles visant à lutter contre ce phénomène ont toujours préféré privilégier la prévention à la répression[12], à la lumière du renforcement des obligations des professionnels.

---

soupçons concernant les opérations ayant trait au blanchiment des capitaux ou de financement du terrorisme, et l'absence de dispositions concernant le gel des fonds et avoirs des terroristes.

[9] Dahir n°1.03.140 du 82 mai 2003 portant promulgation la loi n°03-03 relative à la lutte contre le terrorisme, *B.O.*, 29 mai 2003, n°5112, pp. 1755-1759.

[10] Dahir n°1-07-79 du 17 avril 2007 portant promulgation la loi n°43-05 relative à la lutte contre le blanchiment des capitaux, *B.O.*, 3 mars 2007, n° 5522, pp. 602-607.

[11] Olivier Jerez, Le blanchiment de l'argent, 2ème édition, Revue Banque Edition, Paris, 2000, p. 78.

[12] Khalid Mokite, La nouvelle législation nationale contre le blanchiment des capitaux, centre des études internationales, p. 4.

De nombreux pays ont pris des mesures de gouvernance[13], dans le secteur financier et économique, qui s'intéressent principalement à l'organisation et au contrôle des professionnels, afin de prévenir l'utilisation du secteur à des fins abusives.

Dans ce cadre, la loi n°43-05 comporte un volet préventif organisant la participation des institutions financières et permettant d'associer certaines professions à la lutte contre le blanchiment de capitaux, qui se traduit par une liste large de personnes assujetties comprenant tous les établissements de crédit et toutes les institutions financières ainsi que d'autres professions susceptibles de faire l'objet d'une utilisation à des fins de blanchiment de capitaux ou de financement du terrorisme[14]. Ce choix d'une liste large non limitative se justifie sans aucun doute par le souci dès le départ d'assujettir l'ensemble des personnes pouvant contribuer à la lutte contre ce fléau, car dans la pratique, l'application effective des dispositions légales en la matière se réalisera uniquement de manière progressive[15].

On trouve à la tête de la liste, les établissements de crédit et les banques, les premiers professionnels visés par cette lutte contre le blanchiment de capitaux, puisque les plus à même de découvrir l'origine frauduleuse des

[13] Le mot gouvernance ne date pas d'hier, puisque son usage dans diverses langues remonte à plusieurs siècles. Mais tout comme d'autre termes de notre « novlangue », tels ceux de « transparence » ou de « multiculturalisme », ou comme l'ambivalent adjectif « sécuritaire », il a proprement envahi notre façon d'exprimer la politique sinon de la penser depuis quinze ans à peine. Certes, vers 1840, le roi Charles-Albert de Piémont-Sardaigne préconisait déjà le *buon governo* comme moyen primordial de sortir du marasme son royaume passablement décrépit (Guy Hermet, Ali Kazancigil, Jean François, La gouvernance, un concept et ses applications, éd. Karthala, Paris, p. 5).

[14] L'article 2 de la loi n°43-05 prévoit dans l'alinéa 2 : « ... sont notamment considérées comme personnes assujetties :

1. les établissements de crédit ;
2. les banques et les sociétés holding offshore ;
3. les compagnies financières ;
4. les entreprises d'assurances et de réassurances ;
5. les contrôleurs des comptes, comptables externes et conseillers fiscaux ;
6. les personnes membres d'une profession juridique indépendante...
7. les personnes exploitant ou gérant des casinos ou des établissements de jeux de hasard ».

[15] Khalid Moukite, op.cit, p. 4.

fonds placés en leur sein par leurs clients[16]. Parmi ces professionnels, on trouve les personnes membres d'une profession juridique indépendante, qui font partie de la liste des personnes assujetties aux obligations de la loi n°43-05 lorsque, dans le cadre de leur activité professionnelle, elles réalisent au nom et pour le compte de leurs clients toutes transactions financières ou immobilières ou lorsqu'elles participent en assistant leurs clients à la préparation ou à la réalisation des transactions[17] précitées.

Il convient de noter que les opérations visées par l'article 2 se rapportent à des opérations mal définies pour certaines d'entre elles en ce qu'elles mélangent deux activités distinctes : l'activité de mandataire et l'activité de conseil, le texte visant expressément l'assistance à la préparation[18]. C'est-à-dire que les professionnels précités ne sont pas engagés lorsque les informations ont été reçues de l'un de leurs clients ou obtenues sur l'un d'eux, soit dans le cadre d'une consultation juridique, sauf si celle-ci est fournie aux fins de blanchiment de capitaux ou si ces personnes y procèdent en sachant que leur client souhaite obtenir des conseils juridiques aux fins de blanchiment de capitaux.

Conformément au dispositif législatif, l'organisation de la lutte contre le blanchiment de capitaux s'articule autour de trois obligations :

- les obligations de vigilance (A) ;
- l'obligation de déclaration de soupçon (B) ;
- l'obligation de mise en place d'un dispositif interne de détection et de surveillance(C).

---

[16] 82% des déclarations de soupçon de blanchiment de capitaux transmises à l'autorité compétente – TRACFIN – émanait des établissements de crédit, TRACFIN, Rapport d'activité, 2005, p. 38.

[17] Les transactions concernées selon le point 6 de l'article 2 de la loi n°43-05 :

a) l'achat et la vente de biens immeubles ou entreprises commerciales ;
b) la gestion de fonds, de titres ou d'autres actifs appartenant au client ;
c) l'ouverture ou la gestion de comptes bancaires, d'épargne ou de titres ;
d) l'organisation des apports nécessaires à la constitution, à la gestion ou à la direction de sociétés ;
e) la constitution, la gestion ou la direction de fiduciaires, de sociétés ou de structures similaires.

[18] Bernard Vatier, « A propos du blanchiment d'argent, ou quand l'Etat de droit vacille sous le souffle sécuritaire », Gazette du palais, 07 décembre 2006, n°341, p. 2.

A. Les obligations de vigilance

C'est lors du premier contact avec le client que ces obligations de vigilance doivent se manifester. Elles se traduisent par l'identification du client (a), et la surveillance accrue de certaines opérations ou transactions en compte (b)[19].

a. L'identification du client

La loi n°43-05 énonce en effet que les professionnels assujettis doivent veiller à identifier le client de manière exacte. Cette identification doit s'établir dès l'entrée en relation et consiste à s'assurer de l'identité du client, de son adresse et s'informer de sa profession. Elle se généralise jusqu'à imposer au banquier une vérification de l'adéquation de l'activité précisée par le client avec son train de vie[20].

Mais l'obligation d'identification du client ne s'arrête pas aux clients nouveaux, car la règle « connaît ton client » (*know your customer*) est une règle d'application générale qui conduit le banquier à s'assurer de l'identité des clients nouveaux et existants (réguliers ou occasionnels).

b. La surveillance des opérations ou transactions en compte

Aux termes de l'article 8 de la loi n°43-05, toute opération portant sur des sommes dont le montant unitaire ou total est supérieur à une somme fixée par l'UTRF[21], et qui, sans entrer dans le champ d'application de l'article 9 visant la déclaration de soupçon, se présente dans des conditions inhabituelles ou complexes et ne paraît pas avoir de justification économique

[19] L'article 1 de la Circulaire du gouverneur de Bank Al-Maghrib n°41/G/2007 du 2 août 2007 relative à l'obligation de vigilance incombant aux établissements de crédit, prévoit que : « Les établissements de crédit sont tenus de mettre en place les procédures nécessaires qui leur permettent : d'identifier leur clientèle et d'en avoir une connaissance approfondie, d'assurer le suivi et la surveillance des opérations de la clientèle notamment celles présentant un degré de risque important… »

[20] Olivier Jerez, op.cit, p. 268. Dans ce sens l'article 4-1 de la Circulaire de Bank Al-Maghrib ci-dessus stipule que : « Préalablement à l'ouverture de tout compte, les établissements de crédit doivent avoir des entretiens avec les postulants et, le cas échéant, leurs mandataires, en vue de s'assurer de leur identité et de recueillir tous les renseignements et documents utiles relatifs aux activités des postulants et à l'environnement dans lequel ils opèrent notamment lorsqu'il s'agit de personnes morales ou d'entrepreneurs individuels ».

[21] Unité de traitement du renseignement financier (l'article 14 de la loi n°43-05). Il s'agit d'une cellule de coordination chargée du traitement de l'information et de la lutte contre les circuits financiers clandestins. Elle a pour mission première de recueillir et de traiter les renseignements liés au blanchiment d'argent et de décider de la suite à réserver aux affaires dont elle est saisie.

ou d'objet licite apparent, doit faire l'objet de la part de l'organisme financier ou de la personne assujettie d'un examen particulier.

Ce dispositif oblige les professionnels assujettis à se renseigner auprès du client sur l'origine et la destination de toutes les opérations ou transactions en compte qui ne semblent pas en rapport avec les activités commerciales ou professionnelles connues[22] ainsi que sur l'objet de la transaction et l'identité de la personne qui en bénéficie. Ils doivent conserver les documents relatifs aux opérations effectuées par leurs clients pendant dix ans à compter de la date de leur exécution[23].

On perçoit très clairement que ces obligations sont faites pour des motifs d'intérêt général malgré leur contradiction avec le principe de non-ingérence qui interdit aux professionnels de surveiller les opérations qu'effectuent leurs clients. Le professionnel est maintenant en droit d'identifier ses clients et de procéder à un examen particulier des opérations et transactions en compte. Mais cette ingérence ne concerne que des opérations et transactions importantes qui ne paraissent pas avoir de justifications économiques ou d'objet licite.

B. L'obligation de déclaration de soupçon

La déclaration de soupçon est une obligation qui est mise à la charge des professionnels assujettis afin de détecter les malversations se cachant derrière l'anonymat de certaines opérations ou transactions en compte. Et aux termes de l'article 9 de la loi n°43-05, les professionnels assujettis sont tenus de déclarer à l'UTRF toutes sommes ou opérations soupçonnées d'être liées au blanchiment d'argent ou financement de terrorisme et toute opération dont l'identité du donneur d'ordre ou du bénéficiaire est douteuse[24].

---

[22] La jurisprudence français a estimé que l'opération qui consiste à remettre un chèque d'un montant sans commune mesure avec ceux habituellement déposés, puis à effectuer des décaissements en un seul jour, pour des montants supérieures à ceux pratiqués habituellement, à l'aide d'un mode de paiement jamais utilisé auparavant, se présentant pour le client dans des conditions inhabituelles de complexité et ne paraissant pas avoir de justification économique, nécessite les vérifications imposées par l'article L.563-3 du code monétaire et financier.
- cass.com., du 28 avril 2004, Juris-Data, n 2004-023445 ; JCP 2004, ii, 1231.

[23] L'article 7 de la loi n°43-05.

[24] L'article 23-1 de la Circulaire du gouverneur de Bank Al-Maghrib n°41/G/2007 prévoit que : « Les établissements de crédit doivent dresser une typologie, aussi bien des opérations ayant fait l'objet de déclaration à l'URTF, que de celles prévues à l'article 17 ci-dessus ». Les opérations visées à l'article 17 de la même circulaire sont les opérations inhabituelles ou suspectes qui : - ne semblent pas avoir de

La déclaration de soupçon repose donc sur l'appréciation que l'organisme financier peut porter sur les opérations dont il a connaissance, en fonction de leur nature propre et des renseignements qu'il détient. Cette déclaration concerne des opérations en cours d'exécution comme principe *a priori* ainsi que des opérations déjà exécutées[25]. Elle doit être faite par écrit, sauf en cas d'urgence, où elle peut être faite verbalement, sous réserve de confirmation par écrit[26].

C. L'obligation de veille interne

Il s'agit d'un dispositif interne de vigilance, de détection et de surveillance permettant d'assurer le respect des obligations prévues par la loi n°43-05.

Selon l'article 22 de la Circulaire du gouverneur de Bank Al-Maghrib n°41/G/2007, les établissements de crédit doivent mettre en place une structure dédiée à la gestion du dispositif interne de vigilance.

Cette structure doit notamment :

- assurer la relation avec l'Unité de Traitement du Renseignement Financier,
- centraliser et examiner les comptes rendus des agences sur les opérations ayant un caractère inhabituel ou suspect,
- assurer un suivi particulier des comptes qui enregistrent des opérations considérées comme inhabituelles ou suspectes,
- tenir la direction de l'établissement continuellement informée sur les clients présentant un profil de risque élevé.

A la lumière de ce volet préventif, le secret professionnel cède devant les nécessités de la lutte contre le blanchiment de capitaux[27]. Pour ce type d'incrimination, le secret vise à protéger l'intérêt général et non plus l'intérêt propre du client.

---

justification économique ou d'objet licite apparent, - portent sur des montants sans commune mesure avec les opérations habituellement effectuées par le client - et qui se présentent dans des conditions inhabituelles de complexité.

[25] L'article 11 de la loi n°43-05 prévoit que : « la déclaration de soupçon porte également sur des opérations déjà exécutées lorsqu'il a été impossible de surseoir à leur exécution. Il en est de même lorsqu'il est apparu, postérieurement à la réalisation de l'opération, que les sommes en cause proviennent de blanchiment de capitaux ».

[26] L'article 10-1 de la loi n°43-05.

[27] Francis Baillet, « Blanchiment : l'état de la législation », Gazette du palais, 13 octobre 2005, n°286, p. 2.

Section 2 : Le cadre répressif de la lutte contre le blanchiment de capitaux

La répression du blanchiment de capitaux visée à la loi n°43-05 se caractérise, d'une part en tant qu'infraction de conséquence par une large dépendance de l'infraction principale (A) et d'autre part par une sévérité de sanctions (B).

A. Le blanchiment de capitaux, infraction de conséquence

Selon l'article 574-1 du code pénal, le blanchiment de capitaux est le fait d'acquérir, de détenir, d'utiliser, de convertir ou de transférer des biens dans le but de dissimuler ou de déguiser l'origine de ces biens, dans l'intérêt de l'auteur ou d'autrui. Constitue également un blanchiment le fait d'aider toute personne impliquée dans la commission de l'une des infractions d'origine, ou le fait de faciliter, par tout moyen, la justification mensongère de l'origine des biens ou des produits de l'auteur de ces infractions ayant procuré à celui-ci un profit direct ou indirect, ou le fait d'apporter un concours ou de donner des conseils à une opération de garde, de placement, de dissimulation, de conversion ou de transfert du produit direct ou indirect de l'une des infractions prévues à l'article 574-2 du code pénal.

A la lumière de ce dispositif, l'infraction principale se trouve au centre de la définition juridique du blanchiment de capitaux et permet de qualifier ce dernier comme une infraction de conséquence qui suppose, à titre de condition préalable, l'existence de l'une des infractions prévues à la loi n°43-05.

Aux termes de l'article 574-2 du code pénal, le législateur marocain n'incrimine que le blanchiment de certaines infractions jugées suffisamment graves. Ces infractions sont liées au trafic de drogue, trafic d'êtres humains, trafic d'immigrants, trafic illicite d'armes et de munitions, trafic d'influence, corruption, concussion, détournement de biens publics ou privés, terrorisme et contrefaçon, falsification des monnaies ou effets de crédit public ou d'autres moyens de paiement.

Le blanchiment de capitaux n'est constitué que si l'infraction principale préalable se trouve parmi les infractions prévues à l'article 574 -2 du code pénal. Cette nécessité légale permet d'inclure une série d'actes incriminables en droit pénal marocain et qui peuvent être la source principale du blanchiment de capitaux (fraude fiscale, contrebande, prostitution, escroquerie, ...) et conduit aussi à exclure le blanchiment au cas où les faits ne caractérisent aucun élément matériel ou moral de l'infraction principale.

Cette infraction est évidemment intentionnelle et impose à l'accusation l'obligation de prouver l'infraction qui en est la condition préalable, dans tous ses éléments et la preuve de la connaissance de l'origine frauduleuse de biens, revenus ou produits[28].

B. Sanctions du blanchiment de capitaux

Les sanctions du blanchiment de capitaux consistent en peines applicables aux personnes physiques (a) et aux personnes morales (b).

a. Peines applicables aux personnes physiques

Selon l'article 574-3 du code pénal, le blanchiment de capitaux est puni de deux à cinq ans d'emprisonnement et d'une amende de 20.000 dirhams à 100.000 dirhams (environ 2 220 à 11 120 dollars).

Ces peines sont portées en double lorsque les infractions sont commises en utilisant les facilités que procure l'exercice d'une activité professionnelle, ou commises en bande organisée ou en cas de récidive, ou lorsque la personne se livre de façon habituelle aux opérations de blanchiment de capitaux (article 574-4 code pénal).

L'article 574-5 du code pénal prévoit que les personnes physiques coupables de blanchiment de capitaux encourent également une ou plusieurs peines complémentaires, telles que la confiscation des biens ayant servi à commettre l'infraction et des produits générés par ces biens, l'interdiction temporaire ou définitive d'exercer une profession, une activité ou un art à l'occasion de l'exercice desquels l'infraction a été commise, la publication à la charge du condamné des décisions de condamnation ayant acquis la force de la chose jugée.

Ces peines, principales et accessoires, sont également appliquées aux dirigeants et aux préposés des personnes morales impliquées dans des opérations de blanchiment de capitaux, quand leur responsabilité personnelle est bien établie (article 574-6 code pénal).

b. Peines applicables aux personnes morales

Aux termes de l'article 28 de la loi n 43-05, le manquement par l'une de ces personnes assujetties à ses obligations de vigilance, de déclaration de soupçon et de veille interne, peut être condamné par une sanction pécuniaire de 100.000 dirhams à 500.000 dirhams (environ 11 120 à 55 590 dollars), qui lui sera infligée par l'organe sous le contrôle duquel elle est placée et

[28] Les biens au sens de l'article 2 de la loi n°43-05 sont tous les types d'avoirs corporels ou incorporels, meubles ou immeubles, divis ou indivis, ainsi que les actes juridiques ou documents attestant la propriété de ces avoirs ou des droits qui s'y rattachent.

selon la procédure qui lui est applicable pour manquement à ses devoirs ou règles professionnels ou déontologiques (article 28).

Les personnes morales coupables de blanchiment de capitaux peuvent encourir une ou plusieurs peines complémentaires comme la dissolution, la confiscation partielle ou totale des biens qui ont servi à commettre l'infraction et la publication des décisions de condamnation ayant acquis la force de la chose jugée, aux frais de la personne morale condamnée.

Les textes applicables prévoient toutefois le recours devant le tribunal administratif compétent contre la sanction prononcée par l'UTRF envers la personne assujettie qui n'est pas soumise à une autorité de contrôle.

De plus, et malgré ces dispositions, les personnes assujetties qui auraient manqué à leurs obligations pourraient être poursuivies devant les juridictions pénales sur la base de certains textes généraux. L'article 299 du code pénal, qui incrimine le fait de ne pas informer les autorités d'un crime déjà tenté ou consommé, pourrait donc venir sanctionner la personne assujettie qui n'aurait pas respecté son obligation de déclaration du blanchiment de capitaux.

Contrairement aux textes généraux, la loi n°43-05 prévoit en effet qu'aucune poursuite pénale fondée sur l'article 446 du code pénal (relatif à l'atteinte au secret professionnel) ne peut être engagée contre les déclarants de bonne foi, et ce, même si la preuve du caractère délictueux des faits à l'origine de la déclaration de soupçon n'est pas rapportée ou si ces faits font l'objet d'une décision de non-lieu ou d'acquittement.

En conclusion, les obligations prévues par la loi n°43-05 ne peuvent atteindre leur but que si tous les intermédiaires financiers font preuve de la vigilance requise en matière d'opérations financières, vérifient l'identité des clients et des ayants droit économiques, procèdent le cas échéant à des examens approfondis et documentent ceux-ci afin qu'il soit possible d'y recourir en cas de poursuite pénale. Ce cadre de travail oblige et impose une coordination et une collaboration élargies entre les différents intervenants.

2. Corruption

Les mesures pour lutter contre la corruption économique

BRIGITTE HENRI

Docteur en Droit, Directeur du Contrôle permanent des Risques Opérationnels et de la Conformité à la Bred - Banque Populaire

Avant-propos

La corruption existe depuis que se sont développés les échanges économiques et financiers. Elle a instauré ses propres règles, en marge des lois, en s'appuyant sur une certaine tolérance de la société. Restée longtemps à l'abri des regards, elle a été largement médiatisée à l'occasion des affaires politico-financières qui ont défrayé la chronique dans les années 1980. La corruption est alors apparue comme le symbole même d'un dysfonctionnement, non seulement de la société, mais aussi des institutions, voire de l'État lui-même.

Mais la lutte contre la corruption est toutefois un phénomène récent, tant sur le plan international que sur le plan national.

Les institutions internationales ont mis en œuvre diverses mesures de lutte contre la corruption. La convention de l'OCDE relative à la lutte contre la corruption d'agents publics étrangers[1] a été suivie de diverses conventions du Conseil de l'Europe[2], de l'Organisation des Etats américains, de l'Union africaine[3] ainsi que du Pacte mondial des Nations Unies signé par 3000 entreprises dans le monde. Il faut également citer la convention des Nations Unies contre la corruption[4] signée fin 2003 et entrée en vigueur fin 2005

---

[1] Convention du 17 décembre 1997 signée par trente-quatre pays : les vingt-neuf États membres de l'OCDE, ainsi que cinq pays non membres qui ont participé au groupe de travail sur la corruption (Argentine, Brésil, Chili, Bulgarie et République slovaque). Cette convention a été transposée dans le droit français par la loi du 30 juin 2000 (art. 435-3 du Code pénal).

[2] Notamment celle de la Convention pénale du Conseil de l'Europe sur la corruption du 4 novembre 1999, signée par la France le 26 novembre 1999. Cette convention a pour principal objet de développer des normes communes en matière de lutte contre la corruption et de mettre à la charge des Etats parties l'obligation d'adopter des incriminations couvrant les principales formes de corruption. Elle vise également à améliorer la coopération internationale en prévoyant notamment la mise en place du Groupe des Etats contre la Corruption (GRECO).

[3] Maputo, juillet 2003.

[4] Dite Convention « Merida ».

après sa ratification par une trentaine de pays. La mise sur une « liste noire » par la Banque mondiale d'entreprises impliquées dans des affaires de corruption au niveau international est aussi une mesure qui a incité nombre de chefs d'entreprises à la prudence.

La mise au ban récente des paradis fiscaux par le Gafi, même si elle comporte des oublis, signe aussi d'une certaine façon la fin d'une époque.

En France, une vraie prise en compte de la lutte contre la corruption a lieu depuis une quinzaine d'années. Il est difficile d'évoquer de façon exhaustive tous les textes législatifs et réglementaires, mais il faut toutefois rappeler certains d'entre eux, car ils ont marqué leur époque.

La loi anti-corruption de 1993 est sans doute la plus emblématique avec celles de 1995 qui ont concerné le financement des partis politiques. La réforme du Code des marchés publics en 2001 a imposé une forme de transparence et les lois Perben II de 2004 ont donné une nouvelle dimension aux pôles régionaux mis en place au sein des tribunaux de grande instance pour poursuivre les auteurs d'affaires financières complexes. De façon générale, la mise en jeu d'une règle spécifique de prescription[5], les effets collatéraux de la répression de la corruption publique[6], la responsabilité de la personne morale[7], des peines complémentaires plus sévères pour la corruption privée[8], l'instauration de circonstances aggravantes[9] sont venus renforcer indéniablement la lutte contre la corruption.

---

[5] Pour le recel (le délai de 3 ans commence à courir du jour où la détention frauduleuse de l'objet a cessé), les abus de biens sociaux (c'est le jour où l'infraction est révélée qui fixe le point de départ du délai de prescription) et la prise illégale d'intérêt (c'est le jour du dernier acte par lequel l'agent a pris ou reçu un intérêt qui est le point de départ du délai de prescription).

[6] Interdiction des droits civiques, civils et de famille ; interdiction d'exercer une activité, une fonction publique ; publication de la décision de condamnation.

[7] Qui peut être engagée cumulativement ou alternativement depuis le 1 mars 1994, date d'entrée en vigueur du Nouveau Code pénal et au terme de la loi du 9 mars 2004 (entrée en application en janvier 2006) qui en fait une généralité.

[8] Interdiction d'exercer une activité professionnelle ou une fonction publique pendant cinq ans ou plus ; placement sous surveillance judiciaire pendant cinq ans ou plus ; fermeture de l'établissement s'il s'agit d'une personne morale ; exclusion des marchés publics ; interdiction de faire appel public à l'épargne ; interdiction d'émettre des chèques ; publication de la condamnation…

[9] Commission des faits dans le cadre de recel, blanchiment, en bande organisée, dans le cadre d'une association de malfaiteurs.

La loi du 13 novembre 2007[10], consacrée à cette lutte, montre la volonté de poursuivre cet engagement en renforçant sa dimension internationale.

« Dans une économie mondialisée, la lutte contre la corruption exige une action concertée. Elle nous engage collectivement : les Etats, bien sûr, mais aussi les acteurs de la société civile et le secteur privé, dont le concours est essentiel pour faire reculer ce fléau ». Cette introduction de Rachida Dati, alors Garde des Sceaux, ministre de la Justice en France, lors de sa présentation du projet de loi relatif à la lutte contre la corruption, en octobre 2007, pose la vraie dimension de la lutte contre la corruption, car le secteur privé participe désormais activement, et ce depuis plusieurs années, non seulement à la lutte contre la corruption, mais également à l'une de ses incidences directes, le blanchiment de l'argent.

Cependant, les obstacles fragilisant durablement la lutte contre la corruption restent nombreux.

1. Le secteur privé est devenu un partenaire essentiel dans le combat mené contre la corruption

Ce sont les établissements bancaires et financiers qui sont aujourd'hui en première ligne parce que l'argent provenant des délits financiers et principalement de la corruption, transite naturellement par eux.

Plusieurs textes réglementaires[11] ont conduit le secteur privé financier à prendre de réelles mesures de lutte contre la corruption et, de façon générale, contre la délinquance en col blanc. Aujourd'hui, la 3ème directive anti-blanchiment[12] complète les nombreuses dispositions prises au niveau

[10] Permettant ainsi la transposition dans le droit français de deux conventions internationales entrées en vigueur entre 2002 et 2005, la convention pénale de l'Europe et celle des Nations-Unies contre la corruption, dite convention de Mérida[10]. Cette transposition introduit de nouvelles dispositions dans le droit pénal qui ont trois objectifs majeurs : élargir le délit de corruption des agents publics étrangers ; sanctionner le trafic d'influence exercé sur les agents des organisations internationales et mieux protéger la justice contre toute influence extérieure afin de rendre plus efficace la lutte contre la corruption.

[11] Règlements du Comité de la Réglementation Bancaire 91-07 du 15 février 1991 qui précise et complète les dispositions anti-blanchiment de 1990 ; 97-02 du 21 février 1997 qui renforce les obligations de contrôle interne des établissements financiers ; règlement du 18 avril 2002 qui définit les obligations de vigilance des banques en matière de chèques aux fins de lutte contre le blanchiment des capitaux et le financement du terrorisme.

[12] Qui transpose les 40 recommandations du GAFI, renouvelées en 2003, a été adoptée, rappelons-le, le 26 octobre 2005 et publiée le 25 novembre 2005. Elle est

international, en renforçant les obligations de vigilance. Fait novateur, elle préconise les échanges d'informations à l'intérieur même d'un groupe bancaire, mais aussi entre les établissements bancaires de même catégorie, soumis à des normes équivalentes relatives à la lutte contre la corruption, le blanchiment, le secret professionnel et la protection des données personnelles.

De façon générale, cette 3ème directive n'entraîne pas d'innovation majeure au plan des principes, mais elle est plus précise. Ainsi, les infractions sous-jacentes au blanchiment incluront obligatoirement les infractions punies de plus d'un an d'emprisonnement, ce qui devrait conduire en France à une extension de la définition de la déclaration de soupçon. L'obligation d'examen particulier de la part des banques devra être étendue aux opérations inhabituellement importantes, complexes ou inhabituelles sans objet économique apparent ou objet licite visible, alors que ces conditions sont actuellement cumulatives[13]. Cette directive, en outre, distingue clairement les 4 étapes des obligations de vigilance sur la clientèle (identification du client, du bénéficiaire effectif, de l'objet de la relation et de la relation d'affaires, c'est-à-dire, sur ce dernier point, des transactions conclues durant toute la durée de cette relation d'affaires de manière à vérifier leur cohérence par rapport à la connaissance qu'a l'établissement de son client, de ses activités commerciales et de son profil de risque). La prohibition des sociétés bancaires écrans (banques fictives ou *shell banks*) et des relations directes ou indirectes avec de telles sociétés est aussi un des axes de cette directive.

A l'occasion de la transposition de cette directive européenne de 2005, le Gouvernement a d'ailleurs opté pour une revue du dispositif actuel qui résulte de l'empilement de réformes successives qui ont abouti à un mille feuilles réglementaire complexe, pour lui donner une cohérence générale.

1.1 Des moyens législatifs et réglementaires de lutte contre la corruption liés à la connaissance des clients

L'obligation de connaître le client est une des bases essentielles de la lutte contre la corruption et la délinquance financière. Elle s'insère dans un contexte sécuritaire global et s'accompagne, parallèlement, d'une obligation de transparence de la part des banquiers vis-à-vis de leurs clients et des autorités de tutelle.

---

entrée en vigueur le 15 décembre 2005 et doit être transposée dans le droit national début 2008.

[13] Dans l'article L. 563-3 du CMF.

La connaissance du client a d'ailleurs été réaffirmée par le décret du 27 juin 2006 qui rappelle l'importance de vérifier l'identité du client, d'autant plus lorsque celui-ci ouvre un compte à distance. Les banques doivent alors prendre « des dispositions spécifiques et adéquates »[14] lorsqu'elles nouent des relations contractuelles avec des clients qui ne sont pas physiquement présents. Dans le même ordre d'idées, les banques doivent rassembler suffisamment d'informations sur leurs correspondants bancaires. Elles doivent vérifier, notamment, si l'institution concernée a fait l'objet d'une enquête ou d'une intervention de l'autorité de surveillance[15].

Cette obligation de vigilance[16] et de connaissance du client s'exerce désormais sur les clients qui effectuent des opérations inhabituelles, c'est-à-dire qui ne correspondent pas, en raison de leur nature, de leur montant inhabituel, de leur complexité, au profil du client. Elle concerne aussi l'origine et la destination des fonds, ainsi que l'objet de l'opération et l'identité du bénéficiaire pour une opération atypique d'un montant unitaire ou total supérieur à 150 000 euros[17]. En fait, les banques détectant des opérations anormales ou inhabituelles doivent se renseigner auprès de leurs clients et, si elles n'ont pu obtenir d'éléments probants susceptibles de justifier ces opérations, les dénoncer à Tracfin.

La nécessaire connaissance du client transparaît également dans l'obligation qu'ont les banques de « se renseigner sur l'identité véritable des personnes avec lesquelles elles nouent une relation contractuelle ou qui demandent leur assistance dans la préparation ou la réalisation d'une transaction lorsqu'il leur apparaît que ces personnes pourraient ne pas agir pour leur propre compte »[18]. Elles doivent également s'assurer de l'identité des clients occasionnels qui leur demandent de faire des opérations portant sur une somme supérieure à 8 000 euros, ou de louer des coffres.

Une absence ou une mauvaise connaissance du client entraîne désormais de véritables risques, à la fois opérationnels, pénaux et d'image pour les établissements bancaires et financiers. Certains d'entre eux ont d'ailleurs été montrés du doigt pour s'être vu infliger des amendes conséquentes liées à cette méconnaissance. Une mauvaise identification du client et des véritables bénéficiaires, un manque de vérification de domicile, un défaut de vigilance

[14] Article L. 563-1 alinéa 3 du CMF.

[15] Recommandation n° 7 du Comité de Bâle sur le contrôle bancaire, 2001.

[16] Le règlement du 18 avril 2002 définit par exemple les obligations de vigilance des banques en matière de chèques aux fins de lutte contre le blanchiment des capitaux et le financement du terrorisme.

[17] Article L. 563-3 du Code monétaire et financier.

[18] Article L. 563-1 alinéa 2 du CMF.

sur les opérations et la connaissance de la clientèle ne sont plus tolérés par les organismes de tutelle des banques.

Pour résumer, le dispositif légal et réglementaire mis en place en France en matière de prévention de la délinquance financière s'articule autour de 7 comportements attendus des établissements bancaires : identifier son client, examiner les opérations atypiques réalisées par les clients, déclarer les opérations suspectes ou consigner par écrit les caractéristiques des opérations inhabituellement importantes, complexes ou inhabituelles, se doter d'une organisation et de procédures internes appropriées, y compris un dispositif de contrôle interne et assurer la formation et l'information du personnel, conserver les documents d'identification et ceux relatifs aux opérations et nommer un ou plusieurs correspondants Tracfin.

1.2 Des moyens structurels de lutte contre la corruption

Pour lutter contre la corruption, contrôle et conformité sont donc devenus les maîtres mots, tant des organismes internationaux tels que l'OCDE ou l'Union Européenne, que des autorités de tutelle françaises, telles que l'Autorité des Marchés Financiers et la Commission bancaire[19].

Nombre de banques, à la fin des années 1990, s'étaient déjà dotées d'outils de lutte contre les dérives financières et avaient eu recours à des solutions informatiques plus sophistiquées permettant de mettre en lumière des transactions suspectes. Ces banques avaient également mis l'accent sur la règle « *Know Your Customer* » (KYC) « connaissez votre client », ainsi que sur la formation à la Lutte Anti Blanchiment (LAB).

Aujourd'hui, les directions de la conformité créées par les établissements bancaires ont pour missions, notamment, de garantir le respect de la réglementation et des bonnes pratiques, d'écarter les clients douteux, de connaître la provenance des fonds, de signaler à Tracfin[20], en ce qui concerne la France, les mouvements financiers faisant supposer une opération de blanchiment d'argent liée notamment à la corruption ou au financement du terrorisme et de lutter contre les fraudes de toute nature.

Ces directions de la Conformité ont à leur disposition des outils informatiques qui leur permettent de centraliser rapidement les dysfonctionnements financiers qui se produisent au sein de leurs

[19] En France, ils ont été érigés en obligation réglementaire par arrêté du 31 mars 2005 modifiant le Règlement du Comité de la Réglementation bancaire et financière n° 97-02 du 21 février 1997 relatif au contrôle interne des établissements de crédit et des entreprises d'investissement.

[20] En vertu de l'article 562-2 du code monétaire et financier.

établissements. Les salariés eux-mêmes ont la possibilité d'alerter directement ces directions lorsqu'ils constatent des faits anormaux.

Parallèlement, les établissements bancaires et financiers se dotent de plus en plus de services « d'Intelligence économique » ou de « sécurité financière » chargés de mettre en lumière, en amont, ce type d'opérations. Les instances européennes le savent et vont même très loin en encourageant, dans une directive de 2001[21], l'échange d'informations entre secteurs public et privé et en imposant aux Etats membres de veiller à ce que les établissements et les personnes relevant de la directive puissent obtenir des pouvoirs publics des informations à jour sur les pratiques de blanchiment et sur les indices permettant d'identifier les transactions suspectes. Malgré tout, les passerelles de ce type, du moins en France, ont du mal à se mettre en place.

1.3 Des moyens de lutte contre la corruption « coercitifs »

A côté du droit d'alerte des salariés, de la mise sous surveillance de comptes bancaires, de leur clôture, les déclarations Tracfin sont de vraies armes contre la corruption.

La loi du 15 mai 2001 a élargi la portée de l'obligation de déclaration de soupçons aux opérations qui pourraient (et non plus seulement paraissent) provenir du trafic de stupéfiants ou d'activités criminelles organisées, ainsi qu'aux opérations faisant intervenir des personnes ou des entités non identifiées. Cette loi a instauré en outre des cas de déclaration automatique de soupçon telles que des opérations faisant intervenir des fiducies vers ou en provenance de pays figurant sur la liste des pays non coopératifs.

La loi du 11 février 2004 est venue compléter la liste des professions désormais soumises à l'obligation de déclaration de soupçons. Aux côtés des établissements bancaires et financiers, des directeurs de casinos, des marchands de biens de grande valeur, des notaires, des agents immobiliers, sont désormais soumis à l'obligation de soupçon les experts-comptables, les huissiers de justice, les administrateurs et mandataires judiciaires à la liquidation des entreprises, les avocats et les commissaires priseurs judiciaires. Elle a étendu également l'obligation de soupçon aux opérations d'achat ou de vente de biens immeubles ou fonds de commerce, de gestion de fonds titres ou autres actifs ainsi qu'aux opérations liées à la fraude aux intérêts de l'Union européenne, à la corruption et au financement du terrorisme.

---

[21] Directive 97/2001/CE du Parlement européen et du Conseil du 4 décembre 2001, modifiant la directive 91/308/CEE du Conseil relative à la prévention de l'utilisation du système financier aux fins de blanchiment de capitaux.

Ces moyens sont complétés par la levée du secret bancaire, les échanges d'informations entre établissements financiers et bancaires et une collaboration de plus en plus étroite avec les services de Police.

2. Les obstacles fragilisant durablement la lutte contre la corruption restent toutefois nombreux

Si une partie de la communauté internationale est en ordre de marche dans le domaine de la lutte contre la corruption et, de façon générale, contre la délinquance financière, il en est autrement dans bon nombre de pays.

2.1 La législation des Etats dans ce domaine reste disparate

Dans les pays africains ou dans les pays de l'Est par exemple, la corruption des fonctionnaires prend en effet une toute autre dimension, le bakchich étant imposé pratiquement à chaque niveau de l'administration. Dans les pays, comme l'Indonésie, où le pouvoir politique n'est « que la somme d'intérêts personnels », la notion de corruption est en fait beaucoup plus flexible. Les pays émergents tels que la Chine, l'Inde ou le Pakistan ne s'embarrassent guère des dispositions prises pour lutter contre la corruption, la compétition économique étant leur ressort principal. Par ailleurs, les paradis fiscaux, même montrés du doigt, demeurent et nombre de filiales de sociétés européennes, moyennes et grandes, y sont implantées…

Le développement international de la lutte contre la corruption et, *a contrario*, la mise à l'écart, voire au ban de la société, des pays ne se conformant pas à cette lutte, est sans doute le seul espoir de voir un jour disparaître ces paradis fiscaux et judiciaires. Et encore ! Car les déclarations de bonne volonté faites aujourd'hui par certaines places financières offshore pour se conformer aux pressions internationales, restent encore très théoriques…

Dans les pays occidentaux, la corruption apparaît plus insupportable qu'ailleurs, car elle prend une dimension médiatique qui la présente comme un monstre à plusieurs têtes. Mais elle est encore trop souvent tolérée lorsqu'elle reste discrète, à l'abri des médias et des regards. La corruption ne dérange guère en tant que concept quelque soit la maturité morale de la société ; elle dérange simplement ponctuellement, à l'occasion d'affaires. De façon insidieuse, ces mécanismes déviants finissent par être perçus comme normaux, à la fois par ceux qui y participent et par ceux qui en sont les spectateurs. Cela ne veut pas dire que tout est pourri, mais le système économique et institutionnel a favorisé la notion de profit au détriment des valeurs morales. Il en résulte un affaiblissement du sens de la culpabilité et, corrélativement, une élévation du taux de tolérance ou... d'indifférence de la société.

2.2 Le transfert des prérogatives de l'Etat vers le secteur privé pose un certain nombre de problèmes

Les banques ont l'obligation de se transformer de plus en plus en enquêteurs pour tenter de lutter efficacement contre les dérives financières. Même si les textes stipulent que les informations recherchées doivent être fournies par le client lui-même ou doivent émaner de sources publiques[22], cela pose néanmoins un problème de fond, car le recours à l'investigation était, il y a encore une vingtaine d'années, essentiellement une prérogative de l'Etat, comme l'était la sécurité au sens large. Actuellement, la prise en compte de la sécurité financière par les banques procède du même principe que le développement des sociétés privées de sécurité et de surveillance. L'Etat semble déléguer petit à petit une partie de ses attributs. Sans doute, la nécessité de responsabiliser l'ensemble des acteurs à la lutte contre l'insécurité, qu'elle soit individuelle, collective ou financière, est-elle sous-jacente à cette évolution. Il ne faut pas oublier que la non application de cette réglementation relative à la lutte contre la corruption, le blanchiment de l'argent ou le financement du terrorisme est susceptible d'entraîner la responsabilité des établissements bancaires et de leurs dirigeants, mais aussi de leurs collaborateurs directs.

D'une autre manière, la disparition annoncée des juges d'instruction est considérée par beaucoup de commentateurs comme un frein à la lutte contre la corruption tant que le Parquet demeure étroitement dépendant de la Chancellerie, donc du Garde des Sceaux et du pouvoir politique.

2.3 Une culture du contrôle, de la conformité et de l'Intelligence économique à parfaire

Le manque de culture du monde financier pour l'investigation est semblable à celui du monde économique. C'est en partie pour cette raison que l'identification et la connaissance de la clientèle par les établissements financiers sont restées trop longtemps empiriques. De ce fait, un quart des opérations, en moyenne, présente encore potentiellement un risque. Ce qui est trop important au regard du nombre de clients et de mouvements financiers effectués.

De la même façon, la culture du contrôle et de la conformité est encore très inégale au sein des établissements financiers. Pour certains responsables bancaires, la nouvelle réglementation est source de contraintes

[22] Recommandation n°7 du Comité de Bâle sur le contrôle bancaire, 2001.

supplémentaires et d'entraves à l'action commerciale alors que le contexte économique est déjà difficile. La multiplicité des règlements leur donne également le sentiment qu'il existe une véritable « hystérie législative »[23], l'imprécision de certains textes finissant d'ailleurs par donner lieu à des divergences d'interprétation. Ces banquiers ne voient guère ce que le renseignement, à ce niveau là, peut leur apporter.

Pourtant, dans la lutte contre la corruption, l'assimilation de ces deux cultures, contrôle et conformité d'un côté, investigations en amont de l'autre, est un fait. Le mouvement est en marche et rien ne pourra l'arrêter aujourd'hui. Parce que la société a besoin d'éthique, les relations d'affaires ne pourront plus se faire – ou de moins en moins – sans être conformes aux normes légales et morales. Cela ne signifie pas qu'il n'y aura plus de dérives car, malheureusement, celles-ci existeront toujours.

Mais les obstacles se multiplient sur leur passage et cela justifie bien les contraintes qu'ils engendrent parfois.

En tout état de cause, le recours au renseignement oblige les banques à mettre en place des garde-fous. Car le renseignement ne doit pas être un moyen d'espionner l'intérieur des établissements bancaires ou de porter atteinte à la vie privée. Le but premier et unique est d'éviter aux banquiers de se faire piéger par des corrupteurs, des corrompus, des escrocs, des « blanchisseurs », des voyous de plus en plus nombreux et de plus en plus habiles. L'utilisation des sources publiques doit être, bien sûr, privilégiée.

Des passerelles entre les secteurs public et privé, amorcées par Alain Juillet, responsable jusqu'en 2009, de la promotion de l'Intelligence économique au Secrétariat général de la Défense nationale (SGDN), doivent se mettre en place afin de protéger juridiquement les échanges d'informations. Alors que l'Allemagne, le Japon ou les pays anglo-saxons sont en ordre de marche sur ce plan, la France reste encore en retrait. Des accords de coopération pourraient être cependant conclus, voire encadrés par des textes réglementaires, afin de sécuriser tant les acteurs du secteur privé que ceux du secteur public. Ils éviteraient ainsi les dérives qui affectent de temps en temps les responsables de sociétés d'Intelligence économique ou de renseignement qui achètent, pour le compte de leurs clients, des informations à des fonctionnaires.

[23] Philippe Conte, Aspect pénal des obligations de vigilance tendant à prévenir le blanchiment, JCP 2005, p. 605.

Conclusion

« Adresser une commission rogatoire internationale, c'est un peu comme jeter une bouteille à la mer ; on espère qu'elle ne coulera pas et que quelqu'un lira le message. De là à espérer qu'il vous vienne en aide… ». Ce propos d'un magistrat traduit toute la difficulté à surmonter les obstacles juridiques internationaux, les cultures judiciaires différentes selon les Etats et l'absence parfois de coopération entre Justices. Il est vrai que la coopération judiciaire internationale est encor raison, continuera à instaurer ses propres règles, à s'infiltrer dans tous les secteurs d'activité et à gangrener les rouages de la vie économique et politique à l'échelon international.

La lutte contre la corruption et contre les délits qui l'accompagnent est sans fin. Elle doit être sans merci.

Disclosing corruption and white collar crimes - A risk worth taking?

DR. ZORA LEDERGERBER

Director Integrity Line

Introduction

The protection of whistleblowers is currently *en vogue*. Over the last five years, various countries have adopted or are in the process of debating laws providing a better protection for persons reporting workplace misconduct. Although this is a new development for many countries in Europe, Asia or Africa, the concept of whistleblowing is not a new one. Usually defined as "the disclosure by organization members (former or current) of illegal, immoral or of illegitimate practices under the control of their employers, to persons or organizations that may be able to effect action"[1] the protection of people reporting malfeasance has a longstanding tradition in the U.S, and the first U.S. whistleblowing provisions go back as far as 1935 and the *National Labor Relations Act*. But also in this country where the act of speaking up is culturally not only tolerated but even encouraged, it took some time to find broad support for whistleblowers. The first major breakthrough occurred in the 1960ies and 1970ies in the wake of Watergate and Vietnam, which caused the public to lose confidence in its administration and as a result organisations promoting citizens′ rights to mushroom. The second much more recent milestone in the protection of whistleblowers was triggered by the fall of Enron and WorldCom, which resulted in the enactment of the much debated and quite controversial Sarbanes-Oxley Act (SOX). On the positive side, SOX provides for a better protection of private sector employees who blow the whistle on their employer. Together with the UK and its model act PIDA (Public Interest Disclosure Act), the U.S. provide by now for one of the most effective legal framework for whistleblower protection. However, the fragmented U.S. legislation and PIDA cannot necessarily be *tel quel* adopted and transferred to the European, Asian or African context. For the countries planning to introduce effective whistleblower protection it might be more helpful to turn for guidance to the

[1] Near & Miceli (1985) "Characteristics of organizational climate and perceived wrongdoing associated with whistle-blowing decisions"; Personnel Psychology, 38: 525-544; p. 4.

principles and best practices currently being developed by the anti-corruption organisation Transparency International. The objective of the present paper is to explain why whistleblowers should be protected, to provide an overview of the situation in Switzerland and lastly to demonstrate the benefits organisations may gain by introducing effective internal reporting mechanisms.

Reasons to protect whistleblowers from retaliation

One of the reasons for this global tendency to enact whistleblower legislation in order to protect persons reporting misconduct from retaliation, is the fact that more and more countries and companies realise that whistleblowing is often the only means to detect white collar crimes and other work place misconduct and that by taking reports of employees seriously, organisations can prevent financial and reputational damage from occurring. They also recognise that protection is necessary because still, more often than not, whistleblowers have to fear reprisals for their disclosures.

Means for disclosing white collar crime and corruption

White collar crimes and in particular corruption cases are usually very difficult to discover and there is an exceptionally high dark figure for these kinds of crime[2]. In particular with regard to corruption, both the person giving the bribe (active bribery) as well as the person receiving the bribe (passive bribery) are committing an offence and have hence no interest in disclosing their deeds ("lock-in situation"). A person working in the proximity of the perpetrator has therefore the best chances to perceive that something irregular is going on. Whistleblowers are by definition reporting workplace misconduct and are consequently one of the most effective instruments for disclosing financial crimes including corruption. Several surveys and studies are confirming this crucial role of whistleblowers[3]. According to the "Association of Certified Fraud Examiners" (ACFE)[4], the most common initial detection of company fraud occurs from tip offs from employees. Apparently, in 54% of the causes, fraud in publicly listed

[2] For corruption in Switzerland for example it is estimated that the dark figure amounts up to 98 percent for the public sector and up to 100 percent for corruption in the private sector. Cf. Processus de corruption en Suisse, Queloz / Borghi / Cesoni., Helbing & Lichtenhahn (2000).

[3] Cf. for example PriceWaterhouseCooper´s Crime Economic Survey 2008.

[4] Association of Certified Fraud Examiners : « Report to the Nation on Occupational Fraud & Abuse », 2008.

companies is disclosed by tips from employees, customers, vendors, shareholders or competitors. Occupational fraud is therefore much more likely to be detected by a tip then by audits, controls or any other means. In the ACFE study, by far the greatest percentage of tips came from employees of the victim organization while 30% of the tips came from external sources such as customers, vendors, shareholders/owners or competitors. In the U.S. the government is publishing on a regular basis the financial damage prevented by disclosures of whistleblowers.

Preventing reputational and financial damage

The World Bank Institute estimates that the costs of bribery worldwide amount up to USD 1 trillion per year. However, the actual sum companies pay in bribes is not the only expense to be taken into consideration, as nowadays not only the act of corruption "per se" is expensive, but also to get caught in the act can become very costly; an excellent example of which is provided by the recent Siemens corruption case. The company had channeled Euro 1.36 billion to slush funds in the years 2000-2006. The illegal payments had been detected and consequently, the company had to pay Euro 1,2 billion in fines and in addition Euro 1,4 billion (so far) for internal investigations, lawyers and audit firms. Moreover, the reputational damage to Siemens and the costs involved in correcting the negative image have not yet been added to the above equation. The bottom line is that corruption can be a very costly business and it is difficult the regain a good image once a company has gained a reputation for being corrupt.

Furthermore, it pays out to eliminate errors at the earliest stage possible. The costs for eliminating errors at an early stage are exponentially smaller than the price a company has to pay for eradicating mistakes at a later point; in particular when the oversights already had had the potential to cause a lot of (subsequent) damage. In these situations, whistleblowers act as a kind of early warning system and assist companies to detect faults as early as possible. As such, they are an important element of a company's risk management system.

Protecting the public interest

Another factor which supports the introduction of whistleblowing legislation around the world is the growing recognition that the cases reported by whistleblowers often concern the public interest. For example if tax payers' money is wasted by fraud or corruption, if security regulations are violated or rules protecting the environment or the public health are disregarded, the disclosure of these wrongdoings serves the public interest. Whistleblower legislation is often introduced in the wake of scandals and catastrophic events (for example in the UK), as often they could have been prevented if the warnings of a whistleblower would not have been disregarded. Also in India a whistleblowing bill is in preparation after several persons had been killed for speaking up. One of these incidents is the case of a railway engineer who was murdered for reporting corruption in a railway project[5]. S K Nagarwal disclosed that the new track designed for a speed of 100kmph was in reality only constructed for a speed of 60kmph and at some places for a speed even as low as 10kmph. His letter of complaint was leaked to the contractor mafia who eventually killed him.

There are various similar cases like the one in India happening around the world with the whistleblower, not the culprit, facing the reprisals. In Germany, a public official in the Migration Office of a German Town apparently accepted facilitation payments and bribes to expedite the process or to illegally grant residence permits. The authorities learned about these practices through an internal whistleblower who was later dismissed for his disclosure.

Ignore the message, shoot the messenger

The above cases are another important reason why countries need to introduce whistleblowing legislation. Persons reporting acts of misconduct often face severe reprisals. More often than not the fallible person will not be dismissed if wrongdoing has been exposed but instead the person reporting the misconduct will have to leave the company. Surveys and studies point out that the most common reaction to whistleblowing is to ignore the message and to shoot the messenger[6]. The consequences whistleblowers have to face for speaking up range from dismissal, which is the most common reaction of employers, followed by demotion, law suits or psychiatric and medical referrals. In addition, the difficulties at the work place often lead to other negative effects such as getting alcohol problems, losing one´s homes and families, going bankrupt or committing suicide. A large scale American study[7] showed that some two thirds of public and private sector whistleblowers experienced each of the following forms of

[5] http://whistleblowers.wordpress.com/category/citizens-forum-for-whistleblowers/.

[6] Cf. Dempster (1997) "Whistleblowers", Sydney: ABC Books; Lennane (1993) "Whistleblowing: A health issue", British Medical Journal 307: 667-670; Rothschild and Miethe (1999) "Whistle-Blower Disclosures and Management Retaliation", Work and Occupations 26 (1): 107-128, De Maria and Jan (1997) "Eating its Own: The Whistleblower's Organization in Vendetta Mode", Australian Journal of Social Issues 32 (1): 37-59.

[7] Rothschild and Miethe (1999).

reprisal from their employer or co-workers: they lost their job or were forced to retire (69%), received negative performance appraisals (64%), were more closely monitored by supervisors (68%), criticized or avoided by co-workers (69%), and blacklisted from another job in their field (64%). It is abundantly clear from this and other research and also from the cases cited above that reprisal is the norm rather than the exception in most places.

1. The Situation in Switzerland

For all the above mentioned reasons various countries such as India, Japan, France, Romania or South Korea have started to introduce whistleblowing legislation. In Switzerland, the Federal Council has presented a draft whistleblowing provision bound to be introduced to the Swiss Code of Obligations. The problem in Switzerland is that due to the employees′ strong loyalty and secrecy obligations vis-à-vis their employers legal external reports of misconduct are practically impossible. Internal reports have many widely acknowledged advantages and should always be the first action of a person wanting to disclose sensitive information. As it is, American research suggests that employees go to external authorities 'only once they come to believe that internal channels are closed to them, that the organization is not moral, and that senior management is inert or complicit in the wrongdoing'[8]. This means that usually for whistleblowers the first choice is to blow the whistle internally. Still, in some cases it is not possible to turn to a person inside the company; for example if the employer is already aware of the wrongdoing and is tolerating the situation; or if the employer is even personally involved in the criminal act. In these cases, it should be permitted to turn directly to an outside authority. Also, if a company lacks any kind of internal reporting mechanism, outside reporting should be allowed and easily accessible. In Switzerland, under the current law and also under the pending bill this is only possible if the public interest of the disclosure is valued higher than the interest of the employer in safeguarding the secret. However, it is not clear in which cases the public interest in the disclosure is valued higher than the one of the employer in guarding the secret, except for really severe cases such as threats for life. Furthermore, the compensation a whistleblower receives if he or she has been unfairly dismissed because of an internal or external report amounts to a maximum of six months salaries (in practice it is more likely to be two monthly salaries), and there is no right of reinstatement to the old or to a similar position. Subsequently, the risks whistleblowers are taking in Switzerland to report cases of misconduct are

[8] Rothschild and Miethe (1999).

still too high and in no comparison to the risks a company faces by tolerating illegal behavior.

2. Why do organizations need an internal reporting system?

The high risk whistleblowers are taking in disclosing wrongdoing is not proportional to the benefit companies and organizations could actually gain by introducing internal reporting mechanisms and by considering internal reports as part of an effective risk management. The following are examples of the positive effects internal reporting mechanisms can have for companies, governments and nongovernmental organizations.

Encouragement of internal disclosures and prevention of reports to external bodies

A successful internal reporting mechanism encourages employees to report misconduct internally and prevents employees from turning to an outside body such as the competent authorities or even the media.

Effective detection of company fraud

The most common initial detection of company fraud occurs from tip offs from employees. Whistleblowers are consequently the most effective method for detecting fraud within a company.

Positive reputation

The establishment of an internal reporting system gives a positive signal to employees, investors and shareholders and shows that the company is taking the principles of good corporate governance and compliance with ethical standards seriously.

Effective risk management and early warning system

Internal reports on misconduct support a company's risk management and serve as an early warning tool. The earlier a mistake is detected the less it costs to correct it.

Prevention of financial and reputational damage

All the above reasons lead to the prevention of financial and reputational damage by detecting risks early and by preventing costly outside reports to the media and the police.

3. Integrity Line

Integrity Line is a recently established Swiss based center of competence for all matters related to the internal and external reporting of corruption cases and wrongdoing in general. Integrity Line advises companies, international organizations, nongovernmental organizations and public administrations on how to introduce and successfully run effective internal reporting systems to prevent corporate fraud and misconduct. Integrity Line operates a broad variety of internal reporting tools suitable for small, middle and large organizations ranging from a simple letterbox to an ombudsperson service up to an online reporting platform or telephone help lines. Integrity Line´s activities include ethical risk assessments, training on the use of the reporting system, and introducing or adapting the relevant corporate regulations, procedures and processes. In addition, the plan is for Integrity Line as of 2012 to offer advice to (potential) whistleblowers on how to best proceed, on who to turn to and what to consider before blowing the whistle.

La répression de la violation des normes en matière de comptabilité sous l'angle du faux dans les titres en droit suisse : quel rôle dans la lutte contre la corruption ?

BERTRAND PERRIN

Responsable adjoint de l'ILCE, Dr en droit, avocat, MA en sciences économiques

Introduction

La mobilisation juridique internationale contre la corruption a connu un essor historique ces quinze dernières années. Si ce fléau est, sous diverses formes, condamné par de nombreux ordres juridiques depuis longtemps, notre époque se caractérise par une volonté inédite d'harmonisation et de coordination des efforts au-delà des frontières. La Suisse a ratifié deux textes régionaux, la Convention de l'OCDE sur la lutte contre la corruption d'agents publics étrangers dans les transactions commerciales internationales (ci-après : Convention de l'OCDE)[1] et la Convention pénale sur la corruption du Conseil de l'Europe[2]. A ces deux accords s'ajoute une convention à caractère universel, celle des Nations Unies contre la corruption[3]. Chacun de ces trois traités contient une disposition qui enjoint les États parties à prendre les mesures nécessaires pour empêcher les manipulations comptables en relation avec des actes de corruption. Nous allons examiner en quoi celles-ci consistent précisément et comment elles sont sanctionnées en droit pénal suisse.

Dans un premier temps, nous dresserons un tableau synthétique de l'incrimination de la corruption, publique et privée, en droit suisse. Nous examinerons ensuite les exigences posées par les trois conventions en matière d'infractions comptables. Nous rappellerons quelles sont les exigences posées par le droit privé pour la tenue régulière et l'établissement des comptes[4]. Le cœur de notre exposé consistera à montrer à quelles

---

[1] RS 0.311.21. Entrée en vigueur pour la Suisse le 30 juillet 2000.

[2] RS 0.311.55. Entrée en vigueur pour la Suisse le 1er juillet 2006.

[3] RS 0.311.56. Entrée en vigueur pour la Suisse le 24 octobre 2009.

[4] Le Conseil fédéral a adressé un projet de réforme du droit comptable au Parlement prévoyant en particulier une harmonisation de la réglementation pour toutes les formes de sociétés soumises au droit privé. Voir : Message concernant la révision du

conditions les manipulations, auxquelles peuvent recourir ceux qui cherchent à dissimuler leur comportement corrupteur, peuvent tomber sous le coup de l'article 251 du Code pénal suisse (CPS)[5] relatif aux « faux dans les titres ».

1. L'incrimination de la corruption publique et privée en droit suisse

La corruption est publique lorsque l'*intraneus* (le corrompu) revêt la qualité d'agent public. La notion est large, puisqu'elle vise toute personne, quel que soit son statut, qui accomplit une tâche dévolue à l'État[6]. Elle englobe les membres des autorités, c'est-à-dire les organes de la collectivité qui appartiennent à l'un des trois pouvoirs, et les fonctionnaires. Cette dernière notion est liée à l'activité déployée[7]. Peu importe que la personne concernée exerce une fonction publique ou soit engagée à titre privé, qu'elle travaille à plein temps ou non[8]. Celui qui est lié à la collectivité publique par un rapport de travail est un fonctionnaire formel (fonctionnaire au sens strict, institutionnel). Celui qui accomplit une tâche dévolue à l'État sans qu'existe un rapport de service est un fonctionnaire matériel (fonctionnaire par sa mission, fonctionnel).

La corruption publique est principalement sanctionnée par les articles 322ter à 322^{octies} CPS (Titre 19 des dispositions spéciales du Code pénal, « corruption ») et par l'article 281 CPS (« corruption électorale »). Les dispositions du Titre 19 punissent la corruption au sens strict (corruption active et passive d'agents publics suisses ou étrangers) et celle au sens large (octroi ou acceptation d'un avantage en lien avec un agent public suisse). Dans tous les cas, le comportement du point de vue de l'*extraneus* (le

code des obligations du 21 décembre 2007, FF 2008, p. 1407. L'entrée en vigueur des dispositions modifiées étant encore incertaine et en tout cas pas imminente, nous ne nous référerons pas à ce projet dans le présent article.

[5] RS 311.0.

[6] Message du Conseil fédéral du 19 avril 1999 relatif à la révision des dispositions pénales applicables à la corruption, FF 1999, chapitre 212.12, p. 5073.

[7] Sont considérées comme des fonctionnaires « les personnes qui occupent une fonction ou un emploi à titre provisoire ou qui exercent une fonction publique temporaire. Selon la jurisprudence, est encore fonctionnaire [...] celui qui exerce une fonction publique dans l'intérêt de la communauté, même s'il ne se trouve pas dans un rapport de service avec le pouvoir public. D'autre part, celui qui ne se trouve pas avec le pouvoir public dans un rapport de dépendance n'est pas un fonctionnaire, même s'il exerce une fonction à titre provisoire [...]. Ce qui est déterminant, c'est donc que l'activité en cause est exercée dans l'intérêt de la communauté » (JdT 1997 IV 70, 71 consid. 3a, ATF 121 IV 216, 220).

[8] ATF 121 IV 216, 221 consid. 3b, JdT 1997 IV 70, 72.

corrupteur) consiste à offrir, promettre ou octroyer un avantage à un agent public, alors que celui-ci n'y a pas droit, pour qu'il adopte un certain comportement dans le cadre de son activité officielle. Dans la corruption au sens strict, il est censé exécuter ou omettre un acte correspondant à une violation de ses devoirs ou à l'exercice de son pouvoir d'appréciation. Dans la corruption au sens large, le but visé est que l'*intraneus* accomplisse les devoirs de sa charge. Dans la corruption dite passive, les éléments constitutifs sont les mêmes, à la différence que le comportement punissable consiste à solliciter, se faire promettre ou accepter l'avantage indu.

Dans la corruption privée, le corrompu est au service d'un tiers du secteur privé et n'accomplit pas de tâche publique. Il peut être sanctionné pénalement par les articles 4a et 23 de la loi fédérale contre la concurrence déloyale (LCD)[9]. D'autres dispositions peuvent punir des formes de corruptions privées, notamment l'article 158 CPS relatif à la gestion déloyale[10]. Dans le cas de l'article 4a LCD, l'*extraneus* offre promet ou octroie un avantage indu[11] à une personne collaborant avec un tiers du secteur privé et liée à lui par une obligation juridique de loyauté, par exemple un travailleur ou un associé, pour qu'elle viole ses devoirs ou exerce son pouvoir d'appréciation.

Les dispositions pénales que nous venons d'évoquer sanctionnent le comportement de personnes physiques. L'entreprise, quant à elle, est punissable aux conditions posées par l'article 102 CPS. Son deuxième alinéa prévoit qu'elle peut se voir infliger une amende, pouvant s'élever jusqu'à cinq millions de francs suisses, s'il doit lui être reproché de ne pas avoir pris toutes les mesures d'organisation raisonnables et nécessaires pour empêcher qu'une corruption publique active (art. 322ter ou 322^{septies} al. 1 CPS), un octroi d'un avantage (art. 322^{quinquies} CPS) ou une corruption privée active (art. 4a al. 1 let. a LCD) ne soit commis en son sein.

2. Les exigences posées par les conventions anticorruption en matière d'incrimination des manipulations comptables

L'article 8 (« normes comptables ») de la Convention de l'OCDE prohibe le recours aux comptes hors livres, aux opérations hors livres ou insuffisamment identifiées, à l'enregistrement de dépenses inexistantes, à l'enregistrement d'éléments passifs dont l'objet n'est pas correctement

[9] RS 241.

[10] Voir en particulier l'ATF 129 IV 124, JdT 2005 IV 112.

[11] Dans la corruption dite « passive », l'*intraneus* sollicite, se fait promettre ou accepte l'avantage.

identifié, ainsi que l'utilisation de faux documents dans le but de corrompre un agent public étranger ou de dissimuler cette corruption. L'article 14 (« infractions comptables ») de la Convention pénale sur la corruption du Conseil de l'Europe enjoint les États parties à ériger en infraction les actes ou omissions destinés à commettre, à dissimuler ou à déguiser des infractions de corruption publique ou privée. Il prohibe l'établissement ou l'utilisation d'une facture ou de tout autre document ou écriture comptable qui contiendrait des informations fausses ou incomplètes, ainsi que l'omission illicite de comptabiliser un versement.

L'article 12 chiffre 3 de la Convention des Nations Unies contre la corruption prévoit que les États parties doivent prendre les mesures nécessaires pour interdire que les actes suivants soient accomplis dans le but de commettre une infraction de corruption, publique ou privée :

- établissement de comptes hors livres ;
- opérations hors livres ou insuffisamment identifiées ;
- enregistrement de dépenses inexistantes ou d'éléments de passifs dont l'objet n'est pas correctement identifié ;
- utilisation de faux documents et destruction de documents comptables plus tôt que prévu par la loi.

3. Les règles pour la tenue régulière et l'établissement des comptes

La comptabilité sert à l'information et à la sauvegarde des intérêts de ceux qui font partie de l'entreprise et des créanciers. Une comptabilité véridique est dans l'intérêt de ces derniers, des actionnaires, des membres de la direction et, d'une manière plus générale, du public. Elle représente également un outil de travail pour les administrateurs[12]. L'approche suisse privilégie avant tout la protection des créanciers, alors que les règles en vigueur dans les pays anglo-saxons sont focalisées sur celle des actionnaires.

Le droit comptable se compose des règles relatives à la *tenue des comptes* (saisie et traitement) et de celles qui concernent l'*établissement des comptes* annuels (publication), c'est-à-dire la présentation des états financiers. La règlementation légale relative à la bonne tenue de la comptabilité se trouve à l'article 957 du Code des obligations (CO)[13]. Les articles 959 et 662a CO contiennent des dispositions sur le but et la qualité des états financiers. Les composantes de ces derniers sont le compte de profits et pertes, le bilan et l'annexe (art. 662 al. 2 CO). La règle s'applique aux sociétés anonymes (SA), mais aussi aux sociétés en commandite par

[12] ATF 122 IV 25, 28 consid. 2b, JdT 1998 IV 11.
[13] RS 220.

actions, aux sociétés à responsabilité limitée et aux sociétés coopératives d'assurance et de crédit[14]. Les autres entités n'ont que l'obligation de dresser un bilan et un compte de résultat (art. 958 CO).

Une comptabilité peut être qualifiée de régulière lorsqu'elle est notamment *complète* (enregistrement de tous les faits et éléments importants relatifs à une information donnée), *véridique* (tous les faits et événements à comptabiliser sont clairement et exactement exprimés dans les différents comptes et états) et *claire* (en tout point compréhensible pour un lecteur initié)[15]. Chaque écriture dans les livres doit être accompagnée d'une pièce justificative (principe de justification)[16]. Le droit suisse est basé sur le principe de la « sincérité du bilan » et non pas sur celui de l'« image fidèle » retenu par la 4e Directive européenne (78/660/CEE), les *International Financial Reporting Standards* (IFRS) ou les *Generally Accepted Accounting Principles* américains (US GAAP). La différence de formule s'explique par l'admissibilité des réserves latentes arbitraires en droit comptable suisse (art. 669 CO)[17]. Les états financiers doivent permettre aux personnes intéressées de « se rendre compte aussi exactement que possible de la situation économique de l'entreprise » (art. 959 CO) ou de « donner un aperçu aussi sûr que possible du patrimoine et des résultats de la société » (art. 662a al. 1 CO).

4. Les manipulations comptables pour dissimuler les actes de corruption

4.1 L'importance de la comptabilité en tant que moyen de preuve

Pour perpétrer des actes de corruption au sein d'une entreprise, il faut pouvoir utiliser une carence du contrôle, profiter d'une faille dans la

---

[14] HENRI TORRIONE, in : PIERRE TERCIER, MARC AMSTUTZ (édit.), *Commentaire romand. Code des obligations II*, Bâle 2008, Helbing & Lichtenhahn, N. 26 *ad* art. 662 CO, p. 597.

[15] CHAMBRE FIDUCIAIRE, *Manuel suisse d'audit*, tome 1, Zurich 2009, chapitre 1.3, p. 8.

[16] CHAMBRE FIDUCIAIRE, *op. cit.*, chapitre 2.4, p. 13 et chapitre 2.7.1, pp. 15-17.

[17] Les réserves arbitraires, c'est-à-dire constituées avec une prudence excessive, résultent de surévaluations du passif ou de sous-évaluation de l'actif. Ces réserves d'administration sont constituées intentionnellement aux dépens des résultats présentés par l'entreprise. Elles ne sont pas prohibées, cependant, la création de réserves par omission d'actifs au bilan ou par inscription de dettes fictives aboutirait à un bilan mensonger ne respectant pas les exigences formulées aux articles 957 alinéa 1, 959 et 662a CO (HENRI TORRIONE, *op. cit.*, N. 12 *ad* art. 669 CO, p. 687 et références citées).

séparation des fonctions et/ou manipuler les comptes[18]. Celui qui puise dans les ressources de l'entreprise pour financer l'avantage indu octroyé à l'*intraneus* doit, s'il veut dissimuler son forfait, manipuler les comptes, par un comportement actif ou une omission, afin que la réelle destination des fonds ne transparaisse pas. La preuve des faits qui sont à la base de la corruption est en général très difficile à apporter et la transcription de transactions dans la comptabilité s'avère souvent le seul élément solide qui puisse être produit devant le tribunal[19]. Une circulaire du 21 juin 2004 du Ministère français de la Justice stipule pertinemment que le caractère occulte des manœuvres corruptrices et l'absence de préjudice directement identifiable par les entreprises concurrentes, « expliquent que, sauf dénonciation des faits par les salariés de l'entreprise corruptrice, le point d'émergence judiciaire de la corruption n'est pas le <pacte de corruption> lui-même, mais principalement l'analyse des comptes de l'entreprise à laquelle appartient le corrupteur ou la caractérisation d'un avantage indu lors de l'attribution d'un marché public »[20]. Il est vrai toutefois que le comportement corrupteur ainsi que les manipulations comptables qui ont pour finalité de le dissimuler peuvent être délocalisés à l'étranger, ce qui peut représenter un obstacle très important, voire parfois rédhibitoire lorsque l'entraide est demandée à un État non coopératif. Mais, si la corruption peut se dérouler à différents endroits, les infractions comptables se produisent en général dans le pays d'origine de l'entreprise[21].

Les États-Unis d'Amérique ont joué un rôle de pionniers dans la lutte contre la corruption d'agents publics étrangers en promulguant, en 1977, la *Foreign Corrupt Practices Act* (FCPA)[22]. La loi contient non seulement des dispositions anticorruption[23], mais aussi des normes comptables[24]. Ces

---

[18] SERVICE CENTRAL DE PRÉVENTION DE LA CORRUPTION, *Rapport 2001*, Paris 2002, Les éditions des Journaux officiels, p. 62.

[19] JERMYN BROOKS, TOM MILAN, « *Accounting , Auditing, and Financial Controls* », in François Vincke, Fritz Heimann (edit.), *Fighting Corruption. A Corporate Practices Manual*, Paris 2003, Chambre de commerce international, p. 69.

[20] Circulaire de présentation de l'évaluation de la France par l'OCDE et le GRECO et fixant des orientations de politique pénale, http://www.justice.gouv.fr/bulletin-officiel/dacg94c.htm (11.04.2010).

[21] Commentaires relatifs à la Convention de l'OCDE sur la lutte contre la corruption d'agents publics étrangers dans les transactions commerciales internationales, *ad* art. 8, N. 29. http://www.oecd.org/dataoecd/4/19/38028103.pdf (11.04.2010).

[22] FCPA, United States Code, Title 15, §§ 78m et suivants.

[23] FCPA, United States Code, Title 15, §§ 78dd-1, 78dd-2 et 78dd-3.

[24] FCPA, United States Code, Title 15, § 78m(b), essentiellement 78m(b)(2) et b(5).

dernières, qui ont un champ d'application moins vaste que les premières, concernent les *« issuers »* (émetteurs)[25]. Elles requièrent des émetteurs de *« make and keep books, records, and accounts, which, in reasonable detail, accurately and fairly reflect the transactions and dispositions of the assets of the issuer »*[26]. Elles imposent également la mise sur pied d'un système de contrôle interne[27]. La FCPA représente un moyen très important de prévention et de détection de la corruption. Plusieurs procédures ont notamment été menées pour violation des règles comptables[28].

Si la comptabilité peut représenter dans certaines affaires un moyen de preuve très important, il convient toutefois de souligner qu'en Suisse, des découvertes en lien avec celle-ci ne peuvent que très difficilement jouer un rôle déclencheur dans une poursuite pénale. Les autorités doivent se baser avant tout sur d'autres sources pour initier le procès, par exemple sur les dénonciateurs. En effet, les auditeurs internes et externes sont tenus à un devoir de discrétion. Les premiers sont en général liés à leur entreprise par un contrat de travail et ne doivent pas utiliser ni révéler des faits destinés à rester confidentiels (art. 321a al. 4 CO). Lorsque la mission d'audit est confiée à une autre société, l'article 398 alinéa 2 CO lui impose une bonne et fidèle exécution de son mandat, donc notamment une obligation de garder le secret. L'organe de révision externe est quant à lui tenu à un devoir de confidentialité par l'article 730b alinéa 2 CO.

4.2 L'essence des modes opératoires

Un versement corrupteur peut théoriquement se cacher derrière n'importe quel compte. Il est impossible de décrire de manière exhaustive tous les montages frauduleux possibles, l'imagination des délinquants étant potentiellement sans limite. Schématiquement, l'*extraneus* doit tenter de disposer de valeurs qui se trouvent dans l'entreprise sans qu'il soit possible,

[25] Le terme englobe les entreprises, nationales ou étrangères, qui ont des titres auprès de la *Securities and Exchange Commission* (SEC, Commission des opérations en bourse), sur la base de la section 12 de la *Securities Exchange Act* de 1934, ou qui sont tenues de fournir des rapports à celle-ci en vertu de la section 15(d) de la même loi. Les normes anticorruption concernent également les personnes physiques qui résident aux États-Unis, ainsi que les entités organisées dans ce pays et leurs agents, les membres de la direction par exemple. Une dernière catégorie inclut les personnes physiques ou morales qui perpètrent un acte de corruption sur le territoire américain.

[26] FCPA, United States Code, Title 15, § 78m(b)(2)(A).

[27] FCPA, United States Code, Title 15, § 78m(b)(2)(B).

[28] Voir notamment : DAVID E. DWORSKY, « *Foreign Corrupt Practices Act* », *American Criminal Law Review*, printemps 2009, volume 46, numéro 2, pp. 673-674, note de bas de page 10.

à la lecture des comptes, de déceler leur emploi véritable. Un montage de dissimulation suppose la réalisation de trois conditions : nécessité de cacher l'origine réelle des sommes pour le bénéficiaire, dissimulation de la traçabilité des opérations et rééquilibrage des charges pour lisser les variations trop évidentes[29]. En général, l'*extraneus* ou son complice recourt à une « caisse noire » qui peut être définie comme « un récipient, matériel ou virtuel, qui regroupe l'ensemble des entrées et des sorties de fonds ne transitant pas par la comptabilité »[30]. En l'espèce, il s'agit d'une forme de compte de « provision pour corruption » occulte. Il est alimenté par une minoration des produits ou par une majoration des charges. En d'autres termes, les produits sont sous-estimés et les charges surestimées. Les produits réels sont plus grands que ceux résultant de l'apparence comptable ou les charges réelles sont inférieures à celles qui figurent dans les comptes. La différence entre la réalité et l'illusion comptable créée permet de verser, dans la discrétion voulue, les avantages indus. La surestimation de charges ou la sous-estimation de produits peut aussi se faire de manière directe, sans recourir à une provision. En résumé, une manipulation comptable en lien avec un versement corrupteur implique, à un moment ou à un autre, qu'un compte de charges ou de produits ne reflète pas la réalité[31].

Les frais généraux peuvent être augmentés à l'aide de fausses factures. Ce montage ne s'avère toutefois efficace que si les valeurs unitaires sont limitées, même s'il est certes possible de multiplier le nombre des manipulations. D'une manière générale, le recours à des factures fictives en lien avec des prestations de service, par nature immatérielles et donc moins tangibles, représente un mode opératoire intéressant pour les délinquants. Dans certains cas, des frais d'avocats ou d'autres mandataires peuvent servir à masquer l'octroi de l'avantage indu. Cette méthode repose également sur la surfacturation. La valeur de la prestation se voit artificiellement surévaluée. Il est en outre possible d'étendre le système à des filiales, de préférence importantes, ce qui entraînera des flux financiers totaux d'une grande ampleur, permettant de mobiliser immédiatement des fonds occultes en cas de besoin. Les coûts de la corruption peuvent aussi plus simplement être

[29] Voir en particulier : SERVICE CENTRAL DE PRÉVENTION DE LA CORRUPTION, *Rapport 1998-1999*, Paris 2000, Les éditions des Journaux officiels, pp. 12 ss.

[30] NOËL PONS, *Cols blancs et mains sales. Économie criminelle, mode d'emploi*, Paris 2006, Odile Jacob, p. 262.

[31] BERTRAND PERRIN, *La répression de la corruption d'agents publics étrangers en droit pénal suisse. Étude de l'article 322^{septies} du Code pénal et de ses enjeux procéduraux*, Bâle 2008, Helbing & Lichtenhahn, pp. 324-325. Encore faut-il s'entendre sur la notion de « réalité ». Voir *infra*, chapitre 6.3.

comptabilisés comme des « frais commerciaux extraordinaires », des « commissions » ou des « frais de vente » pour les faire apparaître comme légalement justifiés. Il est également possible d'optimiser le système de surfacturation en recourant à des filiales, notamment en modulant les prix de transfert[32].

Les dispositions comptables relatives à la corruption transnationale de la FCPA ont été appliquées de manière assez volontaire par la *Securities and Exchange Commission* (SEC), l'organisme américain de contrôle des marchés financiers et le *Department of Justice* (DOJ). Elles ont notamment été utilisées lorsque le dossier se révélait insuffisamment étayé pour l'accusation sur le plan de la corruption[33]. L'exemple qui suit nous fournit une bonne illustration de la problématique[34].

Au début de l'année 2001, un jugement a été rendu par la Cour du district de Columbia contre Montedison et l'une de ses filiales dans le cadre d'une affaire initialement ouverte par la SEC quelques années auparavant, en particulier pour violations supposées des règles en matière de contrôle comptable et financier prévues par la FCPA. Selon la SEC, Montedison faisait apparaître dans ses documents comptables un prêt de plus de cent millions de dollars qui servait à dissimuler des versements effectués par des intermédiaires au bénéfice de détenteurs de comptes bancaires en Suisse. La créance correspondant au prêt était ensuite successivement transférée à diverses filiales *offshore* situées dans les Caraïbes. Finalement, la dernière de celles-ci prêtait le montant correspondant à une entité extérieure au groupe Montedison, laquelle se révélait insolvable, entraînant l'inscription du prêt aux pertes du bilan. La perte soi-disant due à l'incapacité définitive du débiteur à payer permettait de masquer la charge que représentait pour l'entreprise le versement de commissions.

5. « Fraude », « manipulation », « falsification » : définitions

La notion de « fraude » n'est pas utilisée en droit suisse, alors qu'elle existe dans d'autres ordres juridiques. Au Canada, par exemple, selon

---

[32] Pour plus de détails, voir : BERTRAND PERRIN, *op. cit.*, pp. 321-330 et les références citées.

[33] STEPHANE BONIFASSI, « Comptabilité et corruption », in : MAXIME DELHOMME, YVONNE MULLER (dir.), *Comptabilité et droit pénal*, Paris 2009, LexisNexis SA, N. 933, p. 532.

[34] SEC v. Montedison, S. P. A (Civil Action No. 1 : 96CV02631 (HHG) (D. D. C. Nov. 21, 1996)); GEORGE L. BUSTIN, « L'expérience américaine et ses retombées au niveau international », in : *Les Cahiers de l'Institut d'études sur la Justice*, no 2, *La corruption nous concerne tous*, Bruxelles 2002, Bruylant, pp. 67-69.

l'article 380 du Code criminel, elle correspond au fait de frustrer le public ou une personne d'une valeur quelconque, par la supercherie, le mensonge ou d'autres moyens dolosifs, c'est-à-dire malhonnêtes.

Selon la Norme d'audit suisse (NAS) 240 de la Chambre fiduciaire, le terme « fraude » signifie un acte intentionnel commis par une ou plusieurs personnes – responsables de la gestion et du contrôle, membres de la direction, autres (collaborateurs), tiers – utilisant des moyens frauduleux pour obtenir un avantage injustifié ou illégal »[35]. L'auditeur (réviseur externe) n'est concerné que par les fraudes pouvant conduire à des anomalies significatives dans les états financiers[36]. Contrairement à la simple « erreur », la fraude suppose un élément intentionnel et une volonté de dissimuler les faits.

L'expression « manipulation comptable » n'est définie ni par la loi ni par les NAS. Nous la considérons comme un acte – action ou omission – intentionnel aboutissant à une anomalie dans les états financiers. La « falsification » désigne, du point de vue pénal strict, un comportement intentionnel punissable sous l'angle du faux dans les titres, plus précisément l'un des éléments constitutifs objectifs alternatifs prévus par l'article 251 CPS.

6. L'incrimination pénale des manipulations comptables

6.1 Les manipulations comptables et le faux intellectuel

La comptabilité commerciale est un titre au sens de l'article 251 CPS, même d'ailleurs sans obligation légale de la tenir[37]. Elle, ainsi que ses composants, (pièces justificatives, livres, extraits de compte, bilans ou comptes de résultat, annexes) sont, dans le cadre du faux intellectuel, destinés et propres à prouver un fait qui a une portée juridique[38]. Celui qui,

[35] CHAMBRE FIDUCIAIRE, *Normes d'audit suisses (NAS)*, Zurich 2010, N. 4 *ad* NAS 240, p. 63.

[36] Deux catégories d'anomalies sont à prendre en compte : celles liées à la production d'informations financières mensongères et celles consécutives à des détournements d'actifs, ceux-ci étant souvent accompagnés d'une falsification des enregistrements comptables, de la comptabilité ou de documents justificatifs (CHAMBRE FIDUCIAIRE, *Normes d'audit suisses*, *op. cit.*, N. 5 et 7 *ad* NAS 240, p. 64). Selon le glossaire des NAS, des informations ont un caractère *significatif* « lorsque leur omission ou leur présentation erronée pourrait influencer des décisions économiques des destinataires prises sur la base des états financiers ».

[37] ATF 129 IV 130, 135 consid. 2.2.

[38] Arrêt du Tribunal fédéral 6B_377/2009 du 20 juillet 2009, consid. 3.1 ; ATF 129 IV 130, 135 consid. 2.2; ATF 125 IV 17, 23 consid. 2 a/aa, JdT IV 2002 75, 80. Le

pour masquer un acte de corruption, établit une comptabilité en elle-même authentique, mais *mensongère* dans la mesure où la réalité ne correspond pas à ce qui y est affirmé, commet un faux intellectuel. Le contenu du message exprimé n'est pas *véridique*[39]. De même, une facture dont le contenu ne correspond pas à la réalité et qui est employée par l'*extraneus* ou un autre participant à l'infraction doit être considérée comme un titre si elle a été utilisée comme justificatif comptable ou qu'elle a servi à fausser les résultats de la comptabilité. Nous fournirons dans un premier temps une illustration pratique fondée sur la jurisprudence, puis nous examinerons en quoi peut consister plus précisément le « mensonge » ou l'absence de « véridicité ».

6.2 Un exemple jurisprudentiel

Pour montrer comment un faux dans les titres en relation avec la comptabilité peut être perpétré dans une affaire de corruption, le jugement du Tribunal pénal fédéral SK.2005.10 du 20 février 2006 relatif à un agent public suisse constitue un cas d'école particulièrement intéressant.

F était à la tête de la société R SA. A la demande de l'*intraneus* A, finalement condamné pour corruptions passives répétées et d'autres infractions, F a fait établir par sa société une facture de 6'390 francs adressée à S SA, dirigée par G, pour des prestations qu'il savait fictives. Comme F ne savait pas que son intervention avait pour but de permettre à son ami A d'encaisser des commissions illicites, il fut acquitté pour le chef d'accusation de complicité de corruption passive. La facture fictive devait permettre à S SA de « justifier », dans sa comptabilité les sorties de fonds destinés en réalité à verser un avantage indu à A.

« La facture litigieuse n'est pas un faux matériel. Son auteur apparent correspond en effet à son auteur réel. Son contenu, en revanche, ne correspond pas à la réalité. Il est admis que ce seul constat ne suffit pas à constituer un faux intellectuel [...]. Il est en revanche de jurisprudence constante [...] que la comptabilité commerciale et tous ses éléments, tels qu'ils sont imposés par les art. 957 ss. CO, sont des titres, dont le caractère mensonger est punissable. Ainsi en va-t-il notamment des pièces justificatives [...] et donc des documents qui, comme en l'espèce, sont précisément destinés à légitimer des paiements effectués par S. SA à des tiers.

---

faux intellectuel (substantiel) vise un titre qui émane de son auteur apparent mais qui s'avère mensonger dans la mesure où son contenu ne correspond pas à la réalité.

[39] Sur le faux intellectuel, voir aussi l'ATF 126 IV 65, 67, consid. 2a et l'ATF 117 IV 35, 39 consid. 1d.

[…] l'accusé [F] soutient toutefois que les pièces justificatives d'une comptabilité ne pourraient être considérées comme des faux intellectuels que si leur libellé mensonger avait pour conséquence de tromper des tiers sur la réalité de la situation de l'entreprise. Or, tel ne serait pas le cas en l'espèce, car les faux documents n'auraient selon lui, aucune conséquence sur la véracité du bilan, du compte d'exploitation ou de l'inventaire au sens de l'art. 958 CO. Cette interprétation restrictive n'est pas unanimement partagée en doctrine, […] mais elle correspond bien au sens qu'il convient de donner à la jurisprudence la plus récente. […] En l'espèce, elle n'a toutefois pas pour conséquence d'absoudre le comportement de l'accusé.

La comptabilité commerciale est soumise au principe de la sincérité, qui interdit a priori tout enregistrement d'une opération fictive. […] Le compte d'exploitation et le bilan doivent être établis dans le respect de ce principe […]. Dans la comptabilité de la société anonyme, le compte d'exploitation doit mentionner séparément le chiffre d'affaires résultant des ventes et des prestations de service de la société (art. 663 al. 2 CO) et cette rubrique ne doit être amputée que d'éventuels rabais, escomptes ou reprises, à l'exception de toute autre dépense consentie en vue d'atteindre ce chiffre d'affaires […]. La fausse facture du 27 mars 1997 est libellée de telle sorte qu'elle couvre des prestations offertes par R. SA à S. SA, c'est-à-dire des travaux dont le prix fait partie du chiffre d'affaires de la première société. Ces prestations n'ayant aucune réalité, le chiffre d'affaires a donc été fictivement augmenté. A cela s'ajoute que le paiement de S. a été enregistré comme recette de la société, alors que la somme a en réalité profité à A., et non à R. SA. L'accusé a reconnu que l'opération avait été comptabilisée dans les livres de la société et que cette dernière avait perdu environ Fr. 3'000.- en rapport avec cette recette fictive […]. Les comptes de résultat de la société ont donc été matériellement falsifiés »[40]. F fut déclaré coupable de faux dans les titres.

En ce qui concerne G, le Tribunal pénal fédéral écrit que « l'accusé admet que le libellé de cette facture est totalement fictif, mais il considère que son comportement n'est pas punissable au regard de l'art. 251 CP, car ce document ne serait pas un titre au sens de la disposition pénale. […] Il soutient plus spécialement que la comptabilité de S. SA n'a pas été faussée, car il importe peu, pour son résultat, que la charge constituée par le paiement de commissions à A. ait été comptabilisée à ce titre ou, comme ce fut le cas, au titre de prestation à un sous-traitant.

[40] Arrêt du Tribunal pénal fédéral SK.2005.10 du 20 février 2006, consid. 15.1.1 et 15.1.2.

Il est vrai que, contrairement aux résultats de la comptabilité de R. SA, ceux de S. SA n'ont pas été faussés. A la forme non plus, le compte de pertes et profits de S. SA n'a pas violé le principe de sincérité, dès lors qu'il est admis que les frais de sous-traitance et les commissions constituent des postes de la même rubrique imposée par l'art. 663 al. 3 CO (Manuel suisse d'audit 1998, p. 258 n° 2.3505). Il reste toutefois que, par son comportement, l'accusé a contribué à la falsification des comptes de R. SA, en honorant une facture de cette dernière qui ne correspondait à aucune prestation réelle et en sachant que le versement opéré par S. SA à R. SA avait pour destinataire réel A. G était à l'origine de cette supercherie, car c'est lui-même qui avait exigé que les commissions qu'il acceptait de verser à A. soient 'justifiées' par une fausse facture. Son degré de participation à cette infraction en fait ainsi un coauteur avec F. »[41]. G fut également reconnu coupable de faux dans les titres, mais finalement acquitté[42].

6.3 Les frontières de la punissabilité

L'enjeu principal consiste à déterminer la limite entre la comptabilité tenue ou établie régulièrement et celle qui est falsifiée. Pour constater la présence d'un faux intellectuel, il faut qu'une crédibilité accrue s'attache au titre, avec pour conséquence que le destinataire peut y prêter foi avec une confiance particulière[43]. Selon la jurisprudence du Tribunal fédéral, ces deux caractéristiques sont présentes quand la loi exige que le document soit établi ou conservé pour refléter ou constater la réalité d'un fait ou d'une situation[44]. Tel est le cas pour la comptabilité. En effet, son but est de fournir une image exacte et complète de la situation économique réelle de l'entreprise[45]. Les tiers qui voudraient la connaître doivent pouvoir s'y fier[46]. Dans l'arrêt du Tribunal pénal fédéral que nous avons résumé précédemment, les juges ont considéré, à juste titre, que les pièces justificatives ne peuvent être considérées comme des faux intellectuels que si leur libellé mensonger a pour conséquence de tromper des tiers sur la réalité de la situation de l'entreprise. Tel n'est en particulier pas le cas lorsque les faux documents

---

[41] Arrêt du Tribunal pénal fédéral SK.2005.10 du 20 février 2006, consid. 17.1.1.

[42] Dans son arrêt 6S.177/2006 du 14 juillet 2006, le Tribunal fédéral a admis un pourvoi du condamné au motif que l'infraction retenue n'était pas visée par l'acte d'accusation. L'acquittement a été prononcé par le Tribunal pénal fédéral dans son arrêt SK.2006.9 du 6 octobre 2006.

[43] ATF 125 IV 17, 23 consid. 2a/aa, JdT 2002 IV 75.

[44] ATF 126 IV 65, 67-68 consid. 2a.

[45] ATF 132 IV 12, 15 consid. 8.1 ; ATF 129 IV 130, 135 consid. 2.2.

[46] ATF 125 IV 17, 29 consid. 2b/dd.

n'ont aucune incidence sur la véracité du bilan, du compte d'exploitation et de l'inventaire au sens de l'article 958 CO[47].

L'infraction de faux dans les titres est réalisée quand la comptabilité ne satisfait pas aux exigences légales, requises pour assurer sa véracité et la confiance en celle-ci, formulées notamment à l'article 662 alinéa 1 ainsi qu'aux articles 958 et suivants CO[48]. Dans l'ATF 122 IV 25, pour vérifier si la condition de typicité est réalisée, notre Haute Cour s'est fondée sur les dipositions du Code des obligations relatives à la tenue et à l'établissement des comptes. En substance, l'infraction de faux dans les titres ne peut être retenue que si une règle légale figurant aux articles 662 à 670 ou aux articles 957 à 963 CO n'a pas été observée. C'est sur cette base, ainsi qu'à l'aide du Manuel suisse d'audit qui apporte de nombreuses précisions[49], que le juge doit déterminer si une manipulation comptable destinée à camoufler l'octroi d'un avantage indu est constitutive d'un faux dans les titres.

L'infraction est réalisée lorsque des actifs sont omis entièrement ou lorsque leur montant n'est pas correct ou encore quand la comptabilité contient des passifs fictifs[50]. Cette dernière n'est pas non plus conforme à la vérité, selon les principes érigés en droit commercial, lorsque les indications relatives à la fortune et au bénéfice sont plus positives que dans la réalité, lorsque les actifs sont clairement surévalués ou lorsque les passifs sont largement sous-évalués. Feindre une situation moins favorable que la réalité, comme c'est en général le cas lorsqu'il s'agit de dissimuler un versement corrupteur, n'est constitutif de faux dans les titres que dans la mesure où il y a eu objectivement violation des règles légales relatives à la comptabilité ou lorsque certains actifs ont été entièrement omis, notamment parce que des comptes cachés (« au noir ») ont été créés[51].

---

[47] Arrêt du TPF SK_2005_10 du 20 février 2006, consid. 15.1.1 et 15.1.2.

[48] ATF 122 IV 25, 28-29 consid. 2b, JdT 1998 IV 11.

[49] Il s'agit d'un document établi par une association et n'a donc pas valeur de loi. Toutefois, le juge ne saurait s'en écarter sans des motifs sérieux. En effet, la prise en compte de règles de comportement extralégales par le droit pénal dépend avant tout de leur connaissance et reconnaissance dans le milieu concerné (ROBERT ROTH, « Une responsabilité sans culpabilité ? L'entreprise, la <faute d'organisation> et le droit pénal », *Semaine judiciaire*, 2003, II, p. 205 et références doctrinales citées). Or, force est de constater que celles figurant dans le Manuel suisse d'audit constituent une référence centrale dans le monde de la révision.

[50] MARKUS BOOG, in : MARCEL ALEXANDER NIGGLI, HANS WIPRÄCHTIGER (édit.), *Basler Kommentar. Strafrecht II*, 2e édition, Bâle 2007, Helbing & Lichtenhahn, N. 53 *ad* art. 251 CPS et références citées.

[51] MARKUS BOOG, *op. cit.*, N. 54 *ad* art. 251 CPS.

Selon nous, le juge doit prendre en compte le caractère significatif des informations pour déterminer si un faux dans les titres est réalisé. « Des informations sont significatives si leur omission ou leur inexactitude sont susceptibles d'influencer les décisions économiques prises par les utilisateurs se fondant sur les états financiers. Le caractère significatif dépend de l'importance de l'élément ou de l'erreur évaluée dans les circonstances spécifiques de son omission ou de son inexactitude. Le caractère significatif d'une information constitue donc un seuil ou une démarcation plutôt qu'un critère qualitatif que cette information doit posséder pour être utile »[52].

Au regard du principe de clarté qui doit notamment être respecté pour que la comptabilité soit considérée comme régulière, se pose la question des écritures formulées volontairement de manière générale, ambigües, voire inexactes. Dans l'affaire précitée jugée par le Tribunal pénal fédéral, G, de S. SA, qui avait octroyé l'avantage indu à l'agent public avait comptabilisé le versement sous la rubrique « prestation à un sous-traitant ». Les juges ont estimé que l'infraction de faux dans les titres n'était pas réalisée, les résultats dans la comptabilité de S. SA n'ayant pas été faussés. En outre, les frais de sous-traitance et les commissions constituent des postes de la même rubrique imposée par l'article 663 alinéa 3 CO qui stipule que « les charges comprennent les charges de matière et de marchandises, les frais de personnel, les charges financières et les charges d'amortissement, présentées séparément »[53].

L'octroi d'un avantage par une entreprise représente une charge. Si elle est comptabilisée à son juste montant, que le libellé utilisé fasse ou non apparaître son caractère illicite, cela ne modifie en rien le total du compte de profits et pertes. Nous devons par contre envisager la problématique sous son angle purement formel, c'est-à-dire déterminer dans quelle mesure, à quel degré, la formulation retenue doit être explicite pour le destinataire des comptes.

Est-il possible de considérer que tant que les exigences en matière de structure minimale du compte de profits et pertes ou du bilan sont respectées, une condamnation du chef de faux dans les titres en lien avec le libellé utilisé serait exclue ? Une telle conclusion serait selon nous trop hâtive. Il convient en effet de distinguer les formulations dans les comptes qui représentent un euphémisme de celles qui représentent un travestissement de

52 CHAMBRE FIDUCIAIRE, *Manuel suisse d'audit*, tome 2, Zurich 2009, chapitre 2.10, p. 156. Pour la fixation du caractère significatif, voir les règles posées au chapitre 2.10.2, pp. 159-161.

53 Arrêt du TPF SK_2005_10 du 20 février 2006, consid. 17.1.1.

la réalité, donc un mensonge, bien que la frontière ne soit pas toujours aisée à tracer. La dénomination d'une rubrique du bilan ou du compte de résultat ne doit pas être fallacieuse[54]. Il est évidemment fort peu probable qu'un délinquant ouvre un compte « corruption » pour comptabiliser les pots-de-vin ! Mais, s'il les présente comme des « frais de vente », par exemple, il emploie une expression adoucie désignant effectivement des frais destinés à favoriser ou permettre une vente. Il ne devrait donc pas être pénalement punissable pour faux dans les titres. Par contre, s'il recourt à un compte « achat de marchandises », il s'agit clairement d'un mensonge susceptible de tomber sous le coup de l'article 251 CPS.

Il est vrai que le principe de clarté exige une désignation précise et facile à comprendre des différentes rubriques[55]. En outre, il serait possible de soutenir que le principe du caractère essentiel des informations[56] exige que les pots-de-vin soient clairement signalés, parce que cette information sur les pratiques illégales de l'entreprise est de nature à modifier l'opinion du destinataire des comptes au sujet de l'état du patrimoine et des résultats. Une expression ambigüe ou trop générale destinée à dissimuler un acte répréhensible devrait donc être également constitutive d'un faux dans les titres. Nous estimons toutefois qu'une telle interprétation s'avérerait trop extensive et répressive. En effet, les exigences en matière de structure minimale sont formulées de manière très large et laissent par conséquent aux entreprises qui y sont soumises une importante marge de manœuvre dans le choix des comptes auxquels ils souhaitent recourir. C'est à la lumière de cette liberté laissée par le législateur civil que les limites pénales doivent se définir. Seules les expressions véritablement mensongères dans leur libellé peuvent être punies par le droit criminel.

Conclusion

La répression du faux dans les titres en lien avec les manipulations comptables contribue au renforcement de la lutte contre la corruption. L'exemple américain avec la FCPA tend à le démontrer. Il faudrait toutefois procéder à une analyse criminologique, qui excéderait le cadre de la présente étude juridique, pour tenter de déterminer quel effet préventif cette incrimination, en concours avec celle de corruption, peut apporter.

---

[54] CHAMBRE FIDUCIAIRE, *Manuel suisse d'audit*, *op. cit.*, tome 1, chapitre 5.2, p. 54.

[55] CHAMBRE FIDUCIAIRE, *Manuel suisse d'audit*, *op. cit.*, tome 1, chapitre 6.2.2.2, p. 62.

[56] CHAMBRE FIDUCIAIRE, *Manuel suisse d'audit*, *op. cit.*, tome 1, chapitre 6.2.2.2, p. 62.

Pour que l'infraction de faux dans les titres soit retenue, il faut que les règles de droit privé régissant la tenue et l'établissement des comptes soient enfreintes. Cette condition nécessaire n'est toutefois pas suffisante, puisqu'il faut que tous les éléments constitutifs de l'infraction soient réalisés, en particulier l'intention, c'est-à-dire la conscience et la volonté de manipuler, ainsi que le dessein de nuire ou d'obtenir un avantage illicite.

Indépendamment de toute incrimination autonome, la comptabilité sert de moyen de preuve privilégié pour mettre en lumière certains comportements corrupteurs. La lutte contre la corruption demeure une tâche ardue, car les autorités sont confrontées à une « infraction à double auteur » dans laquelle aucun des protagonistes directs n'a intérêt à se dénoncer. Tout élément susceptible de favoriser le jaillissement de la vérité est donc salutaire. La comptabilité en est assurément un.

Liste des principaux arrêts du Tribunal fédéral relatifs à l'incrimination du faux dans les titres en lien avec la comptabilité

- Arrêt 6B_377/2009 du 20 juillet 2009
- 132 IV 12 (d)
- 131 IV 125 (d), JdT 2007 IV 22
- 129 IV 130 (d), JdT 2005 IV 118
- Arrêt 6S.124/2002 (d)
- 126 IV 65 (f)
- 125 IV 273 (d), JdT 2004 IV 21, SJ 2000 I 157
- 125 IV 17 (d), JdT 2002 IV 75, SJ 1999 I 411
- 122 IV 25 (d), JdT 1998 IV 11
- 120 IV 122 (d), JdT 1996 IV 98, SJ 1994 p. 556.2
- 116 IV 52 (d), JdT 1991 IV 178
- 115 IV 225 (f)
- 114 IV 31 (d), JdT 1989 IV 14
- 108 IV 25 (d), JdT 1983 IV 41
- 106 IV 375 (d), JdT 1982 IV 116
- 103 IV 23 (d)
- 100 IV 23 (d), JdT 1975 IV 117
- 91 IV 188 (f)
- 91 IV 6 (d), JdT 1965 IV 85
- 82 IV 138 (f)

(d) Arrêt en langue allemande
(f) Arrêt en langue française

La lutte contre la corruption dans les transactions commerciales internationales sous l'angle du droit suisse des contrats

BERTRAND PERRIN

Responsable adjoint de l'ILCE, Dr en droit, avocat, MA en sciences économiques

Introduction

Le théâtre de la corruption peut se dérouler à une échelle nationale, mais aussi dépasser les frontières ou impliquer plusieurs ordres juridiques. Du point de vue du droit envisagé, la corruption transnationale (ou internationale) implique un corrompu au service soit d'un État étranger ou d'une organisation internationale (corruption publique), soit d'un tiers du secteur privé étranger, en dehors de l'accomplissement d'une tâche publique (corruption privée)[1]. Elle représente une hydre funeste aux multiples visages appréhendée de manière spécifique par les différentes branches du droit suisse. Sur le plan pénal, l'article 322^septies du Code pénal (CPS)[2] incrimine la corruption active d'agents publics étrangers depuis le 1er mai 2000, notamment dans le cadre des transactions commerciales internationales. Le 1er juillet 2006, la disposition s'est enrichie d'un second alinéa sanctionnant la forme dite « passive ». La corruption privée transnationale peut être

---

[1] La définition du caractère transnational pour la corruption publique, du point de vue du droit pénal, est claire : l'incrimination relève d'un droit qui n'est pas celui de l'État ou de l'organisation internationale de l'agent public, la nationalité de ce dernier n'étant pas déterminante. La notion est plus floue en matière de corruption privée. Faut-il retenir comme critère la nationalité de l'entité au service de laquelle travaille le corrompu (étant précisé qu'en droit international privé suisse, le siège social ne suffit pas à conférer sa nationalité à une société) ou plutôt se focaliser sur le droit qui régit leur rapport ? Nous penchons plutôt pour cette seconde branche de l'alternative. La corruption privée revêt un caractère transnational lorsque la relation entre le corrompu et l'entité au sein de laquelle il exerce son activité relève d'un autre ordre juridique que celui du droit pénal qui a vocation à s'appliquer. L'enjeu s'avère toutefois plus pédagogique que pratique. L'élément d'extranéité est appréhendé de manière spécifique par le droit international privé (voir : FRANÇOIS KNOEPFLER, PHILIPPE SCHWEIZER, SIMON OTHENIN-GIRARD, *Droit international privé suisse*, 3e édition, Berne 2005, N. 19-20, pp. 5-7).

[2] RS 311.0.

réprimée par l'article 4a en lien avec l'article 23 de la loi fédérale contre la concurrence déloyale (LCD)[3], les règles régissant l'application dans l'espace de cette dernière disposition étant les mêmes que pour l'article 322^{septies} CPS. En droit public au sens strict, des sanctions sont envisageables en particulier dans le domaine de la garantie contre les risques à l'exportation ou en droit des cartels.

Dans la présente contribution, nous nous proposons de décrypter le processus de corruption dans les relations commerciales internationales sous l'angle du droit privé. Dans un premier temps, nous préciserons en quoi consiste la nature fondamentale du processus corrupteur. Quel que soit le domaine juridique envisagé, il existe en effet un noyau dur identique qui caractérise l'essence de la relation qui unit le corrupteur (*extraneus*) et le corrompu (*intraneus*). Nous soulignerons ensuite les principales caractéristiques de la corruption transnationale, en nous focalisant sur les échanges commerciaux. Le cœur de notre étude consistera à décrire comment la corruption transnationale est appréhendée par le droit des contrats, en analysant à quelles conditions le droit suisse peut s'appliquer et en exposant, dans ce cas, quelles sanctions juridiques peuvent frapper ces derniers.

1. L'essence du processus corrupteur

De l'Antiquité grecque aux philosophes du XVIIIe siècle, l'expression « corruption » qualifiait une dégénérescence des institutions, plus précisément une dénaturation des principes qui constituent le fondement du système politique. Aujourd'hui, elle désigne deux types de déviances. « Tout d'abord, le comportement du détenteur d'une autorité qui, dans le cadre de ses fonctions, publiques ou privées, utilise sa situation de pouvoir pour détourner une règle, à son profit, ou à celui d'une autre personne. Ensuite, une conception plus extensive désigne le contournement ou la distorsion d'une norme professionnelle (bonne foi contractuelle), ou d'un principe moral (égalité de traitement) dont la sanction n'est pas précisément établie. »[4]

Ontologiquement, le processus corruptif met en scène trois acteurs. Un *extraneus*, un *intraneus* et un tiers (le « partenaire », entité privée ou publique) au service duquel ce dernier est censé œuvrer. Le corrupteur va tenter d'influencer le corrompu pour que celui-ci utilise le pouvoir dont il

[3] RS 241.

[4] PIERRE LASCOUMES, *Corruptions*, Paris 1999, Presses de Science Po, p. 36.

dispose, en vertu de la relation qui l'unit au tiers, en sa faveur ou au profit d'une autre personne qu'il souhaite avantager. La corruption implique donc un abus de pouvoir de la part de l'*intraneus*. Ce dernier viole – brise, pour reprendre l'étymologie[5] – le principe de confiance sur lequel repose son lien avec l'entité qu'il devrait servir, entreprise, État ou organisation internationale. Souvent, un quatrième protagoniste vient compléter le schéma : le tiers exclu, la victime indirecte[6], mise à l'écart par l'échange corrompu, par exemple le concurrent dont l'offre pourtant meilleure n'a pas été retenue.

Le droit ne sanctionne pas tous les comportements qui relèvent fondamentalement de la corruption. Mais, les définitions juridiques sont en général fondées sur le modèle que nous venons d'exposer. Selon les systèmes législatifs et les branches du droit envisagé, il existe certes des formulations diverses pouvant impliquer des différences plus ou moins significatives dans l'interprétation ou l'application. Cependant, dans tous les cas, l'essence même de la relation triadique se révèle identique.

2. Quelques caractéristiques saillantes de la corruption dans les transactions commerciales internationales

La corruption transnationale est un phénomène multiforme et complexe. Elle peut intervenir dans toutes les relations qu'une personne, physique ou morale, entretient avec des entités, privées ou publiques, étrangères, en particulier lors d'exportations ou d'investissements directs, aussi bien avant la conclusion du contrat que pendant l'exécution subséquente de la transaction. En résumé, deux types de risques existent dans le cadre d'échanges commerciaux internationaux. Le premier provient du particularisme et de la complexité des règles commerciales et le second découle de l'utilité croissante de la transaction internationale pour financer les réseaux de corruption[7]. Le transport international nécessite une multiplicité d'opérations, soumises à de nombreuses règles et impliquant le concours de beaucoup d'intervenants : inspection et certification des

---

[5] Le terme latin *« corrumpere »* signifie détruire, altérer physiquement ou moralement, *« rumpere »* signifiant rompre.

[6] La corruption n'est en général pas une « infraction sans victime ». Il s'agit en réalité d'une « infraction à double auteur », l'*extraneus* et l'*intraneus* étant tous les deux punissables, qui implique dans la plupart des cas une victime indirecte.

[7] SERVICE CENTRAL DE PRÉVENTION DE LA CORRUPTION, *Rapport d'activité 1996*, sans numérotation, chapitre consacré à « La transaction commerciale internationale. Concurrence et corruption ».

marchandises, préparation de ces dernières, remise ensuite au transporteur, dédouanement à l'exportation, contrôle à l'arrivée, dédouanement à l'importation, livraison au destinataire[8]. « En fait, les réglementations encadrant les pratiques du commerce international et les procédures administratives suscitent de multiples tentatives corruptrices dans les pays de départ et d'arrivée des marchandises et exposent de nombreuses catégories de personnel (transporteurs, commissionnaires en douane, intermédiaires, responsables de sociétés, fonctionnaires) à des actes de corruption. Suivant le pays, sa législation, ses coutumes et l'importance du marché, la corruption s'impose avec plus ou moins de force. »[9]

Les secteurs économiques à risque sont avant tout les travaux publics et la construction, l'armement et la défense, le pétrole et le gaz[10]. La viabilité de nombreuses branches de l'industrie suisse dépend des exportations. Par exemple, les machines pour l'industrie textile, une partie de l'industrie chimique ou encore l'horlogerie et la broderie écoulent la grande majorité de leur production à l'étranger. Si les statistiques montrent que la Suisse exerce principalement ses activités économiques dans des pays et secteurs présentant des risques relativement limités en matière de corruption, il n'en demeure pas moins que les affaires ou investissements réalisés dans les régions et secteurs exposés représentent probablement de nombreuses opportunités criminelles. MARTIN KILLIAS et DENIS RIBEAUD de l'Université de Lausanne ont procédé à deux enquêtes de victimisation, une internationale en 1996 et une helvétique en 1998. Il est apparu que les Suisses sont confrontés à la corruption presque exclusivement à l'étranger[11]. Un sondage de 2005 a confirmé ce constat[12]. Il est dès lors très surprenant que, depuis dix ans qu'il est en vigueur, l'article 322^{septies} CPS n'ait été

---

8 Pour plus de détails, voir : PHILIPPE FORTIN, *La pratique du commerce international*, Brossard (Québec) 2005, Publications CCH, pp. 413 ss.

9 BRIGITTE HENRI, *Au cœur de la corruption par une commissaire des RG*, 2000, Editions no 1, pp. 297-298.

10 BERTRAND PERRIN, *La répression de la corruption d'agents publics étrangers en droit pénal suisse. Étude de l'article 322^{septies} du Code pénal et de ses enjeux procéduraux*, Bâle 2008, Helbing & Lichtenhahn, pp. 41-48.

11 MARTIN KILLIAS, DENIS RIBEAUD, « La corruption. Nouvelles évidences à la lumière de recherches quantitatives », *Criminoscope*, no 4, Lausanne, septembre 1999, http://www.unil.ch/esc/page19064.html (13.04.2010).

12 MARTIN KILLIAS, SANDRINE HAYMOZ, PHILIPPE LAMON, *Swiss Crime Survey. La criminalité en Suisse et son évolution à la lumière des sondages de victimisation de 1984 à 2005*, Berne 2007, Staempfli, p. 57.

utilisé qu'une seule fois pour fonder une condamnation. Une réflexion sur les causes de cette situation excéderait toutefois le cadre du présent article.

3. Le processus de corruption examiné sous l'angle des rapports contractuels

Pour utiliser les termes consacrés en droit pénal, l'*extraneus* offre, promet ou octroie à l'*intraneus* un avantage indu, c'est-à-dire auquel ce dernier n'a pas droit, pour que celui-ci, selon les cas, exerce les devoirs de sa charge, viole ses devoirs ou exerce son pouvoir d'appréciation. Le comportement punissable de corrompu peut consister à accepter, solliciter ou se faire promettre l'avantage[13]. Vu sous l'angle du droit privé, l'*extraneus* est celui qui entend obtenir le contrat, pour son compte ou pour autrui – par exemple, comme dans le schéma ci-dessous, l'entreprise qu'il représente – et qui fournit la prestation de corruption, c'est-à-dire le pot-de-vin. L'*intraneus* correspond à la personne habilitée à prendre la décision déterminante ou à l'influencer. Le partenaire est l'entité (État, entreprise[14]) au nom de laquelle est conclu le contrat avec le corrupteur, sans qu'elle ait été informée[15] de l'accord passé entre le corrupteur et le corrompu.

[13] L'article 322ter CPS incrimine la corruption active d'agents publics suisse, l'article 322^{quater} CPS la corruption dite passive. L'article 322^{quinquies} CPS punit l'octroi d'un avantage et l'article 322^{sexies} CPS l'acceptation de celui-ci. Dans ces deux derniers cas, qui représentent des formes de corruption atténuées, l'agent public est censé accomplir les devoirs de sa charge. En matière de corruption transnationale, seule la corruption au sens strict est prise en compte, c'est-à-dire celle qui implique, de la part de l'*intraneus*, un acte qui soit contraire à ses devoirs ou dépende de son pouvoir d'appréciation.

[14] « Entreprise » au sens large, tel que celui retenu par l'article 102 alinéa 4 CPS : personnes morales de droit privé ou public, sociétés, entreprises en raison individuelle.

[15] Cette absence d'information, ce secret, constitue le cœur de la rupture du rapport de confiance ou de loyauté.

EXTRANEUS

En droit pénal, l'analyse du rapport juridique entre l'*intraneus* et l'entité au service de laquelle il œuvre s'avère fondamental. C'est l'élément central pour déterminer si le comportement est punissable ou non. Si le corrompu est un agent public étranger, il est nécessaire que celui-ci ait violé ses devoirs, exercé son pouvoir d'appréciation ou ait été censé le faire. Le juge devra examiner les textes juridiques du pays ou de l'organisation internationale concerné. Le corrompu peut être lié à l'entité par un contrat de droit administratif, avoir ét il conviendra de consulter la loi sur laquelle elle repose – ou même être soumis à un rapport de droit privé[16]. Dans les cas de corruption privée au sens de l'article 4a LCD, l'employé, l'associé, le mandataire, ou tout autre auxiliaire du tiers du secteur privé en question doit également avoir violé ses devoirs ou exercé son pouvoir d'appréciation ou avoir été censé le faire. Ici aussi, le juge devra analyser le rapport juridique qui lie l'*intraneus* à la structure dont il relève.

La décision de recourir à la corruption peut être prise par les dirigeants de la société que représente l'*extraneus*. Ceux-ci agissent pour le compte de leur structure, en accord avec ses buts opérationnels. Nous sommes alors dans l'hypothèse d'une délinquance d'entreprise (*corporate crime*). L'*extraneus* peut aussi agir seul, à l'insu de son organisation. Dans ce cas-là, son comportement pourrait s'expliquer par la volonté d'améliorer ses performances, en espérant ainsi se voir récompensé pour son efficacité. Dans les cas de grande corruption[17], vu les montants en jeu, ce second cas de figure est probablement peu fréquent.

Le pot-de-vin désigne « tout avantage que le corrupteur offre ou s'engage à offrir secrètement au représentant d'un tiers afin d'amener celui-ci à favoriser le corrupteur »[18]. Le contrat du même nom est un contrat d'incitation, c'est-à-dire un accord « en vertu duquel une partie convainc l'autre au moyen d'une prestation d'avoir un comportement déterminé afin de s'assurer ainsi d'un avantage auquel elle n'aurait pas droit »[19]. Le corrupteur promet un avantage et le corrompu s'engage, en contrepartie, à

[16] Dans certains systèmes, tels que celui de la *common law*, la distinction entre droit public et droit privé n'est pas pertinente. L'essentiel est d'examiner le contenu du rapport juridique, sans se soucier de la classification qui serait la sienne en droit continental.

[17] La « grande » corruption (publique), appelée parfois corruption politique ou politico-administrative, est celle qui concerne les hauts fonctionnaires et les dirigeants politiques et qui implique en général des sommes relativement élevées. La « petite » corruption (*« petty corruption »*), appelée parfois corruption « administrative », « quotidienne » ou « ordinaire » est celle qui est présente dans la vie de tous les jours. Elle implique en principe des montants modestes et des agents publics n'occupant pas des fonctions supérieures. Pour plus de détail, voir : BERTRAND PERRIN, *op. cit.*, pp. 23-26.

[18] PIERRE TERCIER, « La corruption et le droit des contrats », *Semaine judiciaire*, 1999 II, p. 227.

[19] JEAN-BAPTISTE ZUFFEREY-WERRO, *Le contrat contraire aux bonnes mœurs. Étude systématique de la jurisprudence et de la doctrine relatives aux bonnes mœurs en droit suisse des contrats*, Fribourg 1988, Éditions universitaires, N. 1257, p. 279.

déployer tous les efforts nécessaires pour que soit conclu un second contrat – le contrat de base ou subséquent – entre le partenaire et le corrupteur ou celui que ce dernier représente. C'est par le contrat de base, par exemple d'entreprise ou de vente, que le corrupteur, ou celui qu'il représente, obtient ce qu'il convoitait en octroyant le pot-de-vin[20].

Très schématiquement, dans la grande corruption publique transnationale, l'*extraneus* peut prendre contact avec l'*intraneus* en recourant aux services d'un intermédiaire. Ce dernier aura pour mission de permettre la conclusion du contrat de pot-de-vin[21]. Du point de vue pénal, une fois que l'offre ou la promesse de l'*extraneus* a atteint l'*intraneus*, la corruption active est consommée. Si l'*intraneus* accepte ce qui lui est proposé, le contrat de pot-de-vin est conclu et la corruption passive réalisée. L'*intraneus* peut demander qu'une partie de l'avantage lui soit octroyée à titre d'avance. Quand il l'a reçue, il exécute ou omet l'acte prévu, dans le cadre de son activité, en faveur de l'*extraneus* ou de celui qu'il représente. La solution optimale pour ces derniers est de faire supporter le coût de la corruption à la collectivité publique ou à l'entité privée avec laquelle ils concluent le contrat subséquent, en majorant leur prix d'un montant correspondant. Après avoir obtenu le contrat de base avec le concours de l'*intraneus*, l'*extraneus* vire le solde de l'avantage qui avait été offert ou promis.

4. Le sort des contrats conclus dans le cadre du processus de corruption transnationale

4.1 Le recours à la justice civile ou à l'arbitrage

En matière internationale, lorsqu'un litige en lien avec un contrat survient, les parties peuvent le faire trancher par la justice civile ou l'arbitrage. Dans le premier cas, le juge suisse appliquera la loi fédérale sur le droit international privé (LDIP)[22] ou, le cas échéant, la convention internationale pertinente. La seconde possibilité représente le mode institutionnel ordinaire de résolution des conflits internationaux. Dans certains domaines, comme celui des ventes d'armes, c'est même la règle

[20] Lorsque l'entité est une collectivité publique, le contrat par lequel elle ne fait que se procurer les moyens d'accomplir ses tâches, par exemple l'achat de matériel, relève du droit privé (ATF 134 II 297, 301 consid. 2.2).

[21] S'ils sont soumis au droit suisse, les rapports entre une société exportatrice suisse et son agent local peuvent relever du contrat de courtage (art. 412 – 418 CO), d'agence (art. 418a – 418v CO) ou de commission (art. 425 – 439 CO).

[22] RS 291.

absolue. Le chapitre 12 de la LDIP relatif à l'arbitrage international s'applique « si le siège du tribunal arbitral se trouve en Suisse et si au moins l'une des parties n'avait, au moment de la conclusion de la convention d'arbitrage, ni son domicile, ni sa résidence habituelle en Suisse » (art. 176 al. 1 LDIP). Toute cause de nature patrimoniale, c'est-à-dire présentant un intérêt pécuniaire pour l'une au moins des parties, est susceptible de faire l'objet d'un arbitrage (art. 177 al. 1 LDIP).

La Chambre de commerce internationale joue un rôle central dans l'arbitrage international[23]. Le Centre international de règlements des différends relatifs aux investissements (CIRDI)[24] a quant à lui gagné en importance ces dernières années. Plusieurs sentences en lien avec des affaires de corruption ont été rendues dans le cadre de ces organisations. Dans le présent chapitre, nous n'examinerons toutefois que les situations dans lesquelles le droit suisse s'applique[25].

4.2 Le contrat de pot-de-vin

4.2.1 La qualification du contrat de pot-de-vin

Le juge ou l'arbitre doit tout d'abord qualifier les rapports juridiques litigieux[26]. S'il ne rencontrera en principe pas de difficulté pour ceux unissant l'*intraneus* à l'entité qu'il est censé servir, le contrat de pot-de-vin pose un problème particulier. En effet, l'accord passé entre le corrupteur et le corrompu peut parfois être dissimulé dans un contrat tout à fait licite, en

---

[23] Cour internationale d'arbitrage : http://www.iccwbo.org/court/arbitration/id4401/index.html (13.04.2010).

[24] http://icsid.worldbank.org/ICSID/Index.jsp (13.04.2010).

[25] Sur la problématique du traitement de la corruption par l'arbitrage international, voir en particulier : FRANÇOIS KNOEPFLER, « Corruption et arbitrage international », in : IVAN CHERPILLOD et al., *Les contrats de distribution. Quelques aspects juridiques*, Publication CEDIDAC 38, Lausanne 1998, pp. 357-379 ; TIMOTHY MARTIN, « *International Arbitration and Corruption : An Evolving Standard* », http://www.timmartin.ca/fileadmin/user_upload/pdfs/Corruption_and_Intn_l_Arbitration_Apr2003_.pdf (13.04.2010; version précédente de l'article publiée dans : *International Energy and Mineral Arbitration*, Mineral Law Series, Volume 2002, no 2, printemps 2002) ; ABDULHAY SAYED, *Corruption in International Trade and Commercial Arbitration*, La Haye 2004, Kluwer Law International ; MATTHIAS SCHERER, « Circumstantial evidence in corruption cases before international arbitral tribunal », *International Arbitration Law Review*, volume 5, Issue 2, 2002, Sweet & Maxwell, pp. 29-40, http://www.lalive.ch/files/msc_circumstantial_evidence_in_corruption2.pdf (13.04.2010).

[26] La qualification permet d'identifier le rapport de base en cause.

particulier quand un intermédiaire intervient. Les prestations occultes peuvent se mélanger à celles qui sont déclarées. Par exemple, le courtier touche une commission pour son activité légalement déployée, mais aussi pour corrompre l'*intraneus*. Convient-il de distinguer les deux prestations et de procéder à une qualification indépendante de l'acte juridique correspondant au comportement corrupteur ? PHILIPPE REYMOND, à juste titre, s'oppose à un tel *splitting* du contrat. Il souligne notamment que la distinction entre les prestations licites et celles qui ne le sont pas s'avère en général très difficile à établir et qu'un partage heurterait le principe reconnu en droit international de l'unité du statut contractuel[27].

Selon la jurisprudence du Tribunal fédéral, la qualification doit être opérée selon la loi du for (*lex fori*), c'est-à-dire celle de l'État dont le tribunal est saisi ou pourrait l'être[28]. Les parties chercheront en général à délocaliser et à abriter leurs relations juridiques, en désignant le for et le droit applicable qui présentent le moins de risques pour elles. Si les États ratifient et appliquent effectivement la Convention des Nations Unies contre la corruption, le recours au *forum shopping* pour favoriser l'emploi de pots-de-vin devrait toutefois s'avérer de moins en moins profitable. En tous les cas, le principe de la qualification *lege fori* s'applique, même si les parties ont choisi un droit comme le permet l'article 116 alinéa 1 LDIP. C'est également au droit du for qu'il faut se référer pour qualifier la clause d'élection de droit elle-même, qui est ensuite soumise au droit matériel applicable (*lex causae*), selon l'article 116 alinéa 2, 2e phrase LDIP[29].

4.2.2 L'élection de droit et les règles de conflit

L'article 116 alinéa 1 LDIP prévoit que « le contrat est régi par le droit choisi par les parties ». Lorsque ces dernières n'ont pas fait usage de cette faculté, les règles de conflit du for le désignent. L'article 117 alinéa 1 LDIP stipule qu'« à défaut d'élection de droit, le contrat est régi par le droit de l'État avec lequel il présente les liens les plus étroits ». Selon le deuxième alinéa de la même disposition, « ces liens sont réputés exister avec l'État dans lequel la partie qui doit fournir la prestation caractéristique a sa résidence habituelle ou, si le contrat est conclu dans l'exercice d'une activité professionnelle ou commerciale, son établissement ». Dans les contrats

---

27 PHILIPPE REYMOND, « Trafic d'influences et contrats de distribution : quelques aspects de droit international privé », in : Ivan Cherpillod et al. (édit), *Les contrats de distribution. Quelques aspects juridiques*, Publication CEDIDAC 38, Lausanne 1998, pp. 316-317.

28 Voir par exemple l'ATF 128 III 295, 298 consid. 2a.

29 PHILIPPE REYMOND, *op. cit.*, p. 319.

synallagmatiques qui opposent une prestation en nature à une autre en argent, c'est la première qui est considérée comme caractéristique[30]. Par conséquent, la prestation caractéristique du contrat de pot-de-vin correspond à l'acte, en relation avec son activité au service du partenaire, que l'*intraneus* est censé omettre ou exécuter. Le droit applicable à cette relation est celui de la résidence habituelle ou de l'établissement du corrompu.
La règle de l'article 117 alinéa 2 LDIP peut parfois aboutir à la désignation accidentelle et aléatoire d'un ordre juridique. En matière de corruption publique, la corruption au sens de l'article 322^septies^ CPS met en danger l'objectivité et l'impartialité de l'activité publique[31]. C'est par conséquent le droit de l'État au service duquel œuvre le corrompu qui devrait prioritairement s'appliquer. Que la corruption soit publique ou privée, quels que soient les établissements et résidences habituelles des différents protagonistes, le lien le plus étroit est celui créé par l'exécution ou l'omission, par l'*intraneus*, de l'acte visé, c'est-à-dire par l'accomplissement de sa prestation, positive ou négative, pour utiliser un langage plus civiliste. Il est également tout à fait défendable de soutenir qu'il existe un lien très étroit avec le lieu de résidence ou d'établissement de l'*extraneus*, le processus de corruption dépendant de manière générale autant de la demande que de l'offre. De telles solutions sont non seulement souhaitables, mais légalement envisageables même si l'application de l'article 117 alinéa 2 LDIP aboutissait à une autre solution, car cette disposition ne pose qu'une présomption réfragable[32]. Le cas échéant, le critère de rattachement de la résidence habituelle ou de l'établissement du débiteur de la prestation caractéristique peut se voir écarté au profit d'un ordre juridique présentant un lien plus étroit avec la cause. La présomption peut être renversée sans que les conditions de l'article 15 LDIP soient réunies et sans que les conditions d'une élection de droit implicite, au sens de l'article 116 alinéa 2 LDIP, ne soient remplies[33].

En matière d'arbitrage international, l'article 187 alinéa 1 LDIP prévoit que « le tribunal arbitral statue selon les règles de droit choisies par les parties ou, à défaut de choix, selon les règles de droit avec lesquelles la cause présente les liens les plus étroits ». Cette disposition, qui ne concerne

---

[30] BERNARD DUTOIT, *Droit international privé suisse. Commentaire de la loi fédérale du 18 décembre 1997*, 4e édition, Bâle 2005, Helbing & Lichtenhahn, N. 7 *ad* art. 117 LDIP, p. 391.
[31] BERTRAND PERRIN, *op. cit.*, p. 96.
[32] BERNARD DUTOIT, *op. cit.*, N. 5 *ad* art. 117 LDIP, p. 391.
[33] PHILIPPE REYMOND, *op. cit.*, p. 327.

que le droit applicable à la décision au fond, consacre une règle de conflit de lois qui entraîne la mise entre parenthèses de toutes les autres règles de la LDIP, à l'exception du chapitre 12 consacré spécifiquement à l'arbitrage international (et du chapitre 13 relatif aux dispositions finales)[34]. Toutefois, selon nous, ici aussi, le tribunal arbitral, à défaut de droit choisi par les parties, devrait prendre en compte les règles que nous venons de dégager dans le cadre de l'analyse de l'article 117 LDIP pour déterminer les règles de droit[35] avec lesquelles la cause présente les liens les plus étroits.

4.2.3 La validité du contrat de pot-de-vin

La validité du contrat de pot-de-vin doit être examinée au regard du droit élu par les parties ou désigné par les règles de conflits du for. Selon la conception juridique suisse, les promesses de versement de pots-de-vin sont illicites, et par conséquent nulles, en vertu des articles 19 alinéa 2 et 20 alinéa 1 CO, en raison du vice affectant leur contenu ; elles contreviennent également à l'ordre public international[36]. Un contrat contient un objet illicite lorsqu'il viole une norme de droit suisse. Sont déterminantes les normes impératives de droit privé et les règles d'ordre public, en particulier celles de droit pénal[37]. Dans la mesure où le pot-de-vin est lié à une corruption correspondant aux éléments constitutifs de l'un des articles réprimant la corruption (art. 322ter à 322^{septies} CPS ou art. 4a LCD) ou d'une autre disposition pénale, il s'avère illicite. La nullité de l'accord est alors initiale et absolue[38]. Le contrat de pot-de-vin peut également être considéré comme nul parce que contraire aux bonnes mœurs (art. 19 al. 2 et 20 al. 1 CO)[39].

Est-ce que les principes généraux, en particulier la référence aux bonnes mœurs, doivent être appliqués de manière différenciée lorsque le droit suisse s'applique à des rapports internationaux ? ANNE HÉRITIER considère que la validité d'un accord de pots-de-vin devrait être admise lorsque la loi étrangère le prévoit expressément[40]. Comme PHILIPPE REYMOND, nous ne

[34] BERNARD DUTOIT, *op. cit.*, N. 1 *ad* art. 187 LDIP, p. 656.

[35] L'article 187 LDIP vise les « règles de droit » (et non pas le « droit ») choisies par les parties, celles-ci n'étant pas limitées au choix d'un droit étatique précis (BERNARD DUTOIT, *op. cit.*, N. 5 ad art. 187 LDIP, p. 657).

[36] ATF 119 II 380, 384-385 consid. 4b.

[37] PIERRE TERCIER, *op. cit.*, p. 243.

[38] Si le pot-de-vin a déjà été octroyé, pour la question de la répétition, voir : PIERRE TERCIER, *op. cit.*, pp. 253-255.

[39] PIERRE TERCIER, *op. cit.*, p. 245.

[40] ANNE HÉRITIER, *Les pots-de-vin*, Genève 1981, Georg, p. 123.

pouvons suivre l'auteure précitée, qui semble admettre la compatibilité avec l'ordre public international d'une législation contraire aux bonnes mœurs, en raison de son extranéité. La législation d'un État qui autoriserait ses agents à percevoir des pots-de-vin ne saurait blanchir « officiellement » ce processus contraire aux mœurs. La réserve de l'ordre public (art. 17 LDIP) a précisément pour vocation d'empêcher de telles pratiques qui heurtent la moralité du commerce international[41]. De plus, avec le développement des conventions internationales et plus particulièrement avec la mise en œuvre de la Convention des Nations Unies contre la corruption qui devrait contribuer grandement à l'élaboration d'un standard minimal universel, une telle tolérance devrait devenir de plus en plus rare. Nous pouvons même raisonnablement admettre qu'elle n'existe plus. En effet, ce sont les sources du droit qui sont déterminantes et pas la manière dont les autorités locales l'appliquent, quelquefois de manière laxiste. Or, nous constatons à l'heure actuelle un large consensus dans les ordres juridiques des États de droit pour condamner la corruption. D'une manière plus générale encore, nous ne connaissons pas de régimes politiques qui ne s'opposent pas à elles, en tout cas formellement. En conclusion, si le juge suisse est appelé à examiner la validité d'un contrat de pot-de-vin soumis au droit d'un État étranger tolérant de telles pratiques – si tant est qu'une telle situation existe – il ne pourra que sanctionner également l'acte juridique de nullité, en vertu de l'ordre public suisse et international. Cette solution s'impose même si la conclusion de contrats dans le pays concerné s'avère quasiment impossible sans recourir à la corruption[42].

Lorsque le contrat de pot-de-vin est couplé à un autre, par exemple un contrat d'agence et par conséquent que les prestations convenues recouvrent partiellement une activité licite, mais dissimulent un contrat contraire qui ne l'est pas, l'acte simulé est nul faute de volontés concordantes et le contrat dissimulé est nul pour immoralité ou illicéité. La simulation s'examine selon les règles du for. De plus, l'interdiction de la simulation est une disposition

---

[41] PHILIPPE REYMOND, *op. cit.*, pp. 336-337. La réserve d'ordre public est « le moyen ultime qui permet au juge soit d'évincer une loi étrangère normalement applicable, soit de refuser de donner effet au for à une décision étrangère ou à une situation régulièrement créée à l'étranger » (FRANÇOIS KNOEPFLER, PHILIPPE SCHWEIZER, SIMON OTHENIN-GIRARD, *op. cit.*, N. 350, p. 173). L'article 17 LDIP stipule que « l'application de dispositions du droit étranger est exclue si elle conduit à un résultat incompatible avec l'ordre public suisse ».

[42] PHILIPPE REYMOND, *op. cit.*, pp. 332 – 333.

impérative du droit suisse, au sens de l'article 18 LDIP, qui doit être examinée d'office[43].

4.3 Le contrat subséquent

4.3.1 Le droit applicable

Les règles des articles 116 et 117 LDIP s'appliquent également au contrat subséquent. Il est donc soumis au droit désigné par les parties ou, à défaut d'élection de droit, à celui de l'État de l'établissement ou de la résidence habituelle du débiteur de la prestation caractéristique, le vendeur par exemple. Ce droit régit les conditions de la validité, les vices de la volonté et les conditions d'annulation ou de résiliation notamment[44]. Le contrat subséquent est régi de manière indépendante du contrat de pot-de-vin[45].

Le contrat entre le corrupteur et un éventuel intermédiaire est soumis au droit de l'État de la résidence habituelle ou de l'établissement du prestataire de service, la localisation de ce rapport juridique n'ayant en principe non plus pas d'incidence sur le droit applicable au contrat de base, sous réserve de l'application de dispositions exceptionnelles (art. 15 et 19 LDIP)[46]. La prestation caractéristique est celle de l'aliénateur dans les *contrats d'aliénation* et la prestation de service dans le *mandat*, le *contrat d'entreprise* et *d'autres contrats de prestation de service* (article 117 alinéa 3 lettres a et c LDIP). Le *contrat de vente mobilière* relève de l'article 118 LDIP (Convention de La Haye du 15 juin 1955 sur la loi applicable aux

---

[43] PHILIPPE REYMOND, *op. cit.*, pp. 337-338. L'article 18 LDIP précise que « sont réservées les dispositions impératives du droit suisse qui, en raison de leur but particulier, sont applicables quel que soit le droit désigné par la présente loi ».

[44] PHILIPPE REYMOND, op. cit., p. 340.

[45] *Contra* : ANNE HÉRITIER, *op. cit.*, p. 123, qui propose d'appliquer au contrat de base le droit de l'État de l'établissement ou de la résidence habituelle du corrompu. PHILIPPE REYMOND, considère au contraire, à juste titre selon nous, qu'il convient de s'en tenir aux règles de conflits ordinaires de la *lex fori* (PHILIPPE REYMOND, *op. cit.*, pp. 329-330).

[46] PHILIPPE REYMOND, *op. cit.*, p. 326. L'article 15 alinéa 1 LDIP prévoit que « le droit désigné par la présente loi n'est exceptionnellement pas applicable si, au regard de l'ensemble des circonstances, il est manifeste que la cause n'a qu'un lien très lâche avec ce droit et qu'elle se trouve dans une relation beaucoup plus étroite avec un autre droit ». L'article 19 alinéa 1 LDIP établit que « lorsque les intérêts légitimes et manifestement prépondérants au regard de la conception suisse du droit l'exigent, une disposition impérative d'un droit autre que celui désigné par la présente loi peut être prise en considération, si la situation visée présente un lien étroit avec ce droit ».

ventes à caractère international d'objets mobiliers corporels[47]), tandis que les *contrats de vente et les donations immobilières* sont traités à l'article 119 LDIP. Le *contrat de commission* relève du droit de l'État de la résidence habituelle ou de l'établissement du commissionnaire. Le *contrat de courtage* relève du droit de l'État de la résidence habituelle ou de l'établissement du courtier. Le *contrat d'entreprise* relève du droit de l'État de la résidence habituelle (ou de l'établissement) de l'entrepreneur, même s'il s'agit d'un ouvrage à exécuter sur un bien-fonds (les contrats de livraison d'objets mobiliers corporels à fabriquer ou à produire sont soumis à la Convention de La Haye du 15 juin 1955 sur la loi applicable aux ventes à caractère international d'objets mobiliers corporels, précitée, selon son article 1 alinéa 3, « lorsque la partie qui s'oblige à livrer doit fournir les matières premières nécessaires à la fabrication ou à la production »). Le *contrat de mandat* relève du droit de l'État de la résidence habituelle ou de l'établissement du mandataire. Il en va de même pour les *contrats d'architecte, d'entrepreneur général ou d'engineering* qu'il sied de traiter, en droit international privé, de façon identique au mandat. Il faudra donc appliquer le droit de l'État de résidence habituelle ou de l'établissement de l'architecte, de l'entrepreneur général ou du constructeur[48].

Lorsque le droit suisse est désigné dans le cadre de l'arbitrage, son application ne doit pas être différente parce qu'il est intégré dans un autre cadre relationnel. Certains souhaiteraient « que l'on opère quelques distinguos subtils selon le contexte dans lequel le droit suisse est appliqué et inviter les arbitres, choisis par les parties, à trancher sur les seuls fondements du contrat qu'elles se sont données et des règles dispositives qui le complètent »[49]. L'arbitrage international représente un mode institutionnel ordinaire de résolution des conflits internationaux. Il ne faut donc pas attendre des arbitres qu'ils appliquent un droit modifié.

4.3.2 La validité du contrat subséquent

Le Tribunal fédéral distingue clairement le contrat de pot-de-vin du contrat subséquent, c'est-à-dire celui pour la conclusion duquel le pot-de-vin a été octroyé. Le contrat de base n'est pas nul, car son contenu n'est pas vicié[50]. La découverte du comportement corrupteur n'a donc pas nécessairement pour corollaire sa remise en cause.

---

[47] RS 0.221.211.4.

[48] BERNARD DUTOIT, *op. cit.*, N. 11 ss, *ad* art. 117 LDIP, pp. 393 ss.

[49] PIERRE TERCIER, *op. cit.*, p. 238.

[50] ATF 119 II 380, 385 consid. 4c.

Sa validité peut d'abord être contestée en s'appuyant sur les règles en matière de représentation sans pouvoir. L'*intraneus* a conclu le contrat en qualité de pseudo-représentant du partenaire. Le corrompu-représentant agit sans pouvoirs, ou plus précisément au-delà de ceux-ci. Le contrat ne lie le partenaire que s'il le ratifie, conformément à l'article 38 alinéa 1 CO. S'il ne le fait pas, le contrat n'est pas conclu[51]. L'article 126 alinéa 1 LDIP soumet en principe les rapports entre le représenté et son représentant au droit applicable au contrat dont les pouvoirs sont issus. C'est par contre le droit de l'État de l'établissement du représentant ou celui de l'État où l'activité de celui-ci est exercée, qui régit les conditions et les effets de la représentation à l'égard de tiers, ainsi que les rapports entre le représentant sans pouvoir et le tiers (art. 126 al. 2 et 4 LDIP ; voir aussi art. 126 al. 3 LDIP en cas de contrat de travail, sans établissement commercial propre du représentant). La représentation d'une personne morale est régie quant à elle par le droit applicable à la société (art. 155 let. i LDIP). Toutefois, les restrictions du pouvoir de représentation ne peuvent être opposées au cocontractant si elles sont inconnues du droit de l'État de son établissement ou de sa résidence habituelle, à moins qu'il les ait connues ou qu'il ait dû les connaître (art. 158 LDIP). « Ainsi, lorsque le représentant corrompu exerce son activité dans un autre État que celui de l'établissement de son employeur ou mandant, ce dernier ne pourra pas se prévaloir des règles de son droit à l'encontre du corrupteur. De même, il ne sera pas en mesure d'opposer les restrictions du pouvoir de représentation de ses organes ou employés découlant du droit des sociétés, si elles sont inconnues du droit de l'État du corrupteur. Ces règles relativisent parfois l'intérêt de l'acheteur à recourir aux règles sur la représentation pour se dégager du contrat principal »[52].

Le contrat de base peut être annulé par le partenaire en application des règles sur les vices du consentement, en particulier l'erreur essentielle (art. 24 al. 1 ch. 4 CO) ou le dol (art. 28 CO)[53]. Ces règles ne semblent toutefois pas d'ordre public[54]. Dans le premier cas, l'entité au service de laquelle œuvre l'*intraneus* pourra plaider l'ignorance du rapport de corruption. Pour elle, en effet, ne pas recourir à ce type de comportements représente un élément nécessaire du contrat. Le dol peut quant à lui émaner du cocontractant (art. 28 al. 1 CO) ou d'un tiers (art. 28 al. 2 CO). Dans cette dernière hypothèse, il faut alors que le cocontractant ait su ou dû savoir

---

[51] PIERRE TERCIER, *op. cit.*, pp. 255-257.
[52] PHILIPPE REYMOND, *op. cit.*, p. 345.
[53] PIERRE TERCIER, *op. cit.*, pp. 258-262.
[54] PHILIPPE REYMOND, *op. cit.*, p. 340.

qu'un tiers avait trompé l'autre partie et l'avait ainsi amenée à conclure le contrat. Cette dernière condition est remplie si l'*extraneus* a incité l'*intraneus* à agir en sa faveur par une tromperie. « La corruption représente un cas particulier de dol par omission. Si une partie corrompt un employé pour obtenir la conclusion d'un contrat, elle essaiera aussi de cacher ses manœuvres frauduleuses à l'autre partie contractante. Certes, c'est l'employé qui a créé l'erreur dans laquelle se trouve l'employeur, mais c'est la partie qui a corrompu l'employé qui en profite. En omettant d'éclaircir la situation, elle commet un dol. »[55]

Le contrat de base pourrait aussi se voir invalidé en application de l'article 21 CO relatif à la lésion. Toutefois, il semble peu probable qu'aussi bien la condition objective de la disproportion évidente entre les prestations promises que celle, subjective, de l'exploitation de la faiblesse de l'autre partie puissent être réalisées dans un cas d'espèce.

PIERRE TERCIER propose, lorsque les circonstances qui ont entouré la conclusion du contrat sont contraires aux mœurs ou aux lois, de reconnaître que le contrat peut lui-même être remis en cause par celle des parties qui en a été victime, indépendamment du contenu du contrat[56]. Nous ne pouvons que souscrire à cette conception qui s'inscrit pleinement dans le contexte de lutte contre la corruption de ces dernières années et qui a abouti dans notre pays à l'adoption de trois conventions importantes et de modifications substantielles dans le Code pénal. Il conviendrait par conséquent, en droit privé, de conclure à l'annulabilité[57] des actes juridiques en lien avec un comportement corrupteur.

Conclusion

La lutte contre la corruption transnationale en Suisse ne peut s'envisager que de manière holistique. Le droit pénal doit assurer sa fonction de prévention générale et punir les comportements qui mettent en péril l'indispensable impartialité de l'activité publique ou la saine concurrence. Les règles de la LDIP permettent théoriquement d'aboutir à la désignation de

[55] BRUNO SCHMIDLIN, in : LUC THEVENOZ, FRANZ WERRO (édit.), *Commentaire romand. Code des obligations I*, Bâle 2003, Helbing & Lichtenhahn, N. 13 *ad* art. 28 CO, p. 180.

[56] PIERRE TERCIER, *op. cit.*, p. 265.

[57] La nullité représenterait une sanction inadéquate. En effet, le partenaire peut ne pas se trouver prétérité par la conclusion du contrat de base et souhaiter par conséquent le maintenir, en particulier lorsque la prestation fournie s'avère malgré tout de bonne qualité, à un prix qui n'est pas surfait.

la loi qui entretient avec la cause les liens les plus étroits. Lorsque le droit suisse s'applique, le contrat de pot-de-vin est frappé de nullité et le contrat subséquent peut être annulé par le partenaire s'il estime notamment que l'accord passé avec le corrupteur, ou l'entité que celui-ci représente, lui est préjudiciable. Les droits pénal et civil permettent donc de sanctionner de manière globale le processus corrupteur.

Il est nécessaire d'œuvrer pour une harmonisation des règles au niveau international et une coordination des efforts. La délocalisation du processus corrupteur pour bénéficier de normes plus permissives est un procédé qui devrait s'avérer de plus en plus inefficace avec la mobilisation internationale intensive qui a caractérisé ces quinze dernières années. Toutefois, les traités n'ont de valeur que s'ils sont appliqués partout avec la même rigueur. La Convention des Nations Unies contre la corruption, de par son caractère mondial, représente un sérieux espoir d'aboutir à l'élimination de différences dans la prévention et la répression, qui ne profitent qu'à ceux qui utilisent la corruption pour asseoir leur pouvoir ou éliminer leurs concurrents. Si nous voulons que les promesses d'aujourd'hui deviennent les réussites de demain, il faudra s'assurer d'un mécanisme permettant de vérifier la mise en œuvre effective des règles adoptées.

3. Infractions contre le patrimoine et délinquance en entreprise

La jurisprudence récente du Tribunal fédéral en matière de protection pénale du patrimoine

URSULA CASSANI
Professeure, Université de Genève et avocate

Introduction

Les infractions patrimoniales forment un domaine classique du droit pénal, balisé par une longue élaboration dogmatique depuis le 19ème siècle. La plupart des concepts ont donc été clarifiés, beaucoup de questions de principe tranchées voici fort longtemps. De manière prévisible, la présente analyse de quelques arrêts récents du Tribunal fédéral relève donc du pointillisme bien plus que de la fresque.

Le principal constat est celui de l'importance – louable – de la place accordée aux principes fondamentaux régissant le droit répressif en général et la protection pénale du patrimoine en particulier : le principe de la légalité et celui de l'économie du droit pénal qui se traduit notamment par la subsidiarité des sanctions répressives vis-à-vis des mécanismes offerts par le droit civil ou administratif.

Pour le surplus, la jurisprudence récente recèle quelques rappels importants, notamment sur la structure de la protection pénale dans le domaine patrimonial et la systématique des infractions, un revirement de jurisprudence et quelques surprises.

I. Infractions d'appropriation (articles 137 – 140 CP) : « *Back to basics* »

A. Délimitation entre l'appropriation illégitime et le vol (articles 137 et 139 CP) : notion de soustraction

L'ATF 132 IV 108 (SJ 2006 I 277) élucide la notion de soustraction, qui permet de distinguer le vol (article 139 CP) de l'appropriation illégitime (article 137 CP) et qui suppose que la maîtrise de la victime sur la chose soit brisée par l'auteur.

L'affaire soumise au Tribunal fédéral concerne l'utilisation d'un distributeur automatique de billets de banque. Voulant retirer de l'argent à un bancomat, une cliente a introduit sa carte de retrait et introduit son NIP. Croyant par erreur que le distributeur était en panne, elle s'est éloignée de la zone de l'appareil, sans retirer d'argent. En réalité, l'argent a été expulsé par l'automate peu après, et l'utilisateur suivant se l'est approprié. La cliente ne s'est aperçue de son erreur que bien plus tard, en recevant son relevé montrant que son compte avait été débité.

La cour cantonale a conclu, à tort, à la réalisation de l'infraction de vol. En effet, la cliente s'étant éloignée de l'appareil, les billets ne sont pas tombés dans sa sphère de maîtrise, de sorte qu'une soustraction vis-à-vis d'elle était impossible. Quant à la banque, elle a perdu la maîtrise des billets à partir du moment où ceux-ci ont été expulsés par le distributeur. Une soustraction vis-à-vis de la banque était, par conséquent, également à exclure. L'affaire a été renvoyée à l'autorité cantonale, à charge pour elle de vérifier si l'application de l'article 137 CP était encore possible sous l'angle procédural.

On notera au passage qu'au regard de ces considérants, la personne dont les biens juridiques ont été lésés n'est pas celle qui semble avoir été considérée comme victime de l'infraction jusque-là. En effet, bien que l'arrêt ne le précise pas, il faut admettre, compte tenu du raisonnement du Tribunal fédéral sur la maîtrise, que la propriété n'a pas été transférée à la cliente, de sorte que l'infraction a été commise au préjudice de la banque, qui n'a pas fait déréliction des billets. Que la banque ait débité le compte de sa cliente ne change rien au fait que la propriété lésée est celle de la banque. Nous ignorons la suite donnée à cette affaire après son renvoi aux autorités cantonales.

B. Délimitation entre l'abus de confiance d'une chose mobilière et le vol (article 138 ch. 1 al. 1 et article 139 CP) : co-maîtrise

L'arrêt du 12 juin 2008 (6B_33/2008) met en jeu la ligne de démarcation entre le vol et l'abus de confiance. L'auteur avait vendu une voiture, achetée en commun avec une autre personne, et gardé pour lui le prix de vente. Sans se prononcer sur le fond, faute d'un état de fait suffisamment détaillé, le Tribunal fédéral analyse la question délicate de la distinction entre le vol et l'abus de confiance dans les situations de co-maîtrise. Pour la doctrine majoritaire, seul un auteur disposant de la maîtrise exclusive sur la chose peut accomplir un abus de confiance, de sorte qu'en cas de co-maîtrise, seul l'article 139 CP est applicable. Le Tribunal fédéral rappelle sa jurisprudence, critiquée, rendue sous l'empire de l'ancien article 140 chiffre 1 alinéa 1 CP, selon laquelle il convient de distinguer entre co-maîtrise coordonnée et subordonnée. En cas de co-maîtrise coordonnée ou égalitaire, le juge doit examiner si le comportement illicite de l'auteur est mieux caractérisé par l'éviction ou par la rupture du rapport de confiance ; dans le premier cas, il y aura vol (article 139 CP) et dans le second, abus de confiance (article 138 ch. 1 al. 1 CP). En cas de co-maîtrise subordonnée, en revanche, seul l'article

139 CP s'applique lorsque celui qui est en situation d'infériorité enlève la chose à son co-détenteur.

C. Délimitation entre le vol et le brigandage (articles 139 et 140 CP) : notion de violence

L'ATF 133 IV 207 traite de la délimitation entre vol et brigandage en cas d'arrachage d'un sac à main. L'intensité de la violence nécessaire à la réalisation de l'infraction est à apprécier en fonction de la résistance que peut concrètement opposer la victime. La notion de violence est interprétée extensivement en droit suisse. Le simple fait de serrer brièvement le bras, de bousculer légèrement la victime ou de saisir la poche arrière doit être considéré comme insuffisant. Si l'auteur emploie l'astuce ou la surprise, l'élément de violence fait défaut et l'article 140 alinéa 1 CP ne s'applique pas. Par contre, si l'auteur vainc les résistances déployées par la victime (par exemple en arrachant un bien que la victime serrait contre elle), le brigandage doit être retenu. En effet, le législateur n'a voulu qualifier de simple vol que les cas les plus inoffensifs de vol « à l'arrachée ».

Dans le cas d'espèce, l'auteur, en voulant voler le sac à main de la victime, l'a fait tomber par terre et l'a traînée au sol jusqu'à ce que celle-ci lâche son sac. L'infraction de brigandage est réalisée, même si l'auteur n'avait pas l'intention de faire tomber la victime ni de la blesser.

D. Concours entre le brigandage et la prise d'otage (articles 140 et 185 CP)

L'ATF 133 IV 297 admet qu'il y a concours parfait entre la prise d'otage et le brigandage, lorsque l'auteur menace des personnes dont il croit qu'elles pourraient lui donner accès au bien convoité, afin qu'il puisse s'en emparer, et se rend en outre maître d'autres personnes, non impliquées, dans le même but (i.e. de contraindre les personnes qui sont susceptibles de lui donner accès au bien).

II. Trois pièces maîtresses de la protection pénale du patrimoine : l'escroquerie, l'abus de confiance d'une valeur patrimoniale et la gestion déloyale

A. Définition du rapport de confiance (article 138 ch. 1 al. 2 CP) et rapport entre l'abus de confiance et l'escroquerie (article 146 CP)

L'ATF 133 IV 21 prononce l'acquittement d'un auteur que les autorités cantonales avaient, dans un premier temps, condamné pour complicité d'escroquerie, puis, après un premier recours en cassation au Tribunal fédéral, pour abus de confiance qualifié. L'auteur jugé en Suisse (X.), gérant d'une fiduciaire, avait participé à un stratagème mis sur pied par trois Allemands (A., B. et C.), ayant offert par la voie d'annonces dans les médias leur intermédiation pour l'obtention de prêts bancaires. Le public cible était composé de personnes qui ne réussissaient pas à obtenir des crédits dans les banques allemandes. Les clients devaient signer un « mandat d'intermédiaire pour l'obtention d'une garantie bancaire » et un « mandat fiduciaire » et payer le montant dû (DM 200'000) sur le compte de la fiduciaire de X., en échange de quoi les trois compères allemands (dont un avocat) leur promettaient l'obtention d'une garantie bancaire par laquelle une banque italienne s'engageait de manière irrévocable à payer USD 49 millions exactement 5 ans après la date de la déclaration de garantie. Aucune sécurité n'a été demandée aux clients, aucune question indiscrète posée sur leur solvabilité. Les garanties bancaires obtenues se sont révélées des faux grossiers.

L'arrêt rappelle les raisons pour lesquelles l'escroquerie a été écartée faute d'astuce, l'autorité cantonale ayant décidé, sur renvoi du Tribunal fédéral, que les victimes auraient dû se protéger elles-mêmes. On notera tout de même qu'un certain nombre d'éléments, tels le recours à une fiduciaire suisse, la confiance que l'on est fondé à placer dans la profession d'avocat de l'un des coauteurs allemands, l'utilisation de faux, auraient pu faire pencher la balance dans l'autre sens. Cela illustre la fragilité de l'élément constitutif de l'astuce.

Cependant, l'ATF 133 IV 21 ne traite pas de l'astuce, mais de l'épisode suivant de ce feuilleton judiciaire, qui est consacré à la question de savoir si le comportement de X. peut être saisi comme abus de confiance d'une chose fongible. Le Tribunal fédéral répond par la négative. Certes, estime le Tribunal fédéral, pour qu'une valeur soit confiée, il suffit que l'auteur ait une possibilité factuelle d'en disposer ; peu importe aussi que la convention par laquelle la victime confie la valeur à l'auteur soit ou non juridiquement valable. Cependant, les versements de DM 200'000 par les clients étaient des prestations contractuellement promises dans un contrat bilatéral parfait et non des valeurs transférées à l'auteur avec l'obligation de les maintenir dans l'intérêt d'autrui et de les restituer. Or, c'est cette « *Werterhaltungspflicht* » qui caractérise le rapport de confiance. Enfin, ajoute le Tribunal fédéral, à supposer que X. ait été le représentant des clients lésés dans les rapports avec A., B. et C., la solution serait la même, car X. n'a fait qu'exécuter ce à quoi il s'est engagé, soit transférer l'argent à ceux-ci.

B. Abus de confiance (article 138 ch. 1 al. 2 CP) : notion de valeur confiée

1. L'arrêt du 2 novembre 2007 (6B_393/2007) a trait à un auteur qui s'était fait confier des sommes substantielles par des investisseurs, auxquels il avait promis une performance au-dessus de la norme, grâce à un commerce de garanties bancaires. En réalité, il avait eu dès le début l'intention d'utiliser ces sommes à ses propres fins. L'auteur a été reconnu coupable d'escroquerie par métier, d'abus de confiance et de blanchiment d'argent. Dans certains cas, l'autorité de recours cantonale avait exclu l'escroquerie, faute d'astuce, mais retenu l'abus de confiance. Le Tribunal fédéral approuve cette manière de voir, confirmant le fait qu'une valeur patrimoniale peut également être considérée comme confiée, lorsque l'auteur a incité la victime à la lui confier par la tromperie. Contrairement à l'escroquerie, l'abus de confiance n'est pas exclu en cas de faute concomitante de la victime. Le Tribunal fédéral souligne que cette interprétation n'est pas contraire à celle préconisée dans l'ATF 133 IV 21, où il était question d'une victime qui entendait rétribuer l'auteur pour ses services d'intermédiaire et non lui confier une somme d'argent.

2. Dans l'arrêt du 11 décembre 2007 (6B_329/2007), le Tribunal fédéral retient qu'un « acompte » payé à titre de « réservation » était, en réalité, une valeur confiée. L'auteur, contrôlant deux sociétés anonymes, avait conclu des contrats portant sur la vente future de terrains et la construction de villas individuelles. Au moment de la conclusion du contrat, les différents acheteurs ont versé un « acompte » à titre de « réservation » allant de CHF 10'000 à 20'000.-. Dans 88 cas, l'auteur a affecté ces montants au remboursement de dettes de ses sociétés et s'est révélé incapable de procurer aux « acheteurs » les contrats de vente immobilière et les contrats d'entreprise générale qu'il leur avait promis ou de leur rembourser leur « acompte ». L'*Obergericht* zurichois ayant retenu l'escroquerie dans quelques cas mais acquitté l'auteur du chef d'abus de confiance dans d'autres, le Tribunal fédéral renvoie l'affaire au juge cantonal, estimant que les sommes payées à titre d'« acompte » avaient été confiées à l'auteur. En effet, au contraire de l'*Obergericht*, qui avait retenu qu'il s'agissait de simples rétributions des prestations d'un courtier, le Tribunal fédéral admet que l'auteur était lié à ses clients par des contrats de mandat à titre gratuit et que les sommes versées lui avaient été remises pour qu'il les utilise dans le but convenu d'acomptes sur le prix de vente.

3. L'arrêt du 19 juin 2008 (6B_128/2008) permet au Tribunal fédéral de rappeler qu'une valeur patrimoniale est confiée dès lors qu'elle a été remise à l'auteur pour qu'il l'utilise dans l'intérêt d'autrui. Revenant sur une

vieille controverse, le Tribunal fédéral maintient sa jurisprudence selon laquelle il est suffisant que l'auteur puisse disposer des valeurs sans le concours de celui qui les lui confie. Dès lors, l'auteur qui reçoit une *procuration* sur un compte en banque lui permettant d'en disposer librement se voit confier cette créance.

C. Escroquerie (article 146 CP) : notion d'astuce

1. L'arrêt du 27 décembre 2007 (6B_481/2007), traite d'une vaste escroquerie à l'investissement, pour laquelle le Tribunal fédéral admet l'astuce alors même que la performance très élevée promise était très éloignée des conditions du marché. L'auteur avait amené des citoyens allemands à verser sur le compte de B., docteur en droit, des sommes qu'il prétendait investir dans des programmes de la réserve fédérale américaine (FED). Les investisseurs étaient assurés d'une performance exceptionnelle (50%-100%) et d'une sécurité qui l'était tout autant, puisqu'il leur était expliqué que la banque s'était engagée vis-à-vis de la FED à bloquer l'argent sur le compte pendant la durée du placement. Le Tribunal fédéral confirme le caractère astucieux de la tromperie, du fait que les auteurs avaient créé une construction de mensonges difficilement vérifiable pour des investisseurs peu expérimentés, en exploitant la bonne réputation du Dr. B. et en prétendant que la participation à ce programme d'investissement était un privilège qui devait rester confidentiel, décourageant ainsi les vérifications.

A noter que dans un cas, l'investisseur était versé dans les affaires, de sorte que l'autorité cantonale déjà avait écarté l'astuce et retenu l'abus de confiance.

2. L'arrêt rendu par le Tribunal fédéral le 27 mai 2008 (6B_101/2008) retient également une *interprétation large de la notion d'astuce*. Seule la négligence crasse de la victime permet d'écarter l'astuce, et non la simple négligence.

En l'espèce, l'auteur avait conclu avec le garage A. un contrat portant sur la vente d'une voiture neuve qui n'était pas encore livrable et qu'il n'avait aucune intention réelle d'acheter. Il a ainsi créé un rapport de confiance, sur la base duquel le garage lui a loué sans autres vérifications une autre voiture, tout en annotant une clause d'interdiction de changement de détenteur dans le livret de la voiture. Par des manœuvres impliquant des faux, l'auteur a réussi à faire radier cette annotation et a disposé de la voiture. Le Tribunal fédéral estime que le garage a fait preuve de négligence, mais que celle-ci est trop légère pour que l'astuce soit exclue.

L'astuce est également retenue dans un autre cas, dans lequel l'auteur avait commandé des quantités importantes de vin, dont il a obtenu la livraison après avoir falsifié un récépissé postal prouvant le paiement du prix, qu'il a faxé à son cocontractant. Le récépissé postal étant communément reconnu dans le monde des affaires comme une preuve de paiement, dont la validité ne saurait être remise en cause que dans des circonstances particulières, il ne peut être reproché à la victime qui admet la validité dudit document d'avoir fait preuve de négligence.

Enfin, l'astuce est retenue dans un troisième cas, dans lequel l'auteur a, avec ses coauteurs, tenté en vain d'amener une personne à lui confier CHF 800'000 pour un investissement dont il promettait de tripler la valeur en deux semaines. Même dans des cas où la tromperie repose sur des mensonges plutôt grossiers (« *eher plump* »), le caractère astucieux de la tromperie peut subsister, si les auteurs se sont grandement investis afin de faire paraître les informations comme vraies et si les machinations ne sont pas immédiatement reconnaissables comme telles pour la victime.

Cf. aussi l'arrêt sous chiffre II A ci-dessus.

D. Escroquerie triangulaire (article 146 CP)

L'ATF 133 IV 171 évoque l'escroquerie par métier commise dans un rapport triangulaire, tout en traitant aussi d'autres questions épineuses, telles que la compétence territoriale du juge suisse et le for pour l'action civile jointe.

Dans une affaire complexe mettant en jeu un grand nombre d'infractions, se posait la question de savoir si le Tribunal cantonal pouvait retenir l'escroquerie, alors que la dupe ayant disposé du patrimoine d'autrui n'avait pas été auditionnée. Le Tribunal fédéral rappelle que l'escroquerie peut être commise dans un rapport triangulaire, à condition que la dupe soit responsable du patrimoine du lésé et puisse en disposer effectivement. Lorsque c'est le cas, il y a escroquerie commise par l'escroc agissant comme auteur direct et non par action médiate, comme l'avait retenu l'autorité cantonale. A défaut d'un pouvoir de disposition factuel de la dupe sur le patrimoine lésé, c'est le vol par action médiate qui entre en considération (ce qui toutefois n'est pas pertinent pour le cas d'espèce puisque l'élément patrimonial obtenu est une créance). En l'occurrence, un tel pouvoir de disposition existait bien, de sorte que la dupe aurait dû être auditionnée.

L'arrêt retient aussi qu'en cas d'escroquerie par métier, la compétence du juge suisse (article 7 aCP ; article 8 CP) doit être vérifiée pour chaque acte séparément, étant précisé que la commission sur sol suisse de manœuvres postérieures à l'acte de disposition ne peut être prise en considération. Enfin, le Tribunal fédéral confirme que l'action civile jointe peut être introduite au for de l'action pénale, nonobstant l'absence de dispositions expresses dans la LDIP.

E. Escroquerie (article 146 CP) et atteinte astucieuse aux intérêts pécuniaires d'autrui (article 151 CP) : principe de la « *Stoffgleichheit* »

Dans l'affaire qui fait l'objet de l'ATF 134 IV 210, l'auteur, qui avait obtenu une voiture en leasing, a faussement annoncée cette dernière comme volée. Il a ensuite déclaré le vol à l'assurance, qui a indemnisé la société de leasing ; de son côté, il a été libéré du paiement des mensualités, conformément aux termes du contrat de leasing.

Revenant sur une vieille controverse en droit pénal, le Tribunal fédéral estime que la condition de la « *Stoffgleichheit* » (par quoi on entend l'exigence d'unité de matière entre l'appauvrissement de la victime et l'enrichissement souhaité par l'auteur) fait défaut, de sorte que l'article 146 CP est inapplicable. Seul entre, dès lors, en considération l'article 151 CP (atteinte astucieuse aux intérêts pécuniaires). A noter que le principe de la « *Stoffgleichheit* », nié dans l'ATF 84 IV 91, a été réinstauré par la Cour de cassation du Tribunal fédéral (ATF 119 IV 210), mais rejeté subséquemment par sa 2ème Chambre de droit public en matière d'entraide (ATF 122 II 422). En réaffirmant l'importance de l'exigence de l'unité de matière pour la construction de l'escroquerie, le Tribunal fédéral opère donc un nouveau revirement de jurisprudence.

Si l'on peut suivre le Tribunal fédéral sur ce terrain et admettre que la construction dogmatique de l'escroquerie comme infraction réprimant un transfert patrimonial indu (« *Vermögensverschiebungsdelikt* ») exige cette limitation que la lettre de l'infraction n'exprime pas de manière impérative, l'arrêt ne parvient pas pour autant à convaincre. D'une part, le texte clair de l'article 151 CP exige que l'auteur n'ait pas de dessein d'enrichissement illégitime, ce qui n'était pas le cas en l'espèce. On aurait donc, pour le moins, attendu une argumentation permettant d'aboutir à la conclusion que le sens véritable de l'article 151 CP va au-delà de sa lettre, et que la disposition s'applique aussi lorsque l'auteur ne réalise pas la condition d'absence de dessein d'enrichissement illégitime, cet élément constitutif négatif ayant pour seul but d'exprimer le caractère subsidiaire de l'article 151 CP par rapport à l'article 146 CP. Cette problématique n'est pas évoquée dans l'arrêt.

Cependant, l'arrêt paraît critiquable sous un autre angle encore. En effet, au regard de la lettre de l'article 146 CP et de toutes les autres infractions contenant le même élément constitutif subjectif, l'auteur a un dessein d'enrichissement illégitime lorsqu'il agit pour s'enrichir lui-même *ou* pour enrichir *un tiers* de manière contraire au droit. Or, en trompant l'assurance, l'auteur a voulu enrichir la société de leasing du montant de l'indemnité, dans le but d'amener celle-ci à abandonner ses prétentions envers lui. En effet, en prétendant, vis-à-vis de la société de leasing, que la voiture avait été volée et qu'il lui était donc impossible de la restituer le moment venu, l'auteur a commis un abus de confiance au préjudice de cette société. Certes, il ne ressort pas de l'arrêt quand et de quelle manière l'auteur a disposé de la voiture, par exemple en la vendant à un tiers. Ce nonobstant, l'annonce du vol à la société de leasing exprimait, de manière non équivoque, la volonté de l'auteur de s'approprier la voiture confiée, comme l'exige l'article 138 chiffre 1 alinéa 1 CP. La société de leasing était ainsi appauvrie sous l'angle économique du fait d'un abus de confiance consommé, même si elle est restée propriétaire de la voiture sous l'angle juridique. Par la suite, la société de leasing a été enrichie par le paiement de l'assurance que l'auteur lui a procuré par la tromperie et qui ne lui était pas due. Que l'assurance ait peut-être obtenu des droits sur la voiture en échange de l'indemnisation n'y changerait rien, car l'escroc n'avait aucune intention de la lui rendre, de sorte que la valeur économique de ce droit était nulle. Même si la société de leasing n'en était pas consciente, son enrichissement était illicite, car obtenu par une tromperie sur les circonstances de la disparition de la voiture. Cet enrichissement provenait directement de l'acte de disposition appauvrissant l'assurance. Le principe de la « *Stoffgleichheit* » était donc respecté et l'escroquerie réalisée.

F. Abus de confiance, gestion déloyale et gestion fautive, punissabilité d'un acte commis dans un rapport de représentation (article 29 CP)

1. Deux arrêts rendus par le Tribunal fédéral le 9 mai 2008 ont trait à un auteur et s

diligence nécessaire et de veiller fidèlement aux intérêts de la société. Le fait d'avoir été l'homme de paille de l'actionnaire unique ne le libérait pas de ses responsabilités. Agissant comme il l'a fait, X. a pris des risques que n'aurait pas pris un administrateur diligent. En octroyant des prêts sans exiger de contre-prestation adéquate, il a agi contrairement aux intérêts d'Ab. SA.

L'auteur s'est, en outre, rendu coupable de *gestion fautive*, car il a aggravé le surendettement d'Ab. SA en octroyant des crédits à la légère et manqué à ses obligations découlant de l'article 725 CO.

Enfin, sur le plan des conclusions civiles, le Tribunal fédéral estime que l'instance cantonale n'a pas violé le droit fédéral en retenant que les coauteurs X. et Y. sont solidairement responsables pour journalier affiché par l'appareil correspondait, en positif, au solde négatif du compte et augmentait donc à chaque retrait, jusqu'à un maximum de CHF 7'000.- par retrait. Les sommes retirées étaient en revanche dûment portées au débit du compte. Le recourant avait remarqué que son solde disponible journalier augmentait chaque fois qu'il retirait de l'argent de son compte au distributeur de billets. Il a répété l'opération de retrait plusieurs fois et a ainsi soutiré CHF 132'663.- à la banque.

Le Tribunal fédéral juge que la dernière instance cantonale avait retenu à tort l'infraction d'utilisation sans droit de valeurs patrimoniales. Estimant que l'objet de l'infraction à l'article 141bis CP, soit la valeur patrimoniale, ne peut consister en des choses corporelles telles que des billets de banque, le Tribunal fédéral s'interroge tout d'abord sur la question de savoir si l'auteur a effectivement obtenu une valeur patrimoniale par le fait que sa limite était augmentée. La question est laissée ouverte, car l'article 141bis CP doit être écarté pour la raison déjà que, même à supposer que les billets de banque aient été des valeurs patrimoniales, ces dernières ne seraient pas parvenues au recourant indépendamment de sa volonté. L'auteur ayant pu constater, lors des retraits, que son compte était en apparence crédité, il a poursuivi ses prélèvements sachant que chaque retrait autorisait le suivant. Entrent, en revanche, en considération les articles 148 CP, 139 CP et subsidiairement 137 CP ; l'affaire est donc renvoyée à l'instance cantonale.

L'arrêt confirme ainsi, à juste titre, l'interprétation restrictive de l'article 141bis CP sur la base de sa lettre, préconisée dans l'ATF 131 IV 11 et critiquée par une partie de la doctrine.

B. Accès indu à un système informatique (« *hacking* » ; article 143bis CP)

L'arrêt du 18 mars 2008 (6B_456/2007) a trait à la légitimation pour porter plainte en cas d'accès indu à une boîte E-mail.

L'auteur ayant réussi à pénétrer dans la boîte de courrier électronique de son ex-épouse, cette dernière a porté plainte. Le Ministère public a classé l'affaire, estimant que le droit de plainte n'appartenait pas à la titulaire de l'adresse E-mail, mais à la société exploitant le serveur.

Le Tribunal fédéral ne partage pas cette analyse. La qualité de lésé se détermine par référence au droit d'accès au système. La titulaire du compte E-mail a la possibilité de déterminer non seulement l'accès à celui-ci, mais aussi l'accès au système de transmission de données de l'entreprise auprès de laquelle le compte existe. Dès lors, la titulaire du compte était habilitée à porter plainte.

C. Utilisation frauduleuse d'un ordinateur (article 147 CP)

L'arrêt du 15 mai 2008 (6B_810/2007) a fourni au Tribunal fédéral l'occasion de se pencher sur la notion de préjudice en matière d'utilisation frauduleuse d'un ordinateur (article 147 CP). L'auteur, gérant d'un bar, avait copié les cartes de crédit de ses clients, puis utilisé les copies pour obtenir, par le terminal EFT/POS de son bar, des créances fictives contre l'institut de crédit pour CHF 230'000.-.

Le Tribunal fédéral confirme l'existence d'un dommage patrimonial, soit au préjudice des titulaires des cartes copiées, soit au préjudice des institutions de crédit. Un dommage passager est suffisant. Le Tribunal cantonal, tout comme le Tribunal fédéral, a reconnu que dans le cadre des transactions par cartes de crédit, le préjudice survient aussitôt qu'une transaction électronique non justifiée a lieu. L'institut responsable de la carte en question se trouve alors grevé d'une dette envers l'auteur, et le titulaire de la carte se trouve grevé d'une dette envers l'institut responsable de sa carte de crédit, en tout cas jusqu'au moment où il conteste son relevé. Peu importe que le titulaire de la carte soit ultérieurement libéré de sa dette ou que l'institut émetteur de la carte dispose de moyens lui permettant d'éviter la diminution de son patrimoine, en particulier la compensation avec des sommes effectivement dues. De telles suites n'auraient pour conséquence que la réparation du mais aussi par un crime, de sorte qu'il était également susceptible de faire l'objet d'un blanchiment d'argent. L'infraction de recel peut être commise lorsque l'auteur de la première infraction n'est pas connu, mais qu'il est prouvé que le détenteur actuel d'une chose a dû l'acquérir à la suite d'un vol. S'agissant de l'état de fait du blanchiment d'argent, il est suffisant que l'auteur ait su que les valeurs étaient le produit d'un crime. Le vol était consommé au moment où le recourant est intervenu ; peu importe que l'encaissement n'ait pas pu être mené à bien. Le Tribunal fédéral confirme donc l'arrêt cantonal, qui avait retenu le recel, en concours avec le blanchiment d'argent.

E. Manipulation de cours (article 161bis CP) et faux dans les titres (article 251 CP)

L'ATF 133 IV 36 aborde la manipulation de cours - mais « en creux » seulement - puisque cette infraction avait été écartée par le Ministère public cantonal déjà, et cela à juste titre.

Un collaborateur dirigeant d'une banque avait, à la demande de ses supérieurs hiérarchiques, procédé à l'acquisition d'actions pour compte *nostro*, dans le but d'influencer leur cours en bourse. Ce résultat ayant effectivement été atteint, c'est ce cours plus élevé qui a été utilisé pour la valorisation des portefeuilles titres des clients qui possédaient les actions concernées. Le Ministère public avait écarté l'article 161bis CP, faute de manipulation visée par cette disposition (« *wash sales* » et « *matched orders* »), mais rendu une ordonnance de condamnation en application de l'article 251 CP, estimant que la comptabilité de la banque et les relevés des portefeuilles clients ne reflétaient pas la valeur économique réelle des actions et devaient, dès lors, être considérés comme des faux intellectuels dans les titres. Sur opposition du condamné, celui-ci a été acquitté par les instances cantonales, ce que confirme le Tribunal fédéral. Ce dernier estime que la valorisation des titres dans les relevés de portefeuille destinés aux clients et dans la comptabilité de la banque reflétait le cours des actions à la date indiquée et n'était donc pas fausse.

Cet arrêt illustre le caractère lacunaire de la répression pénale des abus de marché, voulue par le législateur. Ce choix législatif risque d'ailleurs d'être reconduit *de lege ferenda*, puisque le rapport de la Commission d'experts « *Börsendelikte und Marktmissbrauch* », publié le 29 janvier 2009, propose d'en rester à la définition actuelle de la typicité de la manipulation de cours. Sur cette base, le Conseil fédéral a chargé le DFF de lancer une procédure de consultation[1]. Ainsi, le droit pénal[2] continuera à régir la pointe de l'iceberg, abandonnant à la FINMA le soin d'interdire les autres opérations qualifiées d'« autres actes interdits sur le marché »[3].

[1] Projet de modification de la loi fédérale sur les bourses et le commerce des valeurs mobilières (délits boursiers et abus de marché) et rapport explicatif y relatif, envoyés en consultation le 13 janvier 2010.

[2] Il est proposé de transférer les deux infractions pénales (articles 161 et 161bis CP) dans la LBVM, tout en les soumettant à la juridiction pénale fédérale. Les cas aggravés deviendraient, par ailleurs, des crimes.

[3] Ces règles sont actuellement exposées dans la circulaire FINMA 08/38 « Règles de conduite sur le marché ».

De la responsabilité pénale à la responsabilité civile

PATRICK BLASER

Avocat, juge suppléant à la Cour de Justice de Genève

Introduction

Le présent article traite des cas où la responsabilité pénale de l'entreprise peut engager la responsabilité civile de celle-ci. Dans ce contexte seront d'abord décrites les conditions d'application de l'article 41 alinéa 1 CO notamment sous l'angle de l'acte illicite (I).

Ensuite seront abordés les cas de responsabilité civile de l'entreprise pouvant découler du blanchiment d'argent commis intentionnellement ou par négligence (II).

Après cela, la responsabilité civile de l'entreprise sera examinée sous l'angle de la loi fédérale concernant la lutte contre le blanchiment d'argent dans le secteur financier (III).

Enfin la responsabilité civile de l'entreprise sera étudiée sous l'angle des nouvelles dispositions consacrées à la responsabilité pénale de l'entreprise (art. 102 et 102a du Code pénal) (IV).

I. La responsabilité délictuelle

1. L'article 41 alinéa 1 CO

Selon l'article 41 alinéa 1 CO :

« *Celui qui cause, d'une manière illicite, u*

2. La notion de l'illicéité

L'acte illicite se définit comme la violation d'une norme protectrice des intérêts d'autrui[2]. Le droit suisse applique la conception objective de l'illicéité par opposition à sa conception subjective.

2.1 La conception objective de l'illicéité

Dans le cadre de la conception objective, l'illicéité peut résulter de l'atteinte à un droit absolu de la victime (illicéité du résultat ; « *Erfolgsunrecht* ») ou de la violation d'une norme de comportement destinée à protéger le lésé contre le ty

2.5 L'illicéité par omission

L'illicéité peut être le fait non seulement d'une action mais également d'une omission.

Dans ce dernier cas, l'auteur doit avoir violé un devoir juridique spécifique tendant à prévenir la menace d'une lésion[9] ; autrement dit, l'auteur doit avoir eu l'obligation juridique d'agir en vertu de la position de garant qu'il avait par rapport à la victime[10].

2.6 L'illicéité de la création d'un état de fait dangereux

L'illicéité fondée sur l'interdiction de la création d'un état de fait dangereux (« *Gefahrensatz* ») avait également été admise jusqu'à peu par le Tribunal fédéral en l'absence de lésion d'un droit absolu ou de violation d'une norme protectrice[11].

Depuis, le Tribunal fédéral a toutefois affirmé que le principe de l'interdiction de la création d'un état de fait dangereux ne saurait suppléer à l'absence d'une norme protectrice lorsqu

Cette conception de l'illicéité consacrée par le Tribunal fédéral, que d'aucuns qualifient de restreinte, est critiquée en doctrine. Notamment par Franz Werro selon lequel il serait plus convaincant d'admettre que la responsabilité repose sur « la seule violation injustifiée du devoir de diligence imposée dans les circonstances du cas d'espèce » ; l'auteur du l'unanimité ni en doctrine[21], ni en jurisprudence cantonale. Dans ce dernier cadre, à l'inverse des décisions bâloise et zurichoise, la Cour de Justice de Genève avait en effet répondu par l'affirmative à cette question[22].

La victime d'un crime qui a eu pour effet de porter atteinte à ses intérêts individuels peut dès lors agir en responsabilité civile, fondée sur l'article 41 CO, contre l'entreprise au sein de laquelle une infraction de blanchiment a été commise intentionnellement.

Par la suite la question s'est posée de savoir si l'article 41 CO pouvait également être appliqué aux cas de blanchiment d'argent commis non pas intentionnellement, mais par négligence. Le Tribunal fédéral a répondu à cette question par un arrêt récent rendu le 18 avril 2007 (4C.386/2006).

2. L'arrêt du Tribunal fédéral du 18 avril 2007 (4C.386/2006)[23]

2.1 Les faits

La Banque X. est un établissement bancaire d'un pays du Golfe. B. en est l'un des sous-directeurs.

C. est un citoyen malien, très fortuné d'apparence, qui a ouvert un compte auprès de la Banque X. par le truchement de B.

Peu après C. a convaincu B. qu'il avait des pouvoirs surnaturels lui permettant, par des procédés de magie noire, de multiplier les billets de banque. C. a ainsi déterminé B. à détourner au préjudice de la Banque X. 240'000'000 US$ qui ont été transférés sur les comptes bancaires détenus par C. et ses complices dans plusieurs pays dont la Suisse, en particulier auprès de la Banque Y. SA à Genève, active notamment dans la gestion de fonds.

L'ouverture du premier compte de C. auprès de la Banque Y. SA s'est faite par l'intermédiaire de H., gérant de fortune auprès de la banque Y. SA. Sur la base des indications de C., confirmées par une personne de référence I., directeur de banque et président d'une Chambre de Commerce, H. a consigné dans les documents d'ouverture de compte que C. exerçait la profession d'hommes d'affaires, que sa situation financière était très bonne, qu'il effectuait des investissements en Afrique et qu'il finançait des projets gouvernementaux.

---

[21] Voir en particulier : Ursula Cassani, Le blanchiment d'argent, un crime sans victime ? in *Feschrift für Niklaus Schmid,* Schulthess 2001, p. 393 ss.

[22] ACJ du 20.2.1998 publié in SJ 1998, p. 646 ss.

[23] ATF 133 III 323 ; pour un commentaire de cet arrêt : cf. Henri Corboz, Patrick Fleury, Le blanchiment d'argent et illicéité civile, un retour à la raison, REAS/HAVE 2007, p. 258 ss ; Nicolas Béguin, Olivier Unternaehrer, Transit de fonds d'origine criminelle – responsabilité civile de la banque, AJP/PJA 2007 p. 1105 ss.

Sous la rubrique « origine des fonds déposés », H. a mentionné « commissions sur transactions pétrolières ». Peu après c'est un montant global de 66'672'167 US$ qui a été crédité sur le compte de C. auprès de la Banque Y. SA en provenance de la Banque X., censée intervenir sur ordre de deux individus dont il s'est par la suite avéré qu'ils ne détenaient aucun compte auprès de cette banque.

Pendant approximativement la même période, C. a débité son compte auprès de la Banque Y. SA par plusieurs virements au crédit de comptes lui appartenant dans diverses banques, ou au crédit de comptes appartenant à des proches, en prenant toujours soin de laisser des fonds relativement importants sur son compte auprès de la Banque Y. SA.

Suite aux aveux de B. quant aux montants qu'il avait détournés au préjudice de la Banque X., cette dernière a déposé une plainte pénale à Genève contre inconnu pour violation des articles 305bis et 305ter CP (qui n'a abouti à aucune condamnation d'un organe ou d'un employé de la Banque Y. SA).

Par ailleurs la Banque X. a actionné à Genève la Banque Y. SA en paiement d'un montant de 67'195'167 US$. La Banque X. a fondé sa demande en paiement sur les articles 41 CO et 305bis CP. Dans ce cadre la Banque X. a soutenu que l'article 305bis CP peut fonder une responsabilité civile de l'auteur de blanchiment à l'égard de la victime de l'infraction de base. La Banque X. a, à cet égard, considéré que la Banque Y. SA avait commis un acte illicite au sens de l'article 41 CO pour avoir violé l'article 305bis CP en acceptant d'exécuter les ordres de « retransferts » donnés par C.

La Banque X. a été déboutée par le Tribunal de première instance de Genève, puis par la Cour de Justice de Genève et enfin par le Tribunal fédéral.

2.2 Le droit

2.2.1 La responsabilité délictuelle

Le différend soumis à l'examen du Tribunal fédéral s'inscrit dans le cadre d'une action en responsabilité délictuelle fondée sur l'article 41 CO, au moyen de laquelle la Banque X. cherche à obtenir la réparation d'un dommage purement économique. La responsabilité délictuelle présuppose, entre autres conditions, l'existence d'un acte illicite.

Dans ce cadre le Tribunal fédéral rappelle et confirme qu'il suit la conception objective de l'illicéité[24], laquelle distingue :

- l'illicéité de résultat (« *Erfolgsunsrecht* ») qui suppose l'atteinte à un droit absolu du lésé

[24] ATF 132 III 122 consid. 4.1 et les arrêts cités.

- de l'illicéité du comportement (« *Verhaltensunsrecht* »).

2.2.2 Le préjudice purement économique

Le préjudice purement économique est un préjudice apparu sans qu'il y ait eu atteinte à l'intégrité d'une personne ou

A cette question le Tribunal fédéral a répondu par la négative. Le Tribunal fédéral n'a ainsi pas suivi l'arrêt rendu le 20 février 1998 par la Cour de Justice de Genève[30] qui avait admis, en s'appuyant sur l'article 53 alinéa 2 CO, que celui qui commet un acte de blanchiment d'argent par simple négligence doit répondre du préjudice subi par la victime de l'infraction préalable en vertu de la responsabilité pour acte illicite de l'article 41 CO. Cet arrêt de la Cour de Justice de Genève n'a d'ailleurs pas été confirmé par la suite et a été abondamment critiqué par la doctrine[31].

Enfin, et contrairement à ce qu'a soutenu la Banque X., le Tribunal fédéral réaffirme qu'il n'a pas confirmé l'arrêt de la Cour de Justice du 20 février 1998 dans son arrêt du 8 septembre 2003 (6S.22/2003). En effet dans cet arrêt l'infraction de blanchiment d'argent qui entrait en considération en tant que norme de comportement dont la transgression pouvait entraîner la responsabilité aquilienne de l'auteur avait été sanctionnée sur le plan pénal, ce qui impliquait qu'elle avait été commise intentionnellement et non par négligence[32].

Après cette première mise au point, le Tribunal fédéral en aborde, toujours dans le même arrêt, une autre (consid. 5.2.3). Sur le principe, le Tribunal fédéral partage l'avis selon lequel l'obligation de réparer un préjudice en droit de la responsabilité civile doit être contenu dans des limites raisonnables pour être acceptées socialement ; en conséquence « l'illicéité, en tant que condition d'une telle responsabilité, tend à assurer que celle-ci ne soit pas étendue de manière excessive[33] ».

Ces principes, appliqués au blanchiment d'argent, amènent le Tribunal fédéral à juger qu'un acte de blanchiment commis par négligence, qui n'est donc pas sanctionné par la loi pénale, ne saurait constituer un acte illicite au sens de l'article 41 CO. Le Tribunal fédéral n'entend ainsi pas « disséquer » l'article 305bis CP qui constitue une norme qui forme par elle-même un tout. Pour le Tribunal fédéral il n'est par conséquent pas question d'attribuer une portée moindre à l'un des éléments constitutifs du blanchiment d'argent par

---

[30] SJ 1998 p. 646 ss.

[31] cf. notamment Benoît Chappuis, La notion d'illicéité civile à la lumière de l'illicéité pénale. Réflexions sur la responsabilité civile du blanchisseur d'argent par négligence, in SJ 2000 II p. 304 ; Ursula Cassani, op. cit., p. 393 ss ; Christophe Misteli, La responsabilité pour le dommage purement économique, thèse Lausanne 1999.

[32] Henri Corboz/Patrick Gérard Fleury, Le blanchiment d'argent, le renouveau de l'illicéité de comportement ?, REAS/HAVE 2004 p. 128 ss.

[33] cf. p. ex. Karl Oftinger/Emil W. Stark, *Schweizerisches Haftpflichtrecht, Allgemeiner Teil*, vol. I, § 4, n. 3, pp. 167/168.

rapport aux autres, ce d'autant plus que le législateur, lorsqu'il a édicté l'article 305bis CP, a formellement écarté la responsabilité pénale du blanchisseur qui a agi par négligence.

III. La responsabilité civile sous l'angle de la loi fédérale concernant la lutte contre le blanchiment d'argent dans le secteur financier[34]

1. Contexte juridique

Dans son arrêt du 18 avril 2007 (4C.386/2006), le Tribunal fédéral a fermé la porte de l'application de l'article 41 CO au cas de blanchiment d'argent commis par négligence ; par contre il a laissé entrouverte la question de savoir si l'article 41 CP ne pouvait pas s'appliquer en cas de violation des dispositions de la loi sur le blanchiment d'argent (LBA).

Dans ce cadre, après avoir constaté que dans le cas d'espèce il n'y avait pas d'illicéité civile pouvant découler du droit pénal, faute de réalisation de l'élément subjectif relatif à l'intention, le Tribunal fédéral s'est posé la question de savoir si l'illicéité ne pouvait pas résulter de la violation d'une obligation de sécurité[35].

A ce propos la recourante avait invoqué les Recommandations du Groupe d'action financière sur le blanchiment de capitaux (GAFI). Le Tribunal fédéral a écarté ce motif sans l'ombre d'une hésitation en rappelant que ces dispositions ne sont pas contraignantes et qu'elles s'adressent à des Etats et non à des particuliers[36].

Par contre le Tribunal fédéral s'est expressément référé, à titre de normes de sécurité, tant à la loi sur le blanchiment d'argent, entrée en vigueur le 1er avril 1998, qu'à l'ordonnance de la Commission fédérale des banques du 18 décembre 2002 en matière de lutte contre le blanchiment d'argent, entrée en vigueur le 1er juillet 2003 (OBA-CFB, RS 955.022). A propos de ces dispositions le Tribunal fédéral n'a toutefois pas ouvert le débat puisqu'il s'est contenté d'écarter l'application de ces normes aux faits incriminés pour le simple motif que ces faits étaient antérieurs à l'entrée en vigueur de ces dispositions.

Le Tribunal fédéral a néanmoins rapidement été amené à répondre, par un arrêt rendu le 13 juin 2008 (4A_21/2008), à la question de l'application de l'article 41 CO en cas de violation des dispositions de la LBA.

[34] RS 955.0, ci-après : loi sur le blanchiment d'argent ou LBA.
[35] ATF 133 III 323 consid. 5.2.4. ; ATF 126 III 113 consid. 2b et les arrêts cités.
[36] cf. www.fatf-gafi.org.

2. L'arrêt du Tribunal fédéral du 13 juin 2008 (4A 21/2008)[37]

2.1 Les faits

X. SA est une société dont le siège est à Montevideo, Uruguay. Y. AG est une société zurichoise qui fournit des services bancaires et financiers de différentes natures.

B., en sa qualité de mandataire de X. SA, avait accès à un compte de X. SA ouvert auprès de la banque C. à Montevideo, Uruguay. Par débit de ce compte, B. a transféré la somme de 4'000'000 US$ sur un compte qu'il avait ouvert en son propre nom auprès de Y. AG. Par la suite B. a retiré par le biais de plusieurs transferts près de la moitié du montant de 4'000'000 US$.

X. SA a porté plainte pénale au Brésil contre B. en raison de ces transferts qu'elle a qualifiés d'abus de confiance. Cette procédure pénale a finalement été suspendue suite à la restitution par B. en faveur de X. SA du solde de son compte ouvert auprès de Y. SA.

X. SA a intenté une action civile à Zurich à l'encontre de Y. AG sous forme d'une demande en paiement portant sur des montants retirés par B. auprès de Y. AG et qui n'ont pas été recouvrés. Dans le cadre de sa prétention X. SA a fait valoir une responsabilité extracontractuelle de Y. AG déduite du fait qu'elle n'aurait pas satisfait ses obligations de diligence en permettant à B. d'effectuer des retraits nonobstant de nombreux indices de blanchiment d'argent, respectivement des soupçons fondés quant à l'origine criminelle de l'argent.

Le Tribunal de commerce de Zurich a rejeté la demande en paiement formée par X. SA. Le Tribunal fédéral a quant à lui rejeté le recours en matière civile interjeté par X. SA à l'encontre de l'arrêt rendu par le Tribunal de commerce de Zurich.

2.2 Le droit

X. SA a invoqué à l'appui de son recours en matière civile que le Tribunal de commerce de Zurich a méconnu que les articles 3 à 10 de la LBA comprennent des normes de comportement, notamment de vigilance en matière d'opérations financières, qui constituent des normes protectrices autonomes au sens de l'article 41 CO justifiant une action fondée sur la responsabilité délictuelle de Y. AG.

Jusqu'à cet arrêt, le Tribunal fédéral n'avait pas eu à déterminer si les dispositions de la loi sur le blanchiment d'argent comptent au rang des normes protectrices dont la violation permet de fonder une responsabilité délictuelle. Par cet arrêt c'est dorénavant chose faite. La réponse est négative.

[37] ATF 134 III 529 ; SJ 2009 I 101.

2.2.1 L'analyse de la doctrine

En analysant la doctrine publiée à propos de cette question, le Tribunal fédéral a constaté que les opinions varient quant à la question de savoir si les normes de comportement de la LBA ont aussi pour but de protéger le patrimoine du lésé contre la survenance d'u

Ainsi l'intermédiaire financier qui, nonobstant un soupçon quant à l'origine criminelle des valeurs patrimoniales à lui confiées, autorise néanmoins un transfert ou un retrait, se rend cas échéant coupable d'un acte de blanchiment par dol éventuel (art. 305bis CP)[43]. La LBA n'étend pas la protection des intérêts individuels de la victime du crime préalable octroyée par l'article 305bis CP[44].

Selon le Tribunal fédéral, les dispositions de la LBA ne constituent pas des normes de comportement ayant pour but de protéger contre la survenanc internationale du 9 décembre 1999 pour la répression du financement du terrorisme[47] et par la Convention internationale du 15 décembre 1997 pour la répression des attentats terroristes à l'explosif[48], toutes deux entrées en vigueur pour la Suisse le 23 octobre 2005.

Sur un plan plus général l'introduction dans le Code pénal d'une responsabilité pénale de l'entreprise répond à une nécessité qui s'est fait ressentir devant l'importance grandissante de la criminalité organisée que les sanctions civiles ou administratives à l'encontre des entreprises n'étaient plus en mesure de couvrir toute la finalité répressive souhaitée[49]. Les articles 102 et 102a CP n'ont pas abouti à une responsabilité causale de l'entreprise.

Par contre les articles 102 et 102a CP remédient aux cas :

- pour lesquels la seule condamnation d'organes d'une entreprise, ou de toute autre personne physique, paraissait inéquitable
  ou
- lorsqu'il était impossible d'identifier une personne physique pénalement responsable en raison de lacunes organisationnelles[50].

2. L'article 102 CP

L'article 102 CP consacre deux formes de responsabilité pénale de l'entreprise :

- la responsabilité subsidiaire (al. 1)
- la responsabilité primaire (al. 2).

La responsabilité subsidiaire de l'article 102 alinéa 1 CP n'est applicable que si les autorités de la poursuite pénale n'ont pas identifié la personne physique auteur de l'infraction, malgré des efforts intenses de clarification, et ce en raison du manque d'organisation de l'entreprise[51].

La responsabilité primaire de l'article 102 alinéa 2 CP constitue une responsabilité directe, solidaire et autonome de l'entreprise, applicable en cas d'infractions exhaustivement énumérées lorsqu'il doit être reproché à l'entreprise de ne pas avoir pris toutes les mesures d'organisation raisonnables et nécessaires pour empêcher une telle infraction.

Ces infractions sont les suivantes :

[47] RS 0.353.22 ; FF 2002 5014.

[48] RS 0.353.21 ; FF 2002 5014.

[49] Code pénal I, Petit Commentaire, ad art. 102, p. 775.

[50] FF 1999 p. 1943 ss.

[51] Selon le Conseil fédéral, cette responsabilité subsidiaire s'apparente à la responsabilité par cascades que connaît le droit pénal des médias (art. 28 CP) lorsque l'auteur d'une contribution journalistique délictueuse ne peut être identifié (FF 1999 p. 1949 ss).

- organisation criminelle (art. 260ter CP)
- financement du terrorisme (art. 260^{quinquies} CP)
- blanchiment d'argent (art. 305bis CP)
- corruption active (art. 322ter CP)
- octroi d'un avantage (art. 322^{quinquies} CP)
- corruption d'agents publics étrangers (art. 322^{septies} al. 1 CP)
- corruption active et passive dans le secteur privé (art. 4a al. 1 litt. a LCD)[52].

L'article 102 alinéa 2 CP ne s'applique à l'entreprise que pour autant qu'il soit établi que l'auteur physique de l'infraction ait agi avec intention. Par ailleurs l'article 102 alinéa 2 CP suppose que l'entreprise n'ait pas pris toutes les mesures d'organisation raisonnables et nécessaires pour empêcher l'infraction en cause. Il doit exister un lien de causalité entre le défaut d'organisation et l'infraction, de telle sorte que l'entreprise n'est pas responsable lorsque l'infraction est commise malgré l'adoption de toutes les mesures d'organisation raisonnables et nécessaires.

3. La responsabilité civile de l'entreprise

Dans le cadre de l'article 102 alinéa 1 CP, l'entreprise ne se voit imputer une infraction qu'en raison de l'impossibilité, résultant du manque d'organisation de l'entreprise, d'imputer l'infraction à une personne physique déterminée.

Il n'est ainsi pas fait le reproche à l'entreprise, à l'inverse des autres participants, d'avoir concouru de façon causale à la commission de l'infraction ; faute de revêtir la qualité de participant causal à l'infraction, l'entreprise ne devrait pas pouvoir être recherchée civilement, celle-ci n'ayant pas la qualité pour défendre dans le contexte de l'article 102 alinéa 1 CP[53].

Dans le contexte de l'article 102 alinéa 2 CP le reproche fait à l'entreprise est de nature différente puisqu'il lui est fait grief d'avoir contribué à la commission de l'infraction par son abstention coupable. Toutefois les infractions visées à l'article 102 alinéa 2 CP susceptibles d'engager la responsabilité pénale principale de l'entreprise n'ont pas pour vocation de protéger les intérêts patrimoniaux de personnes lésées.

---

[52] Cette dernière infraction a été introduite dans l'article 102 CP suite à l'approbation de la Convention pénale du Conseil de l'Europe du 27 janvier 1999 sur la corruption, entrée en vigueur pour la Suisse le 1er juillet 2006 (RS 0.311.55).

[53] Alain Macaluso, La responsabilité pénale de l'entreprise, Commentaire des art. 100^{quater} et 100^{quinquies} CP, Schulthess, 2004, n° 1385 à 1388.

L'article 102 alinéa 2 CP ne peut par conséquent pas permettre de mettre en cause la responsabilité civile de l'entreprise faute de personnes lésées. Cela sous réserve de l'infraction de blanchiment d'argent dont le Tribunal fédéral admet qu'elle peut engager la responsabilité civile de l'entreprise.

4. Jurisprudence

Jusqu'à présent les articles 102 et 102a CP n'ont pas débouché, tant sur le plan pénal que sur le plan civil, sur des décisions spectaculaires ; plusieurs parties civiles ont bien tenté mais sans succès (en raison de l'antériorité des infractions poursuivies à l'entrée en vigueur de la novelle) d'impliquer des entreprises dans des procédures pénales pendantes (aux fins évidentes d'obtenir plus facilement la réparation de leur préjudice civil, selon le principe de la « *deep pocket policy* »)[54].

Signalons l'une de ces premières décisions[55]. Il s'agit d'une ordonnance pénale du 5 janvier 2005 rendue par le juge d'instruction fribourgeois qui a condamné une entreprise, étrangère, pour violation grave des règles de la circulation en application de l'article 102 alinéa 1 CP (responsabilité subsidiaire). En substance le conducteur de l'un des véhicules de l'entreprise étrangère avait commis un grave excès de vitesse. Le Juge d'instruction, qui avait agi par voie de commission rogatoire, n'avait pu obtenir de l'entreprise étrangère le nom du conducteur fautif, l'organisation interne de l'entreprise ne permettant pas de pouvoir l'identifier. Le Juge d'instruction s'est fondé sur ce dernier élément pour considérer que l'entreprise pouvait se voir reprocher un défaut d'organisation qui engageait sa responsabilité pénale selon l'article 102 alinéa 1 CP.

Conclusion

Confronté à des cas de blanchiment d'argent, le Tribunal fédéral a confirmé sa volonté de ne pas étendre à l'infini la notion d'illicéité de l'article 41 CO pouvant entraîner, en cas de dommage purement économique, la responsabilité civile de l'entreprise au sein de laquelle de telles infractions ont été commises. La condition de l'illicéité prévue à l'article 41 CO ne peut en effet être admise que pour autant que les éléments constitutifs de l'infraction de blanchiment sont réalisés, notamment sous l'angle de l'intention.

---

[54] Alain Macaluso, L'avocat et le juge face au droit pénal, Mélanges offerts à Eric Stoudmann, « Premiers cas d'application de la nouvelle responsabilité pénale de l'entreprise selon le code pénal suisse », Schulthess 2005, pp. 106 et 107.

[55] commentée par Alain Macaluso, op. cit., p. 105 ss.

Le Tribunal fédéral a encore limité le sens et la portée de cette notion d'illicéité en en excluant l'application dans les cas où l'entreprise peut se voir reprocher des violations de dispositions de la loi sur le blanchiment d'argent.

C'est sous l'angle de ces limites que les tribunaux devront examiner les cas d'application de la responsabilité civile de l'entreprise lorsque la responsabilité pénale de cette dernière sera engagée en application de l'article 102 CP.

Bibliographie

- BEGUIN Nicolas, UNTERNAEHRER Olivier, Transit de fonds d'origine criminelle – responsabilité civile de la banque, Quelques commentaires et réflexions sur l'ATF 133 III 323 in : AJP/PJA 2007 p. 1105 ss
- BLASER Patrick, Blanchiment d'argent. L'article 305bis du Code pénal Suisse « Les tentacules d'une pieuvre imprévisible » in : La criminalité économique : ses manifestations, sa prévention et sa répression, Les Actes de l'ILCE, L'Harmattan, Neuchâtel, 2005, p. 33 ss.
- CASSANI Ursula, Sur qui tombe le couperet du droit pénal ? Responsabilité personnelle, responsabilité hiérarchique et responsabilité de l'entreprise in : Journée 2008 de droit bancaire et financier, Schulthess, 2009, p. 53 ss.
- CASSANI Ursula, Le blanchiment d'argent, un crime sans victime ? in : Wirtschaft und Strafrecht : Festschrift zum Niklaus Schmid zum 65. Geburtstag, Schulthess, 2001 p. 393 ss.
- CHENAUX Jean-Luc, La responsabilité du conseil d'administration dans la jurisprudence récente du Tribunal fédéral in : Quelques actions en responsabilité, Université de Neuchâtel, Schulthess, 2008 p. 145ss.
- CODE PENAL I, Petit Commentaire, Helbing & Lichtenhahn, 2008, art. 102, 102a CP.
- CORBOZ Henri, FLEURY Patrick, Blanchiment d'argent et illicéité civile, un retour à la raison, in REAS/HAVE 2007 p. 258 ss.
- CORBOZ Henri, FLEURY Patrick, Le blanchiment d'argent, le renouveau de l'illicéité de comportement ? Résumé et commentaire de l'ATF 129 IV 332, in : REAS/HAVE 2004 p. 128 ss.
- ENGEL Pierre, Traité des obligations en droit suisse, 2e édition, Staempfli, 1997, p. 447 ss.
- GARBARSKI Andrew, La responsabilité civile et pénale des organes dirigeants de sociétés anonymes, Schulthess, 2006, p. 1 ss, 267 ss, 401 ss.
- KUONEN Nicolas, La responsabilité précontractuelle, Schulthess, 2007 p. 345 ss, 403 ss.
- MACALUSO Alain, GARBARSKI Andrew, La responsabilité de l'entreprise et de ses organes dirigeants à l'épreuve du droit pénal administratif in : AJP/PJA 2008 p. 833 ss.
- MACALUSO Alain, Premiers cas d'application de la nouvelle responsabilité pénale de l'entreprise selon le code pénal suisse in : L'avocat et le juge face au droit pénal, Mélanges offerts à Eric Stoudmann, Schulthess, 2005, p. 105 ss.

- MACALUSO Alain, La responsabilité pénale de l'entreprise, Commentaire des art. 100^{quater} et $100^{quinquies}$ CP, Schulthess, 2004, p. 90 ss.
- ROTH Robert, Une responsabilité sans culpabilité ? L'entreprise, la « faute d'organisation » et le droit pénal in : Semaine judiciaire 2003 II p. 187 ss
- TERCIER Pierre, Le droit des obligations, 3e édition, Schulthess, 2004, p. 337ss.
- WERRO Franz, Commentaire romand, Code des obligations I, Helbing & Lichtenhahn, 2003, art. 41 CO.

Symptômes de fraude dans le milieu des diffuseurs privés de radio et de télévision suisses

MICHEL GRANDJEAN

Chef suppléant de la section Finances et statistiques à la division Radio et télévision, de l'Office fédéral de la communication, MAS HES-SO en lutte contre la criminalité économique

Préambule

L'univers de l'audiovisuel en Suisse, comme par le monde, est en pleine évolution. Si, au début, les pionniers de la radio et de la télévision formaient un amalgame entre le passionné de programme et le technicien fanatique, aujourd'hui la situation a bien changé. Ces précurseurs ont non seulement suivi l'évolution des technologies, mais sont devenus des gestionnaires au sens propre du terme. Ce changement a été possible grâce à la mise en place de bases légales qui permirent en 1991 de subventionner les diffuseurs privés en Suisse. L'Office fédéral de la communication fut créé en 1992 pour précisément soutenir et surveiller ce marché en pleine croissance. Dans la deuxième moitié des années 90, des diffuseurs emportés par leurs succès médiatiques, mais néanmoins confrontés à des soucis financiers importants, tentèrent de solutionner leurs problèmes par des méthodes se situant aux frontières, voire au-delà de la légalité. Les premières malversations furent vraisemblablement commises pour des questions de survie, mais rapidement certaines stations privées trouvèrent leur compte dans cette démarche de tricherie. Le développement de ces diffuseurs suscita des jalousies dans la branche, des dénonciations parvinrent ainsi à l'autorité de surveillance fédérale. Une page de l'histoire fut tournée. Le frêle diffuseur aux abois et en quête de moyens s'était transformé en habile négociant qui échangeait des prestations en dehors du circuit économique régulier. L'autorité de surveillance découvrit avec stupeur les fraudes commises[1]. Engagement de personnel, méthodes de travail repensées et restructuration de service, telle fut la riposte de la Confédération face à l'attitude du paysage médiatique

[1] L'intitulé de cet article parle de symptômes de fraude, alors même que la plupart des faits décrits dans ce document dénotent qu'il s'agit de malversations au sens propre du terme. Suite à une pesée des intérêts, l'OFCOM a fait preuve d'une certaine clémence en ne poursuivant pas pénalement les personnes et les entités concernées.

privé en Suisse. Les pages qui suivent décrivent les tenants et les aboutissants de ces découvertes.

1. Remarques prélimaires

Les faits relatés dans cet article relèvent de la LRTV 1991[2]. Etant donné que depuis le 1er avril 2007, la LRTV 2006[3] est entrée en vigueur, il est principalement fait référence aux bases légales applicables à l'époque.

La surveillance financière décrite dans ce texte concerne les diffuseurs privés de radio et de télévision. Mais alors qu'en est-il de la SRG SSR idée suisse (ci-après : SSR)[4] ? Formellement, l'article 51 alinéa 2 lettre a de l'ORTV 1997[5], prévoyait que la surveillance financière de la SSR était effectuée par le Département fédéral de l'environnement, des transports de l'énergie et de la communication (DETEC), alors que l'OFCOM était chargé de contrôler les diffuseurs privés, ce qui est toujours le cas sous la LRTV 2006[6].

2. Le paysage audiovisuel en Suisse

Le paysage médiatique suisse en matière de radio et de télévision est composé de deux groupes d'acteurs distincts, à savoir le média de service public au niveau national et les médias privés, soit 60 radios et télévisions concessionnées sous la LRTV 1991, qui se subdivisent en deux critères: région linguistique et local-régional.

Quelques aménagements apportés par la LRTV 2006 permettront de garantir un service public attrayant. Le diffuseur national (SSR) offre 8 programmes de télévision et 18 programmes de radio dans les quatre langues nationales ainsi que des sites Internet. La SSR est une société bénéficiant d'un financement mixte. Elle tire principalement ses ressources du produit de la redevance de réception, mais également des recettes commerciales provenant de la publicité et du parrainage.

Le 28 novembre 2007, le Conseil fédéral a octroyé une nouvelle concession à la SSR. Cette concession inclut un mandat de prestations élargi impliquant des obligations pour la SSR, notamment dans le domaine de

---

[2] Loi fédérale du 21 juin 1991 sur la radio et la télévision (LRTV 1991, RO 1992 601).

[3] Loi fédérale du 24 mars 2006 sur la radio et la télévision (LRTV 2006, RS 784.40).

[4] Média de service public (MSP)/SSR.

[5] Ordonnance du 6 octobre 1997 sur la radio et la télévision (ORTV 1997, RO 1997 2903).

[6] Article 36 LRTV 2006.

l'information, de la culture et de la formation. Des contraintes en matière de qualité ont été fixées, afin de garantir que ces chaînes se distinguent des offres commerciales.

Le 7 juillet 2008, le DETEC a octroyé une concession à 27 diffuseurs de radio OUC[7] et à 6 diffuseurs régionaux de télévision, soit aux 33 diffuseurs seuls en lice pour l'octroi d'une concession dans leur zone de desserte. Dans une deuxième étape, le département a octroyé le 31 octobre 2008, 14 concessions de radio OUC et 7 concessions de télévision régionale dans les régions où plusieurs candidatures étaient en lice[8].

Un autre changement important dans la récente loi réside dans la possibilité de diffuser des programmes sans concession. Si une station ne souhaite pas bénéficier d'une quote-part de la redevance de réception et d'un accès garanti par la voie hertzienne terrestre, il peut diffuser uniquement en s'annonçant à l'OFCOM (art. 3 let. a LRTV 2006).

3. La redevance de concession

Selon la LRTV 1991, quiconque voulait diffuser un programme de radio ou de télévision devait être en possession d'une concession de diffusion. Hier comme aujourd'hui, les titulaires des concessions de diffusion sont tributaires d'une redevance. Conformément à l'article 50 LRTV 1991, la Confédération perçoit une redevance de concession. L'ORTV 1997 précise aussi à son article 30 que le montant de cette redevance s'élève à 0,5 % des recettes publicitaires brutes dépassant 500'000.- CHF par année civile, encaissées par le diffuseur l'année précédente[9]. Le produit de cette redevance est affecté en priorité à la formation et au perfectionnement des professionnels du programme, ainsi qu'à la promotion de la recherche dans le domaine des médias[10].

[7] Ondes ultra-courtes.

[8] http://www.ofcom.admin.ch/themen/radio_tv/marktuebersicht/02341/index.html?lang=fr.

[9] Dès le 1er avril 2007, la redevance de concession est aussi perçue sur les recettes brutes de parrainage, conformément à l'article 34 de l'ordonnance sur la radio et la télévision du 9 mars 2007 (ORTV, RS 784.401).

[10] Selon la LRTV 2006, le Conseil fédéral a prévu que cette redevance serait en premier lieu affectée à la promotion de projets de recherche en matière de radio et de télévision (art. 77 LRTV), au financement de l'archivage (art. 21 LRTV) et en second lieu au financement des nouvelles technologies (art. 58 LRTV).

4. La quote-part de la redevance

La quote-part de la redevance de réception a été instaurée dans le cadre de la LRTV 1991, afin de permettre à des diffuseurs privés répondant à un intérêt public particulier, mais ne bénéficiant pas du potentiel financier suffisant dans leur région, de pouvoir fournir une offre programmatique indépendante de la SSR.

Le soutien octroyé aux diffuseurs privés a notablement évolué durant ces dix dernières années. La quote-part de la redevance de réception distribuée aux télévisions privées est passée d'environ 1,5 millions de francs en 1996 à 6,5 millions de francs en 2006, alors que la quote-part attribuée aux radios locales, pour la même période, a augmenté de quasi 6,2 à 8,1 millions de francs. Avec l'entrée en vigueur de la LRTV 2006, cette quote-part a été augmentée à 4 % du produit de la redevance encaissée[11] (soit environ 48 millions de CHF, à savoir 32 millions aux télévisions privées et 16 millions aux radios locales).

La quote-part de la redevance de réception constitue une subvention au sens de l'article 3 alinéa 1 LSu[12]. Conformément à l'article 1er lettre b LSu, les montants octroyés pour des aides financières ou des indemnités doivent être gérés de manière économique et efficace. L'article 14 alinéa 1 LSu précise aussi que seules les dépenses effectivement supportées et absolument nécessaires à l'accomplissement approprié de la tâche sont prises en compte dans le cadre de l'octroi de la subvention.

Selon l'ORTV 1997, la quote-part de la redevance de réception s'élevait au maximum à un quart des coûts d'exploitation (art. 10 al. 2). Si le programme était financé sans publicité, elle pouvait atteindre le 50 % de ces coûts. Conformément aux directives internes de l'OFCOM, jusqu'en 2004, la contribution allouée ne devait en outre pas dépasser l'excédent de charges inscrites au compte de pertes et profits. Des critères de qualité avaient aussi été instaurés par l'Office, à savoir la comparaison des prestations journalistiques des diffuseurs par rapport aux coûts d'exploitation.

La quote-part de la redevance était fixée à chaque fois pour une durée d'une année. Le budget du diffuseur était déterminant pour fixer la limite maximale de la quote-part de la redevance allouée. Le requérant remplissant les conditions juridiques pour l'obtention d'une quote-part de la redevance se voyait notifier une décision provisoire d'octroi. Celle-ci fixait le montant maximum pouvant être accordé au diffuseur, dont 80 % étaient versés sous

---

[11] Article 40 alinéa 1 LRTV 2006.

[12] Loi fédérale du 5 octobre 1990 sur les aides financières et les indemnités (loi sur les subventions, LSu, RS 616.1).

la forme d'une première tranche. Le montant définitif était calculé sur la base des comptes annuels révisés par les auditeurs externes. Les comptes devaient être établis conformément aux directives de l'OFCOM portant sur le budget et l'établissement des comptes. S'il s'avérait que les versements n'étaient pas suffisants, la différence était payée ultérieurement, au maximum jusqu'à hauteur du montant maximal prévu. A l'inverse, si les versements s'avéraient trop élevés, le surplus était compensé par le biais de l'éventuelle quote-part de la redevance octroyée pour l'année suivante ou au moyen d'une décision de remboursement.

L'ORTV 2007 précise, à l'article 39 alinéa 1, que la quote-part de la redevance annuelle d'un diffuseur s'élève au maximum à 50 % des coûts d'exploitation de ce diffuseur[13]. Pour les diffuseurs de télévision qui doivent faire face dans leur zone de desserte à des charges d'exploitation particulièrement élevées pour accomplir leur mandat de prestation, cette quote-part peut atteindre 70 % des coûts d'exploitation. La quote-part fixée dans la concession du diffuseur est redéfinie, le cas échéant, après 5 ans.

Comparé à l'ancien système d'octroi de la quote-part de la redevance de réception, le diffuseur n'est plus tenu de présenter chaque année un budget pour bénéficier d'une quote-part (maximale) provisoire. Conformément aux nouvelles concessions, attribuées sous la LRTV 2006, un diffuseur a droit provisoirement à un montant fixe de quote-part[14]. Comme sous la LRTV 1991, la station de radio ou de télévision subventionnée est tenue de remettre ses comptes audités à l'autorité de surveillance[15]. La détermination de la quote-part et les corrections éventuelles relatives à la subvention provisoirement attribuée, restent identiques aux anciennes pratiques.

5. Les bases légales relatives à la surveillance financière de l'OFCOM

L'activité de surveillance financière de l'OFCOM trouve ses sources principalement dans la LRTV 1991 et dans son ordonnance d'application du Conseil fédéral, à savoir l'ORTV 1997.

L'article 56 LRTV 1991 indique que le diffuseur bénéficiant d'une quote-part du produit de la redevance de réception ou d'un soutien financier doit soumettre son budget et ses comptes annuels à l'approbation de l'autorité de surveillance et lui communiquer son plan financier à titre d'information. Conformément à cette norme, l'Office doit aussi s'assurer

[13] Ordonnance du 9 mars 2007 sur la radio et la télévision (ORTV, RS 784.401).
[14] Selon l'article 39 alinéa 2 ORTV 2007, ce montant est révisé après 5 ans par le DETEC.
[15] Article 27 alinéa 6 ORTV 2007.

que le diffuseur gère ses fonds selon le principe de l'économie d'entreprise. En ce qui concerne plus précisément les compétences de l'Office, elles sont indiquées à l'article 51 alinéa 1 et 2 lettre b ORTV 1997.

Aujourd'hui, la LRTV 2006[16], l'ORTV 2007[17] et l'Ordonnance du DETEC[18] ont remplacé les anciennes normes. Les directives émises par l'Office, telle que la directive du 1er octobre 2004 et la LSu représentent également un pilier légal primordial dans la surveillance financière des diffuseurs locaux[19].

6. Les contrôles effectués par l'OFCOM

Parmi les deux catégories de contrôles généralement effectués par l'OFCOM, le contrôle d'office est celui qui est le plus largement appliqué. L'autorité de régulation se fixe chaque année un calendrier de révision avec des objectifs de contrôle (plan de révision). Ces objectifs de vérification sont généralement déterminés en fonction des constatations effectuées lors de l'examen des rapports financiers ou à partir d'observations notées lors de précédentes révisions. Il est utile de rappeler que sous la LRTV 1991, un diffuseur devait déposer un budget pour se voir assurer une subvention. Lors de cette première étape, la station recevait 80 % du montant attesté. L'année suivante, la station de radio ou de télévision présentait ses comptes à l'autorité de régulation qui vérifiait les documents définitifs et, le cas échéant, versait le solde de la subvention (20 %). Ces vérifications internes permettaient non seulement de décider du montant de la quote-part de la redevance attribuable et définitivement allouable, mais donnaient aussi la possibilité à l'OFCOM de prendre note de certains points qui devraient être audités lors du prochain contrôle sur place.

Dans l'application de la nouvelle législation, le processus de budgétisation a disparu. Conformément aux nouvelles concessions, les diffuseurs ont droit à une subvention proportionnelle à leurs charges d'exploitation. Dès lors, l'examen ne s'effectue plus qu'au niveau des comptes audités.

Le deuxième type de contrôle est celui qui s'effectue sur dénonciation. Souvent, les dénonciations qui parviennent à l'Office émanent d'un ancien

---

16 Articles 15 à 18 et 42 LRTV 2006.

17 Articles 24 à 27 ORTV 2007.

18 Ordonnance du DETEC du 5 octobre 2007 sur la radio et la télévision (RS 784.401.11).

19 L'article 40 alinéa 5 LRTV 2006 précise que la LSu est applicable en matière de quote-part de la redevance.

collaborateur de l'entreprise ayant eu accès à des données plus ou moins confidentielles de la station (responsables de diffusion, comptables, etc.). L'indignation face au comportement de leur ancien employeur (malversations au niveau des contrats de publicité, avantages indûment perçus par les dirigeants de l'entreprise, non respect des normes techniques de diffusion, etc.), incite ces personnes à expliquer les processus de fraude constatés à l'autorité de surveillance. Ce phénomène est généralement observé, comme cela est aussi le cas dans d'autres branches, lors de licenciements de personnel ou lorsque de nouvelles concessions ou fréquences sont en jeu. Etant donné que tous les moyens sont bons pour saborder ses concurrents, l'Office adopte une attitude prudente face à de tels comportements. S'il s'avère que les faits dénoncés sont vraisemblables et que les intérêts de la Confédération pourraient être mis en jeu, l'Office examine la manière dont le dossier peut être traité. L'OFCOM juge de ce fait si des mesures urgentes doivent être prises, notamment en relation avec la question de la préservation des preuves. Dans les cas sérieux, l'Office devra agir immédiatement en perquisitionnant l'entreprise[20]. En général, l'OFCOM prétextera le contrôle de routine pour pouvoir vérifier sur place et prendre, le cas échéant, les mesures adéquates.

7. Les types de fraudes

Le rapport de gestion ainsi que le rapport de l'organe de révision sont des documents essentiels qui permettent d'ébaucher les repères comptables au moment de la vérification des comptes. Lors de l'examen préliminaire, l'OFCOM vérifie certains points clés. Parmi ces repères définis par l'Office, l'on trouve bien entendu les écritures comptables créatives, générées le plus souvent par les diffuseurs pour gonfler les charges d'exploitation. Les exemples sont nombreux et l'Office ne cesse d'augmenter sa collection. Parmi les quelques modèles les plus représentatifs pouvant être cités, nous mentionnerons les comptabilisations dans les postes extraordinaires de la comptabilité de l'entreprise. Ainsi, certains diffuseurs comptabilisent durant

[20] Il s'agit de mesures extrêmes qui vont être de moins en moins employées sous la LRTV 2006, l'Office privilégiant, en cas de malversations (comptabilités non probantes), la restitution pure et simple des montants éludés. Cette situation était due au fait que sous la LRTV 1991, le titre 7 de cette loi prévoyait des dispositions pénales, et il était fait référence à son article 73 alinéa 1, à la loi fédérale sur le droit pénal administratif du 22 mars 1974 (DPA, RS 313.0). Dans la LRTV 2006, l'approche est plus administrative, toutefois, même s'il n'est plus fait mention de dispositions pénales, la possibilité du séquestre des documents reste ouverte conformément au DPA.

l'année des charges fictives qui sont justifiées de la manière la plus officielle possible par une facture émise par une société proche de la station. L'année suivante, l'entreprise « complice » renonce à la créance envers la radio ou la télévision et le diffuseur enregistre le renoncement de créance comme produit extraordinaire. La charge comptabilisée l'année précédente subsistera dans les comptes et sera indemnisée en partie par la subvention fédérale.

Un autre exemple consiste en la création de provisions. Le diffuseur crée des provisions pour des risques qui n'existent pas ou des provisions surévaluées par rapport aux risques éventuels pouvant être subis par l'entreprise. Ces provisions, plus ou moins camouflées selon les cas dans les comptes officiels présentés à l'Office, généreront une charge lors de leur constitution. « Noyées dans la masse », ces charges auront pour conséquence d'augmenter le montant de la subvention attribuée. Il est utile de noter qu'au sens de la LSu, une provision ne représente pas une charge effective et c'est pour cette raison que l'OFCOM n'accepte que très rarement de prendre en considération des provisions. Le diffuseur doit de toute manière présenter une demande à l'Office, s'il souhaite que l'OFCOM prenne en compte une provision lors de la détermination définitive de la quote-part de la redevance de réception qui lui sera attribuée.

Les possibilités pour adapter les comptes sont en fait nombreuses (surévaluation des amortissements, non diminution des actifs en cas de subventions ciblées par des institutions publiques, jonglages dans les comptes inter-sociétés, etc.). Ce genre de problématique est constaté le plus souvent lors de révisions dans les locaux de la société, lorsque les justificatifs comptables sont présentés.

Le contrôle des minutes diffusées a été la clé du succès des révisions de l'Office. Lorsque les diffuseurs ont été confrontés à ce genre de contrôle, à savoir la comparaison entre la valeur des minutes publicitaires diffusées ([minutes publicitaires x le tarif officiel] – les rabais accordés conformément aux tarifs officiels) [21] et les recettes publicitaires effectivement inscrites dans les comptes des stations de radio ou de télévision, une partie de la branche a crié au scandale en prétextant que l'OFCOM ne comprenait pas les problèmes par lesquels les diffuseurs étaient touchés (concurrence rude entre les diffuseurs, maintien de tarifs officiels mais application des tarifs réels en parallèle, etc.). Dès le début, l'OFCOM est resté strict sur ce point, à savoir

[21] Selon l'article 30 alinéa 5 ORTV 1997, seuls sont considérés comme rabais déductibles au sens de l'article 50 alinéa 2 de la loi ceux qui portent sur la quantité et que le diffuseur accorde aux clients selon son tarif publicitaire.

que si des rabais exagérés ne pouvaient pas être expliqués, l'article 30 alinéa 5 ORTV 1997 était appliqué.

8. Les constellations d'entreprises

Les premières radios locales suisses ont obtenu une concession en 1983. Dans les années 1990, les radios et les télévisions privées se sont développées fortement et dès lors aussi leurs structures. De ce fait, l'acquisition de publicité ou la production de programmes a eu de plus en plus tendance à s'externaliser. Rapidement, les groupes de presse et certaines entreprises importantes se sont intéressés aussi aux médias de l'audiovisuel. Les premières holdings[22] sont apparues dans ce milieu.

Si les structures des diffuseurs se sont développées durant ces dernières années, la surveillance de l'OFCOM a évolué en conséquence. Le fait d'avoir plusieurs sociétés qui gravitent autour d'une concession de diffusion au bénéfice de subventions ne facilite pas la tâche de l'autorité de surveillance. Face à ces constellations, le risque de malversations financières au regard de la LSu est non négligeable. La tentation d'adapter les charges au sein du groupe, c'est-à-dire d'en faire supporter le plus possible à l'entreprise subventionnée, est grande.

9. Un cas pratique

Des collaborateurs s'étant beaucoup investis dans un diffuseur, ont vu arriver un nouveau responsable financier qui voulait remanier la gestion de ce dernier. Cet administrateur séduisit bien vite le directeur qui lui laissa bientôt les rênes de la société. Les collaborateurs précités, fidèles depuis de nombreuses années à leur PDG, n'étaient pas convaincus des intentions de l'administrateur. Rapidement chacun accusa l'autre, mais le directeur fit décidément confiance aux capacités du nouveau venu. Evincés, les collaborateurs ont décidé de dénoncer certaines pratiques du diffuseur à l'OFCOM.

Au vu des preuves avancées par les dénonciateurs (copies de disques durs, contrats, etc.), l'Office constata qu'il ne s'agissait pas d'une simple querelle interne, mais que des actes frauduleux furent commis. L'Office était conscient qu'une révision ordinaire des comptes n'aurait pas permis de mettre la main sur les documents délictueux, d'autant plus qu'un contrôle du diffuseur eut lieu quelques années auparavant. Compte tenu des forts soupçons de fraude, l'OFCOM décida de perquisitionner les locaux. Le

[22] Sociétés dont le but principal est de prendre des participations dans d'autres sociétés.

travail administratif et la reconstitution des faits furent longs dans cette affaire.

Cette enquête démontra que le diffuseur opérait dans deux mondes. D'une part, l'univers officiel, dans lequel le diffuseur acquérait la publicité qu'il diffusait sur son média, via une société externe. D'autre part, l'espace non officiel, dans lequel certains animateurs contractaient directement des arrangements publicitaires, aidés du chef de diffusion et du responsable financier. Ces affaires-échange n'étaient pas comptabilisées et offraient des avantages indus à bon nombre de personnes de la station.

Réparations de voitures et de bateaux, nettoyage de locaux, achat de matériel technique, location d'habitations, entrées de night club, sont autant d'avantages/prestations que ce diffuseur arrivait à échanger, de manière non déclarée, contre des minutes publicitaires gratuites et non comptabilisées.

10. Les enseignements tirés dans la nouvelle législation

Dans le cadre de la révision de la LRTV, il a été tenu compte des observations financières faites durant ces dernières années auprès des diffuseurs privés. Les précisions inscrites dans les nouvelles bases légales sont nombreuses. Parmi celles-ci, l'on peut noter l'extension de l'obligation de renseigner des personnes physiques ou morales qui désormais concerne aussi les personnes ou les sociétés qui acquièrent de la publicité, produisent la majeure partie du programme pour le diffuseur ou qui sont liées au diffuseur par des participations importantes ou qui sont actives sur le marché des médias, conformément à l'article 17 alinéa 2 LRTV 2006. En fait, toute la section 4 de cette loi reflète la volonté du monde politique de donner à l'autorité de surveillance des instruments plus efficaces pour éviter certains disfonctionnements relatifs à l'utilisation des subventions accordées par la Confédération aux diffuseurs[23].

11. Des outils spécifiques mis en place par l'autorité de surveillance

Pour empêcher des fraudes et éviter un manque de transparence auprès des diffuseurs privés, l'OFCOM a notamment établi un nouveau plan comptable, basé sur le plan comptable PME de Walter Sterchi[24]. Conformément à ce document, les diffuseurs au bénéfice d'une quote-part de la redevance de réception présentent leur bilan, le compte d'exploitation, un

[23] Obligation d'annoncer, de renseigner, de remettre les rapports et comptes annuels et d'enregistrer (art. 15 à 21 LRTV 2006).

[24] STERCHIWALTER, Plan comptable général PME, Union Suisse des Arts et Métiers, Ed. Société suisse des employés de commerce, Zurich,1997.

tableau des immobilisations, un tableau sur les capitaux propres ainsi que leurs charges partielles. Quant aux diffuseurs non subventionnés, ils ne sont pas tenus de présenter les tableaux relatifs aux immobilisations et aux capitaux propres.

Selon ce nouveau plan comptable, des informations financières plus ciblées que par le passé sont demandées aux diffuseurs. Ceci non seulement dans le but de permettre des vérifications immédiates intervenant dans le cadre de l'examen de ces documents, mais aussi dans le dessein de pouvoir bénéficier de données communes qui peuvent facilement être interprétées.

12. Une présence plus accrue de l'OFCOM sur le terrain

L'Office s'est aperçu des effets bénéfiques de sa présence sur le terrain ces dernières années. Les différents cas sanctionnés par l'OFCOM ont eu pour effet que les diffuseurs ont porté une attention plus particulière à leur gestion et ont davantage recherché le dialogue avec l'autorité de surveillance.

13. Les causes des fraudes

Dans le cadre de la fraude à la subvention, les causes sont apparemment simples, à savoir que les diffuseurs indélicats ont de tout temps essayé de manipuler les chiffres pertinents pour obtenir des montants de subventions plus élevés. Avec le développement des radios et des télévisions privées, les diffuseurs ont pensé pouvoir rationaliser leur travail en créant des sociétés externes qui leur viendraient en aide. Toutefois, il faut bien admettre que la recette « est vieille comme le monde », à savoir que des groupes d'entreprises se créent, souvent, aussi pour des raisons fiscales. Certaines de ces sociétés ont apparemment franchi les limites de la légalité envers la LSu et la LRTV, soit par négligence, soit intentionnellement. Faute de moyens logistiques suffisants, l'Office s'est montré clément jusqu'à ce jour en laissant le bénéfice du doute aux diffuseurs.

En ce qui concerne plus particulièrement la fraude à la taxe sur la redevance de concession, elle n'est à prime abord pas un but en soi, mais l'effet domino d'un autre type de malversation. En effet, si l'on tient compte du fait que la redevance de concession représente 0,5 % des recettes brutes de publicité et de parrainage et qu'une franchise de 500'000.- CHF est déduite sur la somme assujettie, la source de tricherie est à rechercher ailleurs. Les taxes de droit d'auteurs, la concurrence entre médias, les aspects fiscaux, sont des facteurs qui incitent vraisemblablement certaines grandes radios et télévisions privées à sous-estimer leur chiffre d'affaires d'exploitation.

Conclusion

Comme dans l'actuelle crise financière mondiale, la population et l'économie sont dupées dans ce genre d'affaires. Les subventions éludées par ces entreprises malveillantes sont financées par le public suisse qui paie l'une des redevances radio et télévision les plus élevées en Europe. Lorsqu'un diffuseur ne comptabilise pas ses affaires-échange, cela signifie qu'il travaille dans la « clandestinité » et que sur le bénéfice de son travail aucun impôt n'est prélevé. Les frais engendrés auprès des différentes administrations pour poursuivre ce genre de malversation sont aussi financés par les citoyens.

Mais alors, peut-on lutter contre ces diffuseurs indélicats qui chaque année ne déclarent pas plusieurs dizaines de millions de francs de publicité ou qui bénéficient de manière indue de plusieurs centaines de milliers de francs de subventions ? Bien évidemment, une solution toute prête n'existe pas. En observant la crise financière mondiale que nous traversons à la fin de cette décennie, nous constatons que l'ensemble des chefs d'Etats de notre planète condamnent la folie financière de ces vingt dernières années et prônent des mesures de contrôles efficaces. S'agit-il de résolutions ponctuelles, ou de mesures qui perdureront dans le temps ? L'avenir nous le dira. Ce genre de réaction devrait intervenir bien en amont des évènements. Chaque acteur doit prendre conscience des dégâts que provoque la criminalité économique. Il est primordial que l'économie privée, l'Etat et les écoles spécialisées collaborent activement afin de mettre en place les instruments nécessaires pour lutter contre cette problématique et sensibiliser les institutions et les individus touchés de près ou de loin par ce fléau. Même si les agissements frauduleux de certains diffuseurs privés ne sont d'aucune mesure à la hauteur des malversations économiques qui font la une des journaux ces temps, il n'est pas normal de laisser se développer, à ce niveau déjà, de tels comportements dans le monde économique actuel.

Comportement de l'auditeur face à la fraude
Evolution des attentes de 1991 à nos jours

BENJAMIN CHAPUIS
Professeur, expert-comptable diplômé, Haute école de gestion Arc, Neuchâtel

Introduction et objectif

Je lisais récemment dans un quotidien[1] à tirage national l'annonce croustillante, mais guère détaillée, d'une fraude opérée dans une institution semi-publique. L'article se terminait par ces mots : « L'organe de révision de l'institution est la fiduciaire X ».

Pourquoi le journaliste terminait-il sur ce fait, sans aucun commentaire ? Supposait-il un certain laxisme de la fiduciaire X ? Connaissait-il seulement ce que la loi et les normes de la profession attendent de l'organe de révision face à la fraude ? Y avait-il comme un soupçon d'*expectation gap*[2] ?

Cet article a pour objectif de décrire l'évolution des attentes légales et normatives en termes de comportement de l'auditeur face à la fraude. Sur le plan juridique, notre analyse va du « nouveau » droit de la SA[3] de 1991 au nouveau droit de la révision de 2007[4]. Sur le plan normatif, nous commencerons également en 1991 pour traverser le temps et aller jusqu'en 2011, voire 2012.

1. Du point de vue du code des obligations (CO)[5]

Le CO a passablement changé, notamment avec l'apport du nouveau droit de la révision[6]. D'une part, l'obligation de vérification selon le seul critère de la forme juridique a disparu, au profit de critères tels que l'ouverture au public, l'importance économique et l'obligation de consolider.

---

[1] Je ne cite pas ce quotidien ni l'article en question pour éviter de promouvoir la pratique que je dénonce.

[2] L'expectation gap est l'écart entre les attentes du lecteur du rapport de l'organe de révision, et en général du public, par rapport aux travaux effectués selon la loi et les normes professionnelles par l'auditeur.

[3] RO **1992** 773, 785, Loi fédérale du 4 octobre 1991.

[4] RO **2007** 4791 et RS 221.302.

[5] RS 220 : articles 727ss CO.

[6] *Dito.*

D'autre part, le législateur a instauré deux niveaux d'audit avec le contrôle ordinaire[7] et le contrôle restreint[8]. Et du point de vue du comportement attendu de l'auditeur face à la fraude, est-il différent depuis l'introduction du nouveau droit ?

Le Conseil fédéral est d'avis que l'organe de révision doit pouvoir se porter garant « de la fiabilité des informations disponibles[9] » dans le cadre de son mandat de révision. Pour cela, le législateur a élargi les attributions de l'organe de révision en termes d'avis obligatoires, mais aussi d'objet de la révision et de rapport.

1.1. Avis obligatoires[10]

Dans le contrôle ordinaire

De prime abord, le nouveau droit de la révision n'a pas bouleversé les attributions de l'organe de révision en termes d'avis obligatoire. L'ancien droit stipulait : « Si au cours de sa vérification, l'organe de révision constate des violations de la loi ou des statuts, il en avertit par écrit le conseil d'administration et dans les cas graves également l'assemblée générale. » Le nouvel article 728c CO élargit le champ et invite l'organe de révision à agir également en cas de violation du règlement d'organisation[11].

Le nouveau droit reprend la même définition de la locution « violation de la loi ». Son spectre est très large, tant civilement[12] que pénalement[13]. La

[7] Article 727 CO. Sur le fond, le contrôle ordinaire reprend les principes et le concept de la révision (mouture 1991), tout en élargissant quelque peu l'objet de la révision.

[8] Article 727a CO. Le contrôle restreint est une révision allégée adressée aux PME dans le but de réduire leurs coûts administratifs.

[9] Message concernant la modification du code des obligations (obligation de révision dans le droit des sociétés) et la loi fédérale sur l'agrément et la surveillance des réviseurs, du 23 juin 2004, FF 2004, p. 3766.

[10] Articles 728c et 729c CO, et article 729b aCO.

[11] Article 728c CO. « C'est en effet dans ce document que le conseil d'administration énonce généralement ses principes de gouvernement d'entreprise. » (Message, *op. cit.*, p. 3798).

[12] Civilement, nous faisons notamment référence aux attributions inaliénables du conseil d'administration (art. 716a CO), à la restitution de prestation (art. 678 CO), à l'interdiction de restitution des versements des actionnaires (art. 680 al. 2 CO), au droit des actionnaires (art. 660 al. 1 et 717 al. 2 CO), à la convocation des assemblées générales (art. 699 CO), mais aussi à des domaines tels que les assurances sociales (LAVS, LPP, LAA, LAMal...), les poursuites (LP), la protection des données (LPD).

violation de toute norme, peu importe sa nature, doit être communiquée au conseil d'administration[14].

Dans le contrôle restreint

Le régime du contrôle restreint ne prévoit aucun avis obligatoire lorsque l'organe de révision constate des violations de la loi, des statuts ou du règlement d'organisation. « Concrètement, [...] l'organe de révision n'est tenu d'aviser des tiers que dans une seule hypothèse, celle où la société est manifestement surendettée et où le conseil d'administration omet d'avertir le juge » [15]. Pratiquement, la Commission d'audit de la Chambre fiduciaire[16] a choisi de suivre Camponovo / von Graffenried-Albrecht[17] avec leur concept du «devoir d'annonce restreint». Selon ce concept, « l'organe de révision ne doit notifier que les violations de la loi en lien direct avec les comptes annuels et uniquement si elles ont été constatées dans le cadre des opérations d'audit effectuées (par exemple lors d'auditions) » [18]. Ainsi des violations des prescriptions relatives aux actions propres[19], au remboursement non autorisé du capital[20] et au devoir d'action en cas de perte de capital[21] doivent faire l'objet d'un avis.

[13] Pénalement, nous faisons notamment référence à : l'abus de confiance (art. 138 CP), l'escroquerie (art. 146 CP), la gestion déloyale (art. 158 CP), la manipulation de cours (art.161 bis CP) ; ou encore aux faux dans les titres (art. 251 CP), sans oublier la lutte contre le blanchiment d'argent (LBA et art. 305 bis CP) et la corruption (art. 322 ter ss CP).

[14] Message, *op. cit.*, p. 3800. Voir aussi : Henry Peter, Francesca Cavadini, Olivier Dunant, Commentaire *ad* article 727a CO, in : Pierre Tercier, Marc Amstutz, *Commentaire romand. Code des obligations II*, Bâle 2008, Helbing & Lichtenhahn, n. 3, p. 1224.

[15] Peter, Cavadini, Dunant, *op. cit.*, n. 2, p.1239.

[16] Chambre fiduciaire, *Nouveau droit de la révision - Questions choisies et réponses*, février 2009, n. 3.7, p. 14.

[17] Rico A. Camponovo, Monique von Graffenried-Albrecht, Neues Revisionsrecht – offene juristische Fragen, *L'Expert-comptable*, 2008/4, p. 204-214.

[18] *Dito.*

[19] Article 659 CO.

[20] Article 680 CO.

[21] Article 725 alinéa 1 CO.

1.2. Objet et étendue du contrôle[22]

Dans le contrôle ordinaire

La vérification de l'existence du système de contrôle interne (SCI)[23] est la grande nouveauté (du moins par sa mention)[24] apportée par le nouveau droit ; et certainement celle qui a le plus d'impact quant au comportement de l'auditeur, mais aussi du conseil d'administration, face à la fraude. Outre la vérification de l'existence, l'auditeur doit tenir compte du SCI « lors de l'exécution du contrôle et de la détermination de son étendue[25] ».

Le SCI est central dans la lutte anti-fraude ; du moins à en croire les big 4[26] : « *A well-developed risk control environment is also the cornerstone of an anti-fraud culture*[27]», « *well designed internal control systems supported by strong culture can work together to better mitigate the risks of individuals who may be motivated to inappropriately apply their talents*[28].»

Les auteurs du Manuel Suisse d'audit sont également des adeptes du SCI[29] : « Par la mise en place d'un contrôle interne efficace, une entreprise prend des mesures préventives pour éviter des opérations délictueuses. » Tout en tempérant : « Cependant, même un contrôle interne parfait ne saurait que rendre plus difficiles de telles opérations et non les exclure. »

Dans le contrôle restreint

L'assurance négative[30] demandée dans le contrôle restreint est un premier élément de réduction des tâches de l'auditeur par rapport à la fraude. Les deux autres éléments que sont la sortie du SCI du champ du contrôle et la prescription des trois types de contrôle[31] à effectuer mènent à exclure du contrôle restreint les opérations destinées à la détection de fraudes.

---

[22] Articles 728a et 729a CO, et article 728 aCO.

[23] Article 728a alinéa 1 chiffre 3 CO.

[24] A vrai dire, il s'agit plutôt de la formalisation d'une attribution préexistante. Voir à ce sujet Peter, Cavadini, Dunant, *op. cit.*, n. 23, p. 1209 et Message, *op. cit.*, p. 3798.

[25] Article 728a alinéa 2 CO.

[26] En référence aux 4 grands cabinets d'audit : PriceWaterhouseCoopers, Ernst & Young, KPMG, Deloitte.

[27] KPMG LLP, *Fighting fraud magazine*, Issue 27 spring 2009, p. 17.

[28] PWC, *Economic crime : people, culture and controls*, 2007, p. 19.

[29] Chambre fiduciaire, *Manuel suisse d'audit*, ch. 3.15431 p. 70, Zurich, 1998.

[30] Test de non-conformité des comptes annuels par rapport à la loi et aux statuts ; cf. article 729a CO.

[31] Article 729a alinéa 1 chiffre 2 CO : « Le contrôle se limite à des auditions, à des opérations de contrôle analytiques et à des vérifications détaillées appropriées ».

1.3. Rapport(s)

Dans le contrôle ordinaire

Le législateur a souhaité renforcer le concept du « rapport explicatif[32] » de l'ancien droit pour aller vers un rapport détaillé par lequel « l'organe de révision établit à l'intention du conseil d'administration un rapport détaillé contenant des constatations relatives à l'établissement des comptes, au système de contrôle interne ainsi qu'à l'exécution et au résultat du contrôle »[33]. Peut-on dès lors imaginer que l'auditeur ne traite pas la thématique de la fraude durant ses travaux de révision ? Pas vraiment, au contraire !

En outre, dans son rapport à l'assemblée générale, l'organe de révision atteste de l'existence d'un système de contrôle interne.

Dans le contrôle restreint

Le rapport de l'organe de révision en contrôle restreint met clairement à l'écart la thématique de la fraude, que ce soit par l'exclusion de la vérification du SCI ou par son assurance négative.

Pour finir cette partie juridique, ajoutons que le législateur a donné à l'auditeur quelques outils complémentaires pour s'assurer de son efficacité, en général, pouvant servir un comportement adéquat face à la fraude. Nous pensons particulièrement au nouveau système d'agrément[34], puis aux nouvelles contraintes en termes d'indépendance[35] et d'assurance-qualité[36].

2. Du point de vue des normes

De 1991 à aujourd'hui, les professionnels de la révision ont vu passer quatre ensembles de normes différents ; chacun de ces ensembles a remplacé son prédécesseur.

En avril 1991, la Chambre fiduciaire a édicté la Recommandation de révision comptable (RdRC) N° 9[37] traitant de « Fraude et contrôle des comptes annuels ». Quelques années plus tard, les RdRC ont été remplacées

[32] Article 729a aCO. Il n'était pas rare de voir ce rapport explicatif prendre sa forme succincte permise par les normes de la profession, et ainsi perdre toute sa valeur ajoutée puisqu'il ne faisait qu'un renvoi aux documents internes de la société.

[33] Article 728b alinéa 1 CO.

[34] RS 221.302 : Loi sur la surveillance de la révision (LSR).

[35] Article 728 CO.

[36] Article 6 LSR.

[37] Chambre fiduciaire, *Recommandation de révision comptable N° 9 « Fraude et contrôle des comptes annuels »*, Zurich, 1991.

par les Normes de révision[38] puis par les Normes d'audit[39] (NA). Ces deux sets de normes ont repris la recommandation de 1991, quasiment mot pour mot.

Les normes actuellement en vigueur pour les contrôles ordinaires sont les Normes d'audit suisses (NAS) 2004[40]. Celles-ci ont apporté leur lot de changements en matière de comportement face à la fraude surtout avec la NAS 240[41] et subsidiairement avec la NAS 890[42]. Dans le contrôle ordinaire, l'avenir sera fait des Normes d'audit internationales[43] que la Chambre fiduciaire devrait reprendre à partir de 2011, voire 2012. Il faut s'attendre également à un changement, tant l'*International standards of auditing* (ISA) 240[44], établie juste après les traumatismes provoqués par Enron, Tyco et Worldcom pour

« indépendamment du fait qu'elles proviennent de fraudes ou d'autres circonstances [...] on ne doit [...] pas en déduire que la vérification des comptes annuels a obligatoirement pour résultat la détection des fraudes, car le réviseur n'a pas d'obligation de les rechercher ».

- « Le conseil d'administration et la direction de l'entreprise ont la responsabilité de la mise en place, du maintien et de la surveillance d'un contrôle interne adéquat. Le réviseur des comptes annuels doit dès lors vérifier l'efficacité[47] du contrôle interne dans les domaines sur lesquels il basera son appréciation. »
- Le réviseur part du principe que la direction est intègre, tant qu'il ne décèle pas d'indices contraires dans le cours ordinaire de son travail.
- Le réviseur doit approfondir ses recherches lorsqu'il soupçonne des fraudes.
- En cas de fraude, le réviseur informe selon la gravité en commençant par la direction pour les cas les moins graves, puis le président du conseil d'administration, et l'assemblée générale pour les cas les plus graves. Ensuite, le réviseur émet une réserve dans son rapport si les comptes ont été influencés et qu'aucune écriture corrective n'a été passée. Puis après avoir réfléchi à l'opportunité et à la manière d'informer des tiers lésés, il démissionne.

Notons également que les « paiements de pots-de-vin, violations de prescriptions fiscales, ententes abusives sur les prix » étaient expressément exclus de la notion de fraude, car « bien qu'illégales » ces infractions « ne correspondent pas à des délits au patrimoine ou en matière de tenue des comptes ».

Revenons sur le paiement de pots-de-vin. Il devait être effectivement difficile pour l'auditeur de convaincre ses clients de l'illicéité de tels agissements, quand bien même ceux-ci étaient déductibles fiscalement, et cela jusqu'au 31 décembre 2000[48]. De plus, suivant leur comptabilisation, les paiements de pots-de-vin n'enfreignent pas de manière évidente les règles de présentation des comptes.

Pour les ententes abusives sur les prix, « les simples décisions d'interdiction «indolores» de la Commission de la concurrence (Comco)

[47] Il est intéressant de noter que cette norme allait plus loin que la loi actuelle (art. 728a al. 1 CO) qui ne traite que de l'existence.

[48] RO 2000 2147, Loi fédérale sur l'interdiction de déduire fiscalement les commissions occultes.

font partie du passé[49] ». Grâce à la nouvelle loi sur les cartels[50] de 2003, la Comco peut désormais imposer des amendes pouvant atteindre un montant maximal de 10% du chiffre d'affaires réalisé en Suisse au cours des trois derniers exercices[51] ; ce qui rend les risques financier et comptable liés à de telles infractions tout à fait significatifs.

Naturellement, ces deux éléments, ainsi que les violations de prescriptions fiscales, ne sont plus mentionnés de la sorte dans la norme actuellement en vigueur, soit la NAS 240.

En termes de volume, les normes d'audit 2001 totalisent 156 pages, dont 5 sont réservées à la NA 9. Deux autres normes (16 et 20[52]) abordent la thématique de la fraude dans le cadre de la confirmation de mandat. Elles veulent rendre le mandant attentif au fait que la recherche systématique d'irrégularités et autres violations de lois spéciales ne fait pas partie du mandat.

2.2. Normes d'audit suisses – NAS 240

La fraude est un : « Acte relevant du droit pénal, commis par une ou plusieurs personnes dans l'intention d'obtenir un avantage injustifié ou illicite et conduisant à une anomalie significative dans les états financiers [pouvant prendre la forme d'un-e] :

- présentation des comptes délictueuse : anomalie dans les états financiers dans le but d'induire les destinataires en erreur ;
- détournement d'actifs : disparition ou réduction d'actifs revenant à l'entreprise[53]. »

Les NAS[54], soit les normes en vigueur pour le contrôle ordinaire, totalisent 730 pages pour 39 normes. On retrouve 24 fois[55] le terme fraude éparpillé dans 19 normes ; il s'agit pour la plupart de renvois à la norme spécifique, soit la NAS 240.

Cette norme est la référence actuelle en matière de responsabilité de l'auditeur face à la fraude, mais aussi face aux erreurs. Elle définit les responsabilités pour la prévention et la détection des fraudes. De plus, elle

---

[49] Patrick Krauskopf, Corinne Pirlot Pittet, La nouvelle Loi sur les Cartels : Un Vade-mecum pour les Entreprises, *sic! 3/2004, 242*, mars 2004, p. 1.

[50] LCart ; RS 251.

[51] Article 49a alinéa 1 LCart.

[52] Norme d'audit (NA) 16 – *Confirmation du mandat d'audit des comptes annuels (lettre de mission)* et NA 20 – *Review (examen succinct)*.

[53] Chambre fiduciaire, *NAS, op. cit.*, Glossaire relatif aux NAS, p.XIV.

[54] NAS 890 incluse.

[55] En excluant le glossaire et la NAS 240.

indique les facteurs de risques relatifs à des anomalies résultant de fraudes. La NAS 240 mentionne les procédures à mettre en œuvre, pour ensuite se prononcer sur la documentation et la communication des délits (découverts ou suspectés). Finalement, elle évoque les circonstances empêchant l'auditeur de poursuivre sa mission.

En termes de répartition des responsabilités, la NAS 240 n'apporte rien de nouveau par rapport à la NA 9. La responsabilité première de la prévention et de la détection de fraudes incombe à l'entreprise, soit à son conseil d'administration et à sa direction par la mise en place d'un système de contrôle interne approprié. La responsabilité de l'auditeur n'a pas changé : « Un audit ne comporte pas de recherche systématique d'actes délictueux ou d'autres violations de la loi. Si ceux-ci ne pouvaient pas être découverts, nous ne saurions en être tenus pour responsables [56]».

La NAS 240 apporte plus d'information, voire d'obligations en termes de procédures à mettre en œuvre dans chacune des quatre phases de l'audit. Nous nous concentrerons ici sur les phases de planification et de réalisation de l'audit.

Dans la phase de planification, l'auditeur s'entretiendra avec son équipe sur le risque de fraude dans l'entreprise ; il obtiendra de l'information sur l'évaluation du risque faite par l'entreprise elle-même et des contrôles internes mis en place.

Dans la phase de réalisation, l'auditeur appliquera des procédures d'audit permettant de réduire à un niveau acceptable le risque d'audit ; par exemple par des procédures globales, ou axées sur une rubrique des états financiers, ou sur une assertion, ou une combinaison des trois.

L'auditeur doit documenter ses travaux. Il doit ainsi spécifier les facteurs de risque de fraude identifiés, mais aussi son approche d'audit pour répondre à ces facteurs de risque. Si l'auditeur a effectué des procédures supplémentaires pour cause de suspicion de fraudes, il doit également les documenter.

[56] Chambre fiduciaire, *Normes d'audit suisses (NAS 240)*, p. 42.

2.3. Norme relative au contrôle restreint

La norme relative au contrôle restreint a l'avantage d'être extrêmement claire sur le sujet de la fraude, en l'excluant de l'étendue d'un contrôle restreint.

« L'étendue de ces opérations de contrôle est, compte tenu du caractère du contrôle restreint, moins grande qu'en cas de contrôle ordinaire. Il n'y a notamment pas :

- de vérification du système de contrôle interne ;
- [...]
- de contrôles pour détecter des fraudes ou d'autres violations de la loi (à l'exception des dispositions relatives à la présentation des comptes) »[57].

Cette vision des choses est confirmée au mandant dans la lettre de mission et réaffirmée clairement dans le rapport de l'organe de révision : « ... des vérifications des flux d'exploitation et du système de contrôle interne ainsi que des auditions et d'autres opérations de contrôle destinées à détecter des fraudes ne font pas partie de ce contrôle. »

2.4. International standards of auditing – ISA 240

La NAS 240 est le reflet, pour ne pas dire la traduction, de l'ISA 240 publiée le 30 juin 2003. L'ISA 240[58] a été depuis remaniée.

Les différences majeures concernent quatre domaines particuliers :

- Les contrôles mis en place par l'entreprise pour couvrir les risques de fraude identifiés doivent impérativement être identifiés et évalués.
- Dans les sections pour lesquelles un risque de fraude a été identifié, l'auditeur doit à présent mettre en place des procédures non prévisibles par son client.
- Un grand changement apporté par l'ISA 240, est l'obligation faite à l'auditeur de considérer par défaut comme un risque de fraude les éléments liés à la reconnaissance des revenus. La présomption d'innocence est ainsi fortement égratignée – l'affaire Enron y est assurément pour quelque chose.
- L'ISA 240 a sensiblement étendu le champ des procédures d'audit en réponse au risque de « management override of controls »[59]. Les

[57] Chambre fiduciaire et USF | STV Union suisse des fiduciaires, *op. cit.*, p. 74.

[58] *Dito*. L'ISA 240 est applicable pour toutes les périodes postérieures au 15 décembre 2004, pour les comptes établis selon un standard comptable international tel que US-GAAP ou IFRS.

[59] Transgression, par la direction, des procédures de contrôle établies.

procédures obligatoires incluent : un test d'un échantillon approprié d'écritures comptables, une revue de tous les jugements significatifs par la direction, et l'obtention d'une justification opérationnelle de toutes les transactions ne relevant pas de l'activité normale de l'entreprise.

Dès 2011, voire 2012, l'ISA 240 sera la norme de référence en Suisse pour tous les contrôles ordinaires. La Chambre fiduciaire a pour projet de remplacer les NAS (édition 2004) par les ISA actuelles.

Conclusion

L'organe de révision n'a pas d'obligation de résultat en termes de lutte contre la fraude. Il a en revanche une obligation de moyens, depuis toujours et avec une intensité grandissante. Une chose reste cependant claire, l'auditeur « n'a aucun devoir d'investigation en dehors de ses attributions de contrôle (art. 728a P CO) »[60]. Selon L'enquête globale relative à la criminalité économique 2007 de PriceWaterhouseCoopers[61], mais aussi selon l'enquête suisse[62], l'organe de révision n'est que rarement, voire jamais pour 2007, à l'origine de la détection initiale. Il n'empêche que l'organe de révision joue un rôle préventif d'importance. Les nouvelles exigences légales en matière de vérification du système de contrôle interne, mais aussi les normes d'audit suisses et la nouvelle ISA 240 sont autant d'éléments allant dans le sens d'une responsabilisation du conseil d'administration via l'organe de révision.

[60] Message, *op. cit.*, p. 3798.
[61] PWC, *Economic crime : people, culture and controls*, 2007, p.10.
[62] PWC, *Economic Crime Survey 2007 - Switzerland*, 2007, p. 4.

4. Éthique, prévention et perception des scandales liés à la criminalité économique

La pente glissante, du vide éthique à la criminalité économique

PATRICE MEYER-BISCH

Coordonnateur de l'Institut interdisciplinaire d'éthique et droits de l'homme (IIEDH) et de la Chaire UNESCO pour les droits de l'homme et la démocratie de l'Université de Fribourg, animateur du groupe Ecoéthique

Enjeu

Il ne suffit pas de « rappeler des valeurs », il convient de les tracer, comme on trace des chemins de responsabilité dans les dédales de la complexité économique, sociale, culturelle et politique. La pente glissante est celle de l'irresponsabilité, de la dévaluation. Si notre économie perd ses valeurs, si les règles juridiques sont perçues comme des freins au libéralisme, alors les risques de comportements irrationnels maximalistes de profits au détriment d'autrui deviennent la règle. Pour « remonter la pente », il convient d'établir un lien exigeant entre notre économie politique et les droits de l'homme, les normes fondamentales de la modernité. Parmi ces normes, qui ne limitent pas mais assurent les libertés, il m'apparaît que les libertés économiques devraient être comprises et déclinées en tant que droits humains à part entière.

1. La pente glissante

Toute la question est dans la différence entre irresponsabilité et criminalité. Il n'est pas juste de criminaliser un acte si la société ne prend pas en compte ses facteurs d'irresponsabilité, les conditions qui rendent le crime possible, voire probable. Il n'est pas juste non plus d'attendre des crises majeures pour revisiter ses valeurs fondatrices. Si une société, quelle qu'elle soit ne prend pas soin de réinterroger régulièrement ses « interdits fondateurs », elle devient de plus en plus anomique. La distance entre les conduites créatrices, celles qui favorisent la réalisation des libertés et des droits fondamentaux et les conduites qui les violent, s'amenuise dans une médiocrité qui se pare souvent des vertus du relativisme ou de la neutralité, sous couvert de technicité et / ou de scientificité. C'est la pente glissante, celle de la « banalité du mal » (H. Arendt).

La déontologie, ou éthique principalement individuelle des responsabilités professionnelles, n'est que la face la plus simple et la plus définie de l'éthique. L'éthique politique, plus précisément, l'éthique de l'économie politique, seule, peut mettre des arrêts sur la pente glissante : les conditions de respect des droits de l'homme dans l'activité économique. Le marché, pas plus que l'Etat libéral, ne peuvent être culturellement neutres; ils reposent sur des valeurs qu'il convient sans cesse d'estimer, de revaloriser et d'enseigner. Si l'estime de ces valeurs baisse, si les responsabilités deviennent abstraites, une « pathologie sociale » se développe. A côté du crime factuel, odieux et publiquement réprouvé d'un malfaiteur ou délinquant, le crime économique se développe au grand jour en profitant du vide éthique. L'injustice notoire des profits sans bornes donne à penser que la recherche du profit est la norme, ce qui justifie en outre le contournement des lois existantes, par des procédés de complication des sociétés écrans, des ruptures de légitimité et de traçabilité. L'irresponsabilité liée à l'incompréhension de la notion de richesse humaine, l'irresponsabilité qui se défausse derrière les « lois du marché », voire les lois du « milieu », celle qui confond activité concurrente et guerre, celle qui rend la monnaie abstraite, c'est encore la pente glissante.

La criminalité économique profite d'une internationalisation comprise comme une délocalisation irresponsable, d'une accélération comprise comme une incompréhension de la valeur temporelle, et enfin d'un cloisonnement par la fabrication d'écrans de toutes sortes, empêchant la traçabilité et installant l'impunité. Les possibilités d'incrimination sont donc des plus restreintes alors que les violations des droits humains se révèlent de plus en plus graves et répétées. Peut-on sortir de cette contradiction ? Une criminalité est identifiable comme économique lorsqu'elle s'inscrit dans un circuit économique que l'auteur (au singulier ou au pluriel) utilise pour parvenir à des fins contraires à l'intérêt général ou à la dignité humaine[1].

On se prémunit d'une telle criminalité principalement en amont, là où les valeurs sont requises pour définir la mission des différents acteurs économiques, privés, publics et civils. Le soin des valeurs ne relève pas que de l'Etat, des partis politiques, des ONG, voire des Eglises, il relève d'une responsabilité commune à tous les acteurs économiques, y compris des acteurs privés. Le problème est que notre conception de la richesse, comme abondance de moyens, et principalement de monnaie, donne l'illusion de la neutralité. En réalité, une richesse n'est jamais neutre, elle implique des choix de valeurs. Toute richesse est culturelle.

[1] J'ai développé sous cet angle quelques caractéristiques de la criminalité économique dans : Criminalité et circuit économique. Confrontation entre logique individualiste et systémique? In Wirtschaftskriminalität / Criminalité économique, Schweizerische Arbeitsgruppe für Kriminologie / Groupe suisse de travail de Criminologie, Chur/Zürich, 1999, Band 17, pp. 79-97.

Parmi ces valeurs, la question centrale est celle de l'universalité, qui assure la cohérence à la fois éthique (justice) et économique (justesse) :

- *au niveau national* : une éthique de l'économie politique doit assurer la circulation de la monnaie entre personnes et régions plus ou moins favorisées ;
- *au niveau international* : c'est la même valeur, mais plus difficile encore à réaliser. Voici un exemple de frontière non éthique : la non pénalisation de l'évasion fiscale passive. Cette injustice éthique conduit à une dévalorisation de la loi (établie sur le principe d'une fiscalité démocratiquement contrôlée), laquelle facilite le passage à l'acte des pratiques illégales commises par les employés des grandes banques. *C'est encore la pente glissante.*

Remonter la pente, c'est montrer concrètement, et à quel point, toute valeur économique est, pour ceux qui en sont privés, une ressource humaine fondamentale, et donc une valeur éthique. Le libéralisme dégradé que nous connaissons aujourd'hui, confondant les « lois du marché » avec celle de la jungle à peine encadrée, a tout neutralisé derrière la maximisation des profits. Notre monnaie, porteuse de notre énergie sociale, a perdu la face. Il ne s'agit pas de refuser le libéralisme, mais de retrouver l'intuition des Lumières : l'expression fondatrice « tous les hommes sont égaux en liberté et en droit » signifie que libertés civiles et libertés économiques ne font qu'un. La même liberté a diverses faces.

2. A pile ou face : où est passée la face de la monnaie ?

2.1. La monnaie, connectivité des ressources

Position éthique

De façon générale, la valeur de la monnaie est indivisiblement économique et éthique, elle est écoéthique, dans la mesure où elle est le véhicule de l'énergie humaine / ressource sociale : une privation de monnaie (sous une forme ou une autre) est une privation de capacité sociale, vers autrui et vers soi-même, une privation de dignité, et, proportionnellement, une privation de vie. Une rémunération ou une capitalisation injustes correspondent d'une part à une privation pour autrui, et d'autre part à un détournement de valorisation sociale (confiance abusive dans la marque extérieure de « réussite »).

Valeur d'une monnaie : recto et verso du symbole :

- *Côté face :* l'unité commune ou référence, le bien commun de la communauté politique qui frappe et gère la monnaie, la marque de *l'unité politique* (de responsabilité éthique), unité de sens ou globale, capital commun de confiance, ou bonté commune ;

- *Côté pile :* le multiple, ou unité de compte, celle qui a été pilée, la marque de la quantité dans un environnement de rareté[2].

Le recto et le verso de la valeur comptent, et peuvent se décliner à partir des trois fonctions classiques de la monnaie[3], dans leurs dimensions écoéthiques : indivisiblement (en principe) économiques et éthiques (voir tableau ci-dessous). A chaque fonction correspond une valeur économique qui n'est que le verso d'une valeur éthique, que j'appelle « écoéthique » pour bien marquer cette unité. La fluidité de la monnaie permet la connexion des ressources ; le stock permet la constituions de capitaux sans lesquels il ne peut y avoir de sécurité, et enfin l'unité de mesure permet d'évaluer la valeur du travail, par exemple. Cette dernière fonction est spécialement mise à mal actuellement. A l'inverse, une division entre les deux faces de la monnaie correspond à une dévaluation éthique. Mais qui peut assurer cette indivision, cette convertibilité des valeurs et des capitaux ? A une unité de compte est-il toujours possible de faire correspondre – au moins symboliquement – une unité de ressource ?

fonctions	**économique**	**écoéthique**
moyen de paiement intermédiaire dans les échanges	flux	connexion des ressources, fiabilité / flexibilité
réserve de valeur	stock	sécurité / liberté
unité de compte	appréciation, mesure	unité de référence / pour mesurer les différences transparence de communication / ajustement

Tableau 1 : les dimensions de la monnaie

[2] Les pièces étaient frappées, par le pile du marteau à Rome dans l'atelier de *Juno moneta* (Junon qui avertit) ? C'est une étymologie possible.

[3] Aristote, Ethique à Nicomaque, V,8. Je remercie David Vetterli et Dorrit Novel qui m'ont aidé à clarifier ces notions dans le cadre de notre séminaire d'éthique économique.

Une juste circulation des monnaies permet une valorisation juste et ajustée (justice et justesse) des ressources humaines et non humaines. La valeur multidimensionnelle de la monnaie, indivisiblement éthique et économique – écoéthique – exprimée par sa fonction d'intermédiation entre les hommes, leur travail et leurs ressources doit être objet permanent de débat public et de soin. Il n'est pas exagéré de dire que la monnaie a une valeur « spirituelle » : elle atteint la capacité humaine de donner, au plus intime ; elle circule à travers l'espace et le temps, elle est lien entre les personnes. Son gaspillage est alors évalué avec beaucoup plus de gravité.

2.2. Les risques et la sécurité analysés en termes de droits humains

Les risques éthiques sont identifiables à travers les droits de l'homme : en premier les libertés économiques (d'achat et de vente, d'embauche et d'entreprendre), mais aussi les autres droits de l'homme impliqués dans les activités économiques des partenaires de la banque, qu'il s'agisse de droits civils (comme le respect de la vie privée), culturels (information et formation), écologiques, sociaux ou politiques.

La lecture éthique des problématiques économiques implique deux types de notions :

- Les *enjeux éthiques* représentent les situations dans lesquelles des valeurs éthiques sont en mesure d'être renforcées, et les risques, celles dans lesquelles ces valeurs sont mises en danger, en particulier les violations des droits humains, qu'il s'agisse de liberté d'expression, de droit au travail, à l'alimentation, à l'éducation, à l'information, à un environnement sain…
- Les *risques systémiques* sont des fragilisations et remises en cause de l'équilibre des systèmes (économiques, culturels, écologiques, sociaux et politiques) au sein desquels s'exercent les activités économiques concernées.

Toute une partie des acteurs sociaux ignorent, ou feignent d'ignorer l'impact de l'activité économique sur les droits humains, c'est la pente glissante de l'irresponsabilité qui manque de signaux clairs pour condamner des pratiques économiques qui, dans les faits, sont criminelles.

2.3. La convertibilité des valeurs

Toute l'éthique réside dans la convertibilité des valeurs : une ressource économique a une valeur culturelle, sociale, politique, et réciproquement. Ces valeurs constituent des capitaux. Un capital qui serait exclusivement monétaire n'a aucun sens s'il n'est pas intégré à l'ensemble des capitaux économiques, et ceux-ci aux capitaux sociaux et culturels. Les ressources économiques premières sont les ressources humaines, dans leurs multiples dimensions. L'usage des différentes formes de monnaie devrait indiquer, autant que possible, cette convertibilité. A titre de contre-exemple, les salaires excessifs (qui n'ont plus de rapport avec la rareté de la compétence, la qualité et la quantité du travail) ont pour conséquences une « dévaluation » de la monnaie qui :

- n'a pas de sens économique (réduction à une loi supposée mécanique d'offre et de demande, alors qu'elle est de type clientéliste) ;
- rend aveugles les possesseurs de revenus excessifs à la réalité économique, et encore plus à la convertibilité des valeurs ;
- humilie les bas salaires et rend incompréhensible le rapport entre travail et salaire.

Pour ces différentes raisons, les salaires et bonus excessifs sont des non-sens du seul point de vue économique, à condition de prendre l'économie dans son ensemble, ce sont des facteurs d'aveuglement et de déséquilibre des systèmes économiques, dont les répercussions sont majeures sur les plus pauvres. La garantie du droit au travail implique que l'évaluation du travail la plus juste possible soit considérée comme un bien publiquement protégé. Tous les gains gravement disproportionnés, relèvent du vol puisqu'ils enlèvent aux plus défavorisés et destructurent les marchés ; ils devraient être, à ce titre interdits, d'abord par la coutume et si ce n'est pas suffisant, par la loi.

3. Pour une refondation de l'économie politique sur les libertés fondamentales

3.1. Les droits de l'homme sont des conducteurs de capacités : retrouver les fondements du libéralisme

La valeur économique des droits et libertés est très justement introduite par l'auteur de *Development as Freedom* après sa célèbre définition du développement comme « processus d'expansion des libertés réelles »[4] : « La question est souvent posée de savoir si la libre participation politique ou le droit à l'opposition sont, ou non, des 'conducteurs' – au sens que revêt ce

[4] J'ai développé cet argument dans : La cohérence des normes, condition de l'interaction des acteurs économiques, *in* L'effectivité des normes sociales internationales dans l'activité économique, Meyer-Bisch, Friboulet, Davoine (eds.), Zurich, Bruxelles, Paris, 2008, Schulthess, Bruylant, L.G.D.G.

terme en électricité – du développement »[5]. Ce point est capital. J'ajoute au terme de « conducteur » celui de « connecteur ». D'un côté les droits humains permettent de conduire, car, non seulement ils relient mais aussi ils orientent ; de l'autre, en tant que libertés, ils permettent de connecter et de déconnecter de multiples façons (liberté d'adhérer ou de ne pas adhérer à un syndicat, à une communauté religieuse, par ex.). Les droits et libertés sont des connecteurs et conducteurs de ressources, car ils permettent de relier les ressources individuelles et collectives librement appropriées. Plus précisément, ils garantissent que les personnes sont dotées des capacités institutionnelles nécessaires au libre développement de leurs capacités propres. C'est pour cette raison que les libertés et les droits sont à la fois des fins en eux-mêmes (des dimensions de la dignité) et des moyens : chaque libération personnelle est développement de capacités et donc libération de ressources aptes à se connecter à d'autres ressources et à en conduire d'autres, libération de valeurs aptes à générer de la valorisation. La division insensée entre les sphères éthique et économique empêche de percevoir la profonde et féconde connectivité, la valeur de conducteur économique, des droits fondamentaux avec leurs dimensions de libertés et de responsabilités.

Les libertés sont-elles restreintes par des normes qui leur seraient extérieures, ou au contraire sont-elles elles-mêmes le contenu des normes fondamentales dont la compréhension des interactions est à développer ? Le libéralisme dégradé considère les normes comme des limitations aux libertés alors que le libéralisme des Lumières, celui de la modernité, le libéralisme démocratique qu'il convient toujours de développer, se fonde sur la conviction que les libertés ont une « nature » complexe, une nature rationnelle à respecter sous peine d'incohérence, de gaspillage et d'injustice. Les libertés supposent le respect des droits correspondants et la définition des obligations proportionnelles aux responsabilités.

Un droit de l'homme n'est pas une norme qui limite les libertés économiques, c'est au contraire un interdit des approches réductrices, une obligation de complexité. Chaque liberté, étant fondée en raison, est un risque que la raison fait courir aux institutions qui se présentent comme des garanties d'un ordre supérieur. A la cohérence imposée par une hégémonie et ses standards, ne peut s'opposer que celle des libertés: chaque liberté appelle la cohérence des autres dans un syst mais constitué d'oppositions et de tensions à résoudre par la parole. C'est grâce à cette diversité qu'elles peuvent mutuellement se contrôler, se corriger et se développer. Le but n'est donc pas de réduire le marché par l'éthique et le droit en le bornant de l'extérieur, mais au contraire de l'étendre à tous, en particulier aux plus démunis, grâce à la dynamique de la charpente des lois démocratiques qui garantissent la fécondité et la dignité des échanges.

3.2. Pourquoi ne lions-nous pas davantage libertés civiles et libertés économiques ?

Nous sommes en présence, particulièrement en Suisse, d'une dichotomie entre le monde économique et le monde civil et politique. Alors que les libertés civiles et politiques sont considérées comme des droits humains, directement justiciables, les droits économiques, sociaux et culturels sont encore considérés (comme au temps de la guerre froide) comme des objectifs à atteindre, ou des droits programmatiques. Les droits économiques sont considérés comme des droits sociaux dans une approche étatiste : ils signifient alors une créance sur l'Etat. Or l'ensemble des droits économiques et sociaux implique une créance sur un capital social (comme tous les droits de l'homme) et pas forcément sur les pouvoirs publics. Nous sommes donc au-delà du clivage politique. Selon la diversité des cultures politiques, les assureurs, les laboratoires pharmaceutiques, les hôpitaux, les services postaux, les chaines de télévision, peuvent être des mixtes publics/privés à géométrie variable, pourvu qu'au bout du compte les droits fondamentaux soient garantis par la loi et dans les faits.

Outre cette ambiguïté sur le rôle de l'Etat, la doctrine ne fait actuellement pas de différence entre droits sociaux et droits économiques. Cela montre que les langues de l'économie et des droits de l'homme ne s'interpénètrent pas. Les libertés économiques sont tout aussi fondamentales que les civiles et politiques, mais, elles demandent à être comprises ensemble, comme interdépendantes. Ma thèse, selon laquelle l'économie politique doit se refonder sur toutes les libertés, se précise ainsi : pour développer la conscience des responsabilités communes à tous les acteurs économiques, il faut développer cette interdépendance entre toutes les libertés, ainsi que la nécessité de les respecter et de les promouvoir au maximum pour tous. Les libertés économiques qui sont, avec les autres libertés, au fondement du libéralisme et de la démocratie modernes, peuvent être aujourd'hui explicitées en tant que droits de l'homme à part entière.

3.3. La protection des libertés économiques

Outre le fait que tous les droits de l'homme ont une dimension économique, deux droits, ou groupes de droits, ont un contenu immédiatement économique. Le droit à la propriété est en outre transversal, puisque la propriété est au fondement aussi bien de la protection de la vie privée (dimension civile) qu'intellectuelle (droit d'auteur et droit d'accès au patrimoine). Le droit au travail est directement lié à la production des biens et des services. Il a en outre une forte connotation culturelle, puisque c'est en grande partie par le travail que toute culture se forme et se transmet.

Le droit à la propriété, droit de jouir en propre des biens nécessaires à l'exercice de ses libertés et obligations.

Le droit à la propriété est un droit très sensible du point de vue politique, puisqu'il touche explicitement les liens entre le respect de la personne individuelle et les objets communs. Il oblige l'analyse à trouver une issue pour sortir du clivage idéologique individualisme / collectivisme. L'article 17 alinéa 1er de la Déclaration universelle des droits de l'homme précise que « toute personne, aussi bien seule qu'en collectivité a droit à la propriété ». Ce n'est pas une alternative, les deux formes de propriété sont légitimes. L'alinéa 2, en forme négative « Nul ne peut être arbitrairement privé de sa propriété », démontre le caractère contraignant de ce droit. Aucune liberté n'est absolue et son déploiement ne peut certes pas être garanti, mais sa privation arbitraire est interdite.

Cette tension entre les pôles individuel et collectif est l'enjeu crucial de l'ensemble des droits de l'homme. Nous avons deux critères à respecter pour définir l'ampleur de ce droit :

- L'objet peut être individuel ou commun, privé ou public ; en ce qui concerne les droits de l'homme, la propriété est adéquate, ou légitime dans la mesure où elle est au service des droits, libertés et responsabilités. Dans le cas contraire, elle perd sa légitimité, comme pour tous les autres droits de l'homme.
- La philosophie classique distribue la propriété en *usus* (usage), *fructus* (jouir des fruits : consommation ou vente) et *abusus* (vente). Cela signifie que celui qui jouit de l'usage pendant une durée déterminée (location, ou crédit, par ex.) bénéficie d'une forme de propriété, à durée limitée dans le temps.

Comme pour les autres droits de l'homme, le droit de propriété a une valeur de fin en soi (propriété sur les capacités nécessaires à l'exercice des libertés) et de moyen pour une société démocratique : il permet l'existence même et la vitalité du marché par la multiplication de ses acteurs, et il est condition de réalisation du droit au travail.

Le droit à la propriété peut alors être interprété comme : libertés d'échanger, d'acheter ou de vendre (libertés commerciales). Ces libertés signifiant, par voie négative, les libertés de conserver. La notion d'échange permet de préciser que la relation n'est pas forcément marchande. La propriété peut toucher les biens de consommation ou les biens de production.

- *Garantie des libertés.* Ces libertés économiques sont essentielles pour assurer que dans toute relation économique (y compris non marchande) la liberté des personnes est respectée. On notera à l'inverse la notion de partenaire « captif », qu'il s'agisse de fournisseurs ou de clients.
- *Droit au crédit.* Parmi les libertés d'acheter ou de vendre, il faut mentionner une place importante à celles qui concernent le crédit[6]. Le crédit est une marque de confiance qui, bien entendu, ne peut pas être accordée sans contrepartie. Mais, d'une part, ce droit ne devrait pas être empêché, d'autre part, il demande à être favorisé. L'exercice de ce droit qui permet à une personne, seule ou en commun, d'entreprendre une activité en engageant son avenir et celui d'autrui, est une condition d'accès à d'autres droits de l'homme, notamment le droit au travail (liberté d'entreprendre), le droit au logement et le droit à l'éducation (crédit pour l'éducation et pour la formation permanente), le droit aux soins, voire l'accès à la justice.

Le droit à un travail adéquat, notamment par les droits et libertés d'accès à un marché du travail équilibré

Ce droit a été également interprété, dans une approche étatiste, comme une créance sur l'Etat, alors qu'il s'agit d'abord d'une liberté fondamentale, connue sous sa forme négative : l'interdit du travail forcé. Si on passe au versant positif, à savoir le contenu d'une liberté réelle, la liberté de travailler se déploie de diverses façons, comme le droit à acquérir les capacités qui permettent d'accéder à un marché du travail. Il ne s'agit pas du droit à « occuper une place de travail », ce qui serait une approche irréaliste et non économique, mais du droit d'accéder aux ressources nécessaires pour se former à un travail qui soit adéquat, dans la mesure du possible, pour la personne et pour la société : qui permette à la personne un libre choix et une possibilité réelle d'épanouissement, et qui apporte une contribution à la société.

---

[6] Le droit au crédit (à la confiance économique) est un droit de l'homme à partir du moment où son non-respect rend impossible un autre droit de l'homme. Les expériences fameuses du micro-crédit montrent cependant de quelles façons il faut intégrer les logiques sociales dans la mise en œuvre de ce droit: ce n'est pas l'individu seul qui est pris en considération, mais un groupe garant, avec des règles de solidarité qui permettent à la fois la viabilité et la dignité du crédit, comme moyen d'inclusion.

La difficulté consiste à estimer si les contraintes extérieures ôtent à ce droit sa consistance, autrement dit, si, même dans une société équilibrée, il ne peut y avoir de travail adéquat pour tout homme, certains devant se consacrer à des tâches peu ou pas choisies. L'exercice des libertés du travail n'est pas une exception : les libertés d'expression, d'éducation de soin, dépendent en grande partie de la richesse des systèmes sociaux concernés. Comme les autres droits de l'homme, le droit au travail n'est pas une créance sur l'Etat, mais sur un « capital social » duquel de nombreux acteurs sont responsables, sous la garantie publique. Au vu de l'importance du travail pour toute personne, il apparaît que si l'épanouissement est spécialement difficile à réaliser, la substance même du droit est exigible, et peut être déployée, et que les entraves peuvent être interdites :

- Liberté de chercher une embauche
- Liberté d'entreprendre

Ces deux formes de la liberté de chercher un travail adéquat supposent en particulier :

- le droit à la formation de base et professionnelle (droit culturel), en particulier en cas de chômage,
- le droit à une information adéquate sur les évolutions du marché du travail
- les droits *du* travail : les libertés syndicales (droits civils), un salaire équitable et le repos (limitations du temps de travail).

On pourrait utilement déployer ce « panier de droits » en des droits distincts, et expliciter ainsi les liens entre les libertés civiles et économiques, ainsi que leurs régulations mutuelles.

Les personnes en situation de pauvreté voient leurs libertés économiques bafouées, interdites. Cette situation n'est pas due au simple manque de ressources, c'est le résultat d'un délit, car aucune raison ne permet de maintenir des violations aussi graves. Des injustices salariales, des formations de base et professionnelles insuffisantes, des informations tronquées sur le marché du travail, une protection insuffisante des mères, etc. constituent autant de facteurs d'irresponsabilité, dont les conséquences sont des situations de pauvreté durable qui se reproduisent sur les enfants. Cette position ne devrait pas être considérée comme spécifiquement de gauche, car elle relève de l'objectivité démocratique fondée sur l'ensemble indivisible et interdépendants des droits et des libertés fondamentales. L'argumentation est politiquement paradoxale puis qu'il s'agit de défendre les droits sociaux par la reconnaissance des libertés économiques, mais insérées dans l'ensemble des libertés. Chacun devrait reconnaître que ces libertés, comme les autres, définissent la ligne rouge des droits fondamentaux constitutifs à la fois de la dignité des personnes et de l'équilibre dynamique de nos systèmes culturels, écologiques, économiques, sociaux et politiques. Cette reconnaissance devrait nous obliger à plus de rigueur pour appeler un crime économique, un crime.

Dissuasion situationnelle et gonflement des demandes d'indemnisation à l'assurance privée : résultats d'une expérimentation de terrain[1]

ÉTIENNE BLAIS

Professeur adjoint – École de criminologie, Université de Montréal

Introduction

Selon la théorie de la dissuasion, la sanction pénale peut produire deux effets distincts. D'une part, la peine peut réduire le risque de récidive du délinquant qui lui est exposé. D'autre part, la peine peut produire un effet dissuasif général sur les délinquants potentiels (Gibbs, 1979 ; Cusson, 1998). Il est d'ailleurs généralement accepté que les sanctions pénales sont plus efficaces auprès des délinquants engagés dans la criminalité économique que chez ceux qui commettent des formes plus conventionnelles de crimes. Les criminels en col blanc sont souvent dépeints comme étant plus réceptifs aux menaces de sanctions pénales étant donné qu'ils ont plus à perdre que les autres délinquants en termes de capital financier et social (Chambliss, 1967 ; Tittle, 1969 ; Weisburd et coll., 1990 et 1995). De plus, les crimes économiques sont aussi perçus comme une forme hautement rationnelle de criminalité dans laquelle le délinquant calculerait avec soin les coûts et les avantages de son acte (Braithwaite et Geis, 1982).

En dépit de leurs méthodologies variées, plusieurs études ont observé une relation inverse entre la probabilité d'être arrêté ou de faire l'objet d'un audit et l'évasion fiscale (voir, entre autres, Witte et Woodbury [1985] ; Thurman [1989] ; Elis et Simpson [1995] ; Varma et Doob [1998] ; et Wenzel [2004] pour des études réalisées à partir d'approches distinctes). Les résultats de ces études sont toutefois discutables (Blais et Bacher, 2007). Premièrement, les devis employés ne permettent pas un contrôle systématique des facteurs influant sur les comportements d'évasion fiscale, ce qui mine la validité interne des résultats. Autrement, la crédibilité de leurs résultats peut être remise en question. Deuxièmement, les études les plus robustes méthodologiquement ont été réalisées en laboratoire, ce qui ne permet pas de généraliser les comportements observés à ceux qui prennent place en situation réelle.

---

[1] Une version similaire de cet article a déjà été publiée dans le « Journal of Experimental Criminology ».

Une expérimentation de terrain avec randomisation pourrait surmonter les limites de ces études. L'utilisation d'un tel devis permet non seulement de garder constants les effets des facteurs externes au stimulus dissuasif, mais permet aussi d'évaluer l'effet de la menace de sanctions pénales dans un contexte réel. L'objectif général de cette étude est donc de parfaire nos connaissances quant à l'effet d'un stimulus dissuasif sur les crimes économiques et plus particulièrement, sur les comportements de gonflement des demandes d'indemnisation à l'assurance privée.

1. Recension des écrits

1.1 Contexte, opportunités et passage à l'acte

Outre quelques exceptions (Schwartz et Orleans, 1967 ; Tremblay et coll., 2000 ; Bacher et Blais, 2005), les études sur le contrôle de la criminalité économique ont mis l'emphase sur les facteurs individuels, délaissant par le fait même la notion de contexte[2]. Pourtant, Sutherland (1947), qui fut le premier à définir et à utiliser le terme « criminel en col blanc », souligne que les facteurs situationnels sont probablement plus importants que les facteurs individuels lors de l'étude des phénomènes criminels. Peu importe le penchant criminel de l'individu, le passage à l'acte est constamment influencé par les circonstances entourant le délit (Cusson, 1993).

Une situation ou un contexte peut être défini comme « un ensemble de stimuli qui implique un large éventail d'objets et d'actions qui prennent place dans une certaine période de temps » (Pervin, 1978 : 79 – traduction libre). Ces mêmes contextes sont définis par les acteurs impliqués et les actions qu'ils posent dans un environnement donné. Les situations peuvent durer quelques secondes ou minutes, voire plusieurs heures. Pour sa part, l'environnement comprend une « organisation » de situations et de caractéristiques qui peuvent se succéder et qui s'influencent mutuellement (Pervin, 1978).

L'analyse situationnelle de la criminalité implique justement la recherche des modes de régulation du comportement à travers des situations criminogènes qui offrent des opportunités aux délinquants potentiels (Birkbeck et LaFree, 1993). En présence d'une opportunité criminelle, les délinquants vont utiliser les facteurs spatio-temporels dont ils disposent pour prendre leur décision et ce, indépendamment de leur propension au crime.

[2] Les termes contexte et situation sont employés de manière interchangeable tout au long du texte.

Clarke (1983) a justement élaboré la théorie de la prévention situationnelle en mettant l'emphase sur l'importance de modifier les circonstances immédiates qui entourent le délit afin de rendre ce dernier moins profitable et plus risqué. Comme il le mentionne, une théorie optimale du crime doit avoir deux composantes centrales, soit premièrement une description de la nature et distribution des opportunités et deuxièmement, un compte rendu sur la manière dont la décision des délinquants est affectée non seulement par leurs caractéristiques personnelles, mais par les circonstances dans lesquelles ils se retrouvent (Clarke, 1983). Cusson (1993) a souligné l'intérêt d'intégrer les facteurs situationnels et temporels du crime et les composantes émotionnelles de l'intimidation à la théorie de la dissuasion. La dissuasion contextuelle se produirait justement lorsqu'un individu s'abstiendrait de passer à l'acte en raison de la peur générée dans une situation particulière.

Des études en laboratoire ont intégré la notion de contexte tout en employant des devis expérimentaux avec randomisation permettant de garder constants les effets des facteurs individuels chez les participants. Les expériences en laboratoire ont principalement mesuré les comportements d'évasion fiscale en fonction du risque de détection ou d'audit (voir Blackwell [2002] pour une méta-analyse sur les expériences en laboratoire sur le risque d'audit ou de détection et les comportements d'évasion fiscale). Bien que ces dernières démontrent que l'évasion fiscale diminue dans les conditions les plus punitives, deux critiques peuvent leur être formulées à leur endroit. Premièrement, les expériences impliquent des étudiants universitaires qui n'ont rien en commun avec les contribuables réguliers et encore moins avec les délinquants (Blanchette et Blais, cet ouvrage). Les résultats ne sont pas généralisables à l'ensemble de la population. Deuxièmement, les recherches en laboratoire produisent des résultats artificiels qui relèvent notamment de l'effet des expérimentateurs et des rôles devant être joués dans les contextes (Birkbeck et LaFree, 1993). Les participants ne sont pas confrontés aux autres acteurs et stimuli présents dans une situation réelle qui offre notamment l'opportunité de passer à l'acte.

1.2 Expérimentation de terrain et dissuasion contextuelle

La notion de contexte est quasiment absente de la recherche en matière de régulation de la criminalité économique principalement en raison des difficultés méthodologiques associées à sa validation (Birkbeck et LaFree, 1993). Les expériences en laboratoire ont tenté de surmonter cette limite, mais sans succès. La mise à l'épreuve des faits de la théorie de la dissuasion situationnelle est étroitement associée à la tradition de recherche des expérimentations de terrain. Les expérimentations de terrain font partie intégrante de la tradition de recherche expérimentale et représentent une stratégie efficace pour étudier l'effet d'une sanction dans des situations réelles (Green, 1985 ; Boruch et coll., 2000).

L'expérimentation de terrain est non seulement une façon de surmonter les limites associées à la validité des comportements des participants en contextes fictifs et à la validation de la théorie de la dissuasion, mais permet aussi d'évaluer l'efficacité de mesures visant à contrer les crimes dans des contextes offrant des opportunités criminelles (Cusson, 1993 ; Birkbeck et LaFree, 1993 ; Tremblay et coll., 2000).

Les études de Schwartz et Orleans (1967) et de Green (1985) ont employé l'expérimentation de terrain pour évaluer l'effet de la menace de sanctions pénales pour prévenir respectivement l'évasion fiscale et les branchements illégaux à la télévision câblée. Tremblay et coll. (2000) ont mené une expérimentation au sein d'une compagnie d'assurance afin de prévenir le gonflement des demandes d'indemnisation à la suite d'un vol résidentiel. Les réclamants étaient répartis aléatoirement dans les groupes témoin et expérimental. Alors que les assurés du groupe témoin étaient traités comme à l'habitude, ceux du groupe expérimental recevaient une lettre « dissuasive » qui rappelait que : (1) la compagnie était préoccupée par le gonflement des demandes d'indemnisation et disposée à poursuivre les clients fautifs, (2) le gonflement est passible d'une peine d'emprisonnement, et (3) la majorité des gens trouvent ce comportement malhonnête. La lettre était soit remise en mains propres ou envoyée par la poste par le régleur. Tremblay et coll. (2000) indiquent que la lettre dissuasive permet de prévenir le gonflement, mais seulement lorsqu'elle est remise en mains propres à l'assuré. La proximité temporelle entre un stimulus dissuasif n'est peut-être pas suffisante pour assurer la conformité de l'assuré. La remise en main propre du stimulus par l'expert en sinistre serait peut-être nécessaire puisque l'expert renforce la crédibilité de la menace de sanction pénale. Cette interprétation est hautement questionnable puisque les réclamants ne furent pas randomisés dans les groupes témoin et expérimental sur la base du type d'experts (expert externe ou interne).

Bacher et Blais (2005) ont évalué l'effet du même programme de prévention du gonflement des demandes d'indemnisation au sein d'une autre compagnie. Cette fois-ci, tous les cas étaient réglés à l'externe afin de mettre à l'épreuve des faits l'hypothèse de Tremblay et coll. (2000). Les auteurs n'observent aucune différence statistiquement significative entre les montants réclamés des groupes témoin et expérimental ($p > 0,05$). Leur échantillon n'était constitué que de 80 participants, ce qui peut être insuffisant pour détecter une différence significative à l'aide de tests statistiques (Cohen, 1988).

1.3 La présente étude

La présente étude vise à accroître nos connaissances quant à l'effet de la menace de sanctions pénales sur les crimes économiques et plus particulièrement sur le gonflement des demandes d'indemnisation à l'assurance privée. Nous présentons les résultats d'une expérimentation de terrain avec randomisation qui fut réalisée dans quatre compagnies d'assurance[3]. Cette étude se distingue de celles effectuées précédemment non seulement par l'adoption d'une stratégie multi-site permettant de surmonter les problèmes de puissance statistique, mais aussi par l'administration d'un stimulus dissuasif au moment même où les assurés étaient soumis à une opportunité de gonfler le montant de leur demande d'indemnisation. Le protocole de la lettre dissuasive fut implanté de manière identique dans toutes les compagnies à une exception. Dans une compagnie, l'ensemble des réclamations furent gérées par des experts externes, ce qui permet de vérifier si un stimulus distribué par voie postale produit les mêmes effets qu'un stimulus donné en mains propres. Au total, notre étude analyse 765 demandes d'indemnisation. Nos analyses ont été réalisées tout en tentant d'atteindre les objectifs suivants : (1) intégrer les facteurs situationnels dans le processus de l'effet dissuasif de la peine, (2) isoler l'effet d'un stimulus dissuasif à l'aide d'un devis robuste, et (3) identifier les conditions requises pour assurer l'efficacité d'un stimulus dissuasif (i.e. est-ce qu'une lettre dissuasive donnée en mains propres est plus efficace qu'un stimulus reçu par la poste ?).

2. Méthodologie

2.1 Source des données et procédure d'administration du stimulus

En collaboration avec le Bureau d'assurance du Canada, une expérimentation de terrain avec randomisation fut implantée dans quatre compagnies d'assurance afin d'identifier des stratégies de prévention du gonflement des demandes d'indemnisation. Les compagnies sont identifiées avec les lettres A, B, C et D pour assurer leur anonymat. Pour colliger suffisamment de données et surmonter d'éventuels problèmes de puissance statistique (Cohen, 1988), le programme de prévention fut en vigueur pour une période de six mois dans chaque compagnie. Dès que l'une des

[3] La compagnie A fut étudiée par Tremblay et coll. (2000) alors que la compagnie D fut étudiée par Bacher et Blais (2005).

compagnies recevait un appel pour un vol résidentiel, une réceptionniste assignait le cas aléatoirement dans le groupe expérimental ou témoin. Seuls les réclamations de particuliers furent considérées afin d'avoir un échantillon aussi homogène que possible (Farrington et coll., 1986 ; Weisburd et coll., 1993). Conformément à l'approche multi-site, chaque compagnie représente un site distinct. Cette approche maximise la comparabilité des groupes expérimentaux et témoins (les cas sont randomisés à l'intérieur de chaque site) et permet d'évaluer l'effet stimulus en général et à l'intérieur de chaque site à l'aide d'un seul modèle statistique (Weisburd et Taxman, 2000).

Les experts en sinistre (régleurs), qui avaient reçu des instructions sur la tenue du programme savaient à quel groupe le cas appartenait. Les réclamants du groupe expérimental recevaient donc une lettre qui visait trois objectifs : (1) informer les clients que la compagnie était préoccupée par le gonflement des demandes d'indemnisation et qu'elle est prête à poursuivre les clients fautifs en vertu des lois du Code criminel canadien, (2) rappeler les peines associées au gonflement, et (3) encourager les clients à respecter la loi en soulignant que la majorité des gens considèrent le gonflement comme malhonnête.

La lettre dissuasive pouvait être remise de deux manières. La lettre était envoyée par la poste pour les réclamations gérées par des régleurs internes ou remise en mains propres lorsque les cas étaient assignés à des régleurs externes. Dans la compagnie D, toutes les lettres furent remises en mains propres puisque toutes les réclamations étaient administrées par des régleurs externes. Si la proximité physique entre la figure d'autorité, l'expert en sinistre, et le client renforce l'effet de la menace de sanction pénale, les résultats pour la compagnie D devraient être différents de ceux observés dans les trois autres compagnies.

Finalement, un résumé de la lettre dissuasive, rappelant que le gonflement est un crime selon l'article 380 du Code criminel canadien, fut ajouté sur le formulaire de réclamation juste sous la ligne réservée à la signature du client. Le régleur expliquait soit au téléphone ou en personne que le formulaire devait être retourné et signé pour le règlement final. Outre l'introduction de la lettre dissuasive, aucune des pratiques assurantielles ne fut modifiée. Au total, nous disposons de données pour 765 réclamations.

2.2 Opérationnalisation des variables sous étude

2.2.1 Variables indépendantes

La variable « Groupe » fait référence à la condition expérimentale. Tel que mentionné précédemment, les réclamants furent assignés aléatoirement dans les groupes témoin et expérimental. Les clients du groupe expérimental ont reçu une lettre dissuasive alors que ceux du groupe témoin étaient traités comme à l'habitude. Les compagnies sont identifiées par les lettres A, B, C et D.

2.2.2 Variables dépendantes

Dans cette étude, deux indicateurs du gonflement des demandes d'indemnisation sont employés. Premièrement, nous avons utilisé le montant réclamé par chaque assuré (Tremblay et coll., 2000 ; Bacher et Blais, 2005). La distribution aléatoire des assurés permet d'avoir des pertes similaires dans les deux groupes. Par conséquent, le gonflement devrait être davantage présent dans le groupe avec la moyenne la plus élevée. Cette variable peut toutefois être problématique lors des analyses multivariées basées sur les données des quatre compagnies. Ces dernières ont des pratiques assurantielles et des clientèles différentes. Les montants réclamés peuvent être plus élevés dans une compagnie où les clients sont plus fortunés et l'on pourrait conclure à tort que cette compagnie est plus exposée au gonflement. Pour palier à ce problème, nous avons utilisé une mesure standardisée, soit un rapport (ou ratio) entre le montant réclamé et la valeur des biens assurés (ratio = montant réclamé/valeur des biens assurés).

3. Analyses et résultats

Les analyses et résultats sont présentés en deux parties. Premièrement, nous rapportons les résultats d'analyses descriptives sur les caractéristiques des participants et les distributions des montants réclamés. Deuxièmement, nous présentons les résultats des tests de *T* et des analyses de variance (ANOVA) à plan factoriel qui permettent de calculer l'effet général de la lettre de même que l'interaction entre le stimulus et les compagnies.

3.1 Résultats descriptifs

Dans notre échantillon, les assurés sont âgés en moyenne de 42,9 ans (écart-type = 13,54) et 58 % sont des hommes. Le montant médian demandé par les réclamants est de 58 100 $. De fortes variations sont observables dans la valeur des biens assurés. Environ 25 % des clients sont assurés pour un montant de 25 000 $ ou moins alors qu'un peu moins de 20 % sont couverts pour plus de 100 000 $. Plus de 88 % des réclamants sont propriétaires de leur résidence alors que les autres sont des locataires. Enfin, 7 % n'avaient pas d'emploi au moment de la réclamation et 4 % étaient étudiants.

Les montants réclamés varient entre 85 et 82 134 $, la moyenne étant de 3 105 $. L'écart-type de 4 665,25 ainsi que les indices de symétrie et d'aplatissement de 96,48 et 677,46, respectivement, démontrent que la moyenne n'est pas une mesure valide de la tendance centrale. La distribution du ratio des montants réclamés par rapport à la valeur des biens affiche aussi une forte asymétrie positive (indice d'aplatissement = 41,33 et indice de symétrie = 97,06). Les ratios varient entre 0,13 et 105,08 % (moyenne = 8,08 % ; écart-type = 12,46), Les valeurs des deux variables furent donc transformées en leurs bases logarithmiques pour normaliser les distributions. La base-10 fut employée pour les montants réclamés et la base naturelle pour le ratio. Les valeurs logarithmes sont employées pour les analyses subséquentes. La moyenne géométrique peut par la suite être calculée à partir de la moyenne logarithmique, ce qui donne 1905,46 $ pour les montants réclamés ($10^{3,28}$) et 5,58 % pour le ratio ($2,72^{1,72}$).

3.2 Effet de la lettre dissuasive sur le gonflement

La première étape consiste à comparer les moyennes des groupes témoin et expérimental aux deux variables de gonflement (Tableau 1). À l'exception de la compagnie C, les montants réclamés et les ratios sont plus bas dans le groupe expérimental que témoin. Ces différences ne sont toutefois pas statistiquement significatives ($p > 0,05$). De prime à bord, la menace écrite ne semble pas efficace à dissuader le gonflement des demandes d'indemnisation.

Tableau 1
Résultats aux tests de moyennes pour le montant réclamé et le ratio "montant réclamé / valeur des biens assurés"

	Moyenne du montant réclamé ($)		Moyenne du Ratio "réclamé / valeur des biens assurés"	
	Moyenne logarithmique	Moyenne géométrique	Moyenne logarithmique	Moyenne géométrique
Compagnie A				
Groupe témoin	3,24	1778,28	1,78	5,93
Groupe expérimental	3,21	1621,81	1,59	4,90
Valeur du test T	*T* = 0,80 ; p = 0,43		*T* = 1,72 ; p = 0,09	
Compagnie B				
Groupe témoin	3,34	2187,76	1.63	5.10
Groupe expérimental	3,29	1949,84	1.42	4.14
Valeur du test T	*T* = 0,84 ; p = 0,40		*T* = 1,38 ; p = 0,17	
Compagnie C				
Groupe témoin	3,25	1778,28	1,71	5,53
Groupe expérimental	3,31	2041,74	1,77	5,87
Valeur du test T	*T* = 1,02 ; p = 0,31		*T* = 0,51 ; p = 0,61	
Compagnie D				
Groupe témoin	3,46	2884,03	2,06	7,85
Groupe expérimental	3,37	2344,23	1,78	5,93
Valeur du test T	*T* = 0,97 ; p = 0,33		*T* = 1,16 ; p = 0,25	

Sur la base des résultats du tableau 1, l'absence de relation entre le stimulus dissuasif et le gonflement pourrait tout aussi bien s'expliquer par l'inefficacité de la lettre que par une faible puissance statistique (Cohen, 1988 ; Weisburd et Taxman, 2000). Afin de répondre à ce questionnement, des ANOVA à plan factoriel furent réalisées, ce qui permet non seulement d'augmenter la puissance statistique de nos modèles, mais aussi de calculer un effet général ainsi que les variations entre les compagnies.

Le tableau 2 présente les résultats des analyses d'ANOVA à plan factoriel. Ces résultats démontrent que le stimulus n'a aucun effet sur les montants réclamés [F(1,757)=0,83 ; *P*=0,36]. D'autre part, la valeur des montants réclamés varie d'une compagnie à l'autre [F(3,757)=5,15 ; *P*<0,01]. Les montants réclamés étaient significativement plus élevés dans la compagnie D que dans les compagnies A et C (*P*<0,01 et *P* =0,06, respectivement)[4].

Tableau 2
Résultats des analyses ANOVA à plan factoriel : évaluation de l'effet général de la lettre et effets d'interaction (compagnie x groupe)

	Moyenne du montant réclamé ($)			Moyenne du Ratio "réclamé / valeur des biens assurés"		
	DL	F	Eta^2	DL	F	Eta^2
Compagnie	3	5,15**	0,02	3	2,98*	0,01
Groupe	1	0,83	0,00	1	3,77*	0,01
Compagnie x Groupe	3	0,91	0,00	3	1,08	0,00
Erreur	757			722		
R-carré		0,024			0,019	

* p < 0.05
** p < 0.01

Les résultats pour le ratio indiquent que le stimulus dissuasif est associé à une baisse significative dans la moyenne du groupe expérimental [F(1,722)=3,77 ; *P*=0,05], même si certaines compagnies semblent plus exposées au gonflement que d'autres [F(3,722)=2,98 ; *P*<0,05]. La moyenne au ratio est de 5,16 % dans le groupe expérimental comparativement à 5,81

[4] Le test de Bonferroni fut employé pour déterminer si les différences entre les moyennes de montants réclamés pour chaque compagnie étaient statistiquement différentes.

% dans le groupe témoin. Si nous considérons que les biens des réclamants étaient assurés pour une valeur moyenne géométrique de 47 863,01 $ ($10^{4,68}$), les clients dans les groupes témoin et expérimental ont réclamé respectivement 2780,84 et 2 469,73 $ en moyenne. Le stimulus a donc permis d'économiser un peu plus de 300 $ par réclamation. Finalement, aucune interaction n'est observée entre le stimulus et les compagnies.

4. Interprétation des résultats

Dans cette étude, nous tentions d'évaluer l'effet d'une lettre dissuasive sur le gonflement des demandes d'indemnisation à l'assurance privée pour vol résidentiel, tout en tentant de surmonter les limites des études précédentes. Dans notre étude, les assurés étaient exposés au stimulus dissuasif au même moment où l'opportunité de gonfler leur réclamation se présentait. Ce protocole a été implanté dans quatre compagnies d'assurance afin d'augmenter la puissance statistique de nos modèles et d'estimer l'effet général de la lettre ainsi que les variations entre les compagnies. Nos résultats démontrent que la menace de sanctions pénales rappelées à l'aide d'une lettre « dissuasive » est une mesure généralement efficace pour prévenir le gonflement des demandes d'indemnisation. Le stimulus n'a pas semblé fonctionner dans la compagnie C.

Nos résultats n'appuient pas non plus l'hypothèse de Tremblay et coll. (2000) selon laquelle la lettre doit être remise en mains propres pour produire son effet dissuasif. Ces résultats ne doivent pas cependant masquer l'importance d'investiguer les conditions associées au succès d'un tel projet. Lors de l'expérimentation, la méthode de livraison de la lettre fut codifiée, mais aucune information ne fut colligée sur les conversations téléphoniques. Bien que l'expert en sinistre ne soit pas en présence de l'assuré, la conversation téléphonique entre l'expert et l'assuré représente une expérience directe. Il est probable que la proximité physique entre l'assuré et l'expert en sinistres ne soit pas requise si ce dernier a non seulement souligné la nécessité de signer le formulaire pour le règlement, mais a aussi rappelé le contenu de la lettre dissuasive. Malgré ces observations, nos résultats combinés à ceux employant un protocole similaire suggèrent que les crimes économiques peuvent être prévenus efficacement par la menace de sanctions pénales, spécialement quand celles-ci sont crédibles et rappelées au moment où l'opportunité se présente (Schwartz et Orleans, 1967 ; Green, 1985 ; Lurigio et Davis, 1990).

Malgré le succès apparent du programme de la lettre dissuasive, l'effet de cette dernière sur le gonflement pourrait être qualifié de trivial. La lettre explique environ 1 % de la variance, ce qui témoigne d'une relation faible entre le stimulus et le résultat (Cohen, 1988). Même si la relation causale semble faible, le résultat est substantif puisque plus de 300 $ furent économisés par réclamation. De plus, la force de cette relation peut être interprétée d'autres manières. Les chercheurs ne s'entendent pas sur l'étendue du gonflement (Clarke, 1990 ; Derrig, 2002). Bien que les experts en sinistres croient que presque tout le monde gonfle sa réclamation (Ross, 1970 ; Rapport du comité national d'experts sur la fraude à l'assurance, 1994), Tremblay et coll. (1992) estiment que seulement 0,02 à 1,25 % des montants payés en indemnités par les compagnies d'assurance sont reliés au gonflement des réclamations. En réalité, les experts en sinistres et les différents groupes d'experts surestiment probablement l'ampleur du problème tant sur le plan des pertes générées que sur celui de sa prévalence. Si seulement un sous-groupe restreint de clients a matérialisé son intention de gonfler, les bénéfices du projet de la lettre dissuasive étaient limités dès le départ. Ces effets deviennent alors difficilement détectables sur le plan statistique puisque les différences seront relativement petites entre les moyennes des groupes témoin et expérimental. Cela montre l'importance de bien documenter l'ampleur et la nature d'un problème avant d'implanter une expérimentation de terrain (Boruch et coll., 2000).

Conclusion

Les résultats de la présente étude ont plusieurs implications sur le plan des connaissances relatives aux effets dissuasifs des sanctions et le développement de programmes visant à prévenir la criminalité économique. Bien que les individus se distinguent dans leur propension à réagir à la menace de sanctions pénales ou en présence d'une opportunité criminelle, nos résultats démontrent que les individus sont généralement dissuadés par la menace de sanctions pénales. Ce résultat n'est pas surprenant au regard de la littérature qui souligne que les crimes économiques sont conçus comme une forme très rationnelle de crime comparativement aux crimes plus communs (Braithwaite et Geis, 1982). Les délinquants potentiels pèseraient attentivement les coûts et bénéfices rattachés à un crime économique étant donné qu'ils ont plus à perdre sur le plan social et économique, advenant une détection ou condamnation (Chambliss, 1967 ; Tittle, 1969 ; Weisburd et coll. 1990 et 1995). Dans notre étude, 91 % des participants étaient propriétaires ou copropriétaires de leur résidence et seulement 7 % étaient sans emploi.

La principale contribution de cette étude est toutefois de démontrer l'importance de considérer les contextes et les opportunités criminelles lors de l'étude de l'effet dissuasif des sanctions (Cusson, 1993 ; Birkbeck et

LaFree, 1993). L'effet dissuasif de la lettre fut obtenu en s'assurant que les compagnies présentent le stimulus dissuasif au moment où la décision de profiter ou non de l'opportunité de gonfler était susceptible d'être prise. De plus, l'approche multi-site a permis une compréhension approfondie de l'effet de la lettre dissuasive. Les résultats indiquent que l'effet de la lettre n'est pas dépendant d'une interaction face à face avec l'expert en sinistre. Cependant, des analyses plus détaillées sont nécessaires pour bien comprendre les effets d'une interaction rapprochée (face à face) ou distante (téléphone) entre les clients et les experts en sinistres. De manière similaire, l'effet dissuasif semble être le lot de trois des quatre compagnies. L'effet ne semble donc pas être particulièrement dépendant d'un profil particulier de clientèle ou des pratiques assurantielles des compagnies. Les résultats suggèrent néanmoins que les clients qui ont réclamé des ratios « montant réclamé / valeur des biens assurés » élevés sont plus susceptibles d'avoir gonflé leur réclamation.

Références :

Bacher, J-L., et Blais, É. (2005). L'introduction d'un stimulus dissuasif pour contrer la majoration excessive des réclamations d'assurance : prévention de la délinquance ou règlement différentiel ? *Assurance et gestion des risques*, 73 : 55-77.

Birkbeck, C. & LaFree, G. (1993). The situational analysis of crime and deviance. Annual Review of Sociology, 19, 113-137.

Blackwell, C. (2002). A meta-analysis of tax compliance experiments. Charleston : School of Business and Economics.

Blais, É., et Bacher, J-L. (2007). Situational deterrence and claim padding : results from a randomized field experiment. Journal of Experimental Criminology, 3 : 337-352.

Blanchette, M., et Blais, É. (cet ouvrage). L'effet des lois sur l'évasion fiscale : une synthèse systématique des recherches évaluatives. Actes du 3e Colloque international ILCE-CICC – La lutte contre la criminalité économique : réponses interdisciplinaires à un défi global.

Boruch, R., Snyder, B. & DeMoya, D. (2000). The importance of randomized field trials. Crime and Delinquency, 46, 156-180.

Braithwaite, J. & Geis, G. (1982). On theory and action for corporate crime control. (In G.Geis (Ed.), White collar crime (pp. XXXX). Lexington : D.C. Heath.

Chambliss, W.J. (1967). Types of deviance and the effectiveness of legal sanctions. Wis. L. Rev., 1967, 702-719.

Clarke, M. (1990). The control of insurance fraud : A comparative view. British Journal of Criminology, 30, 1-23.

Clarke, R.V. (1983). Situational crime prevention : Its theoretical basis and practical scope. Crime and Justice, 4, 1-23.

Cohen, J. (1988). Statistical power analysis for the behavioural science 2nd Edition. (Hillsdale : L Erlbaum Associates).

Cusson, M. (1993). Situational deterrence : Fear during the criminal event. (In R.V. Clarke (Ed.), Crime Prevention Studies vol. 1 (pp. 55-68). (Monsey : Criminal Justice Press).

Cusson, M. (1998). Criminologie actuelle. Paris : PUF.

Derrig, R.A. (2002). Insurance fraud. The Journal of Risk and Insurance, 69, 271-287-

Elis, L. A., et Simpson, S.S. (1995). Informal sanction threats and corporate crime : additive versus multiplicative models. Journal of Research in Crime and Delinquency, 32 : 399-424.

Farrington, D.P., Ohlin, L.E., and Wilson, J.Q. (1986). Understanding and Controlling Crime. (New-York. Springer-Verlag).

Gibbs, J.P. (1979). Assessing the deterrence doctrine. American Behavioral Scientist, 22, 653-677.

Green, G.S. (1985). General deterrence and television cable crime : A field experiment in social control. Criminology, 23, 629-645.

Lurigio, A.J. & Davis, R.C. (1990). Does a threatening letter increase compliance with restitution orders? A Field Experiment. Crime and Delinquency, 36, 537-548.

Pervin, L.A. (1978). Definitions, measurements and classifications of stimuli, situations and environments. Human Ecology, 6 : 71-105.

Report of the National Committee of Experts on Insurance Fraud [Rapport du comité national d'experts sur la fraude à l'assurance] (1994), La Fraude à l'assurance au Canada. (Canada : Industrie canadienne de l'assurance - Insurance Bureau of Canada).

Ross, L.H. (1970). Settled out of court. (Chicaho : Aldine).

Schwartz, R.D. & Orleans, S. (1967). On legal sanctions. The University of Chicago Law Review, 34, 274-300.

Sutherland, E.H. (1947). Principles of criminology. Philadelphie : Lippincott, 4e Édition.

Tabachnick, B.G. & Fidell, L.S. (2007). Using multivariate statistics 5th Edition. (Boston : Allyn and Bacon).

Thurman, Q.C. (1989). General prevention of tax evasion. A factorial survey approach. Journal of Quantitative Criminology, 5, 127-146.

Tittle, C. (1969). Crime rates and legal sanctions. Social Problems, 16, 409-423.

Tremblay, P., Massé, B. & Clermont, Y. (1992). Les fraudes en assurances générales. (In J-L. Fortin & J.D. Girard (Eds.), La fraude à l'assurance - Actes du Colloque de Montréal du 26 février 1992 (pp. 127-210). Montreal : Presses de l'Université de Montréal.

Tremblay, P., Bacher, J-L., Tremblay, M., and Cusson, M. (2000). Gonflement des demandes d'indemnisation pour vol et seuil de tolérance des assureurs : une analyse expérimentale de dissuasion situationnelle. Canadian Journal of Criminology, 42, 21-38.

Varma, K.N. & Doob, A.N. (1998). Deterring economic crimes : The case of tax evasion (Canada). Canadian Journal of Criminology, 40, 165-184.

Weisburd, D., Chayet, E.F., and Waring, E.J. (1990). White-collar crime and criminal careers : Some preliminary findings. Crime and Delinquency, 36, 342-355.

Weisburd, D., Petrosino, A., and Mason, G. (1993). Design sensitivity in criminal justice experiments. Crime and Justice, 17, 337-361.

Weisburd, D., Waring, E., and Chayet, E. (1995). Specific deterrence in a sample of offenders convicted for white-collar crimes. Criminology, 33, 587-607.

Weisburd, D. & Taxman, F.S. (2000). Developing a multicenter randomized trial in criminology : The case of HIDTA. Journal of Quantitative Criminology, 16, 315-340.

Wenzel, M. (2004). The social side of sanctions : personal and social norms as moderators of deterrence. Law and Human Behaviors, 28 : 547-567.

Witte, A.D. & Woodbury, D.F. (1985). The effect of tax laws and tax administration on tax compliance : The case of the U.S. individual income tax. National Tax Journal, 38, 1-13.

L'effet des lois sur l'évasion fiscale : une synthèse systématique des recherches évaluatives

MAUDE BLANCHETTE

Candidate à la maîtrise – École de criminologie, Université de Montréal

ÉTIENNE BLAIS

Professeur – École de criminologie, Université de Montréal

1. Introduction et problématique

Aux États-Unis, l'*Internal Revenue Service* (IRS) estime à 345 milliards les pertes en impôt impayé, ce qui représentait 14 % des revenus fiscaux en 2001. L'écart fiscal (*tax gap*), soit la différence entre les impôts perçus et les impôts dus, est calculé à l'aide de trois éléments : (1) l'absence de déclaration de revenus, (2) la sous-déclaration et (3) le sous-paiement des obligations. Au Canada, les estimations de l'Association canadienne d'études fiscales indiquent que l'écart fiscal est passé de 3,5 à 13,5 % des recettes fiscales totales prévues entre 1976 et 1995, soit de 2 à 44 milliards de dollars (Tedds & Giles, 2002).

Pour prévenir l'évasion fiscale, les juridictions ont promulgué trois principaux types de lois, soit les réformes fiscales, les programmes de divulgation volontaire (amnistie) et les nouvelles lois ou amendements de lois sur l'impôt. Afin de maximiser leur efficacité, les dispositions des lois se basent sur les perspectives théoriques du choix rationnel, de l'utilité attendue (*expected utility*) et de la dissuasion. Ainsi, les peines plus sévères, l'augmentation des probabilités d'audit et les campagnes de sensibilisation permettraient de réduire l'évasion fiscale[1].

---

[1] La pierre angulaire de l'approche du choix rationnel est le calcul coût-bénéfice qui impute à toute action ce calcul, dont la finalité est de maximiser la différence entre les coûts et bénéfices liés à la réalisation de l'action. Le modèle économique fait référence à la théorie de l'*expected utility*, ici traduite par l'utilité attendue. L'utilité attendue d'un acte de fraude prend la forme d'une équation économétrique développée par Allingham et Sandmo (1972). Les paramètres de la formule sont le revenu et le taux d'imposition auquel est assujetti le contribuable, ses attitudes par rapport aux risques, les probabilités de détection et les peines applicables au délit (ces dernières variant selon la nature de la fraude envisagée). Enfin, la dissuasion repose sur la crainte qu'inspire la sanction pénale. Elle se produit lorsqu'un individu s'abstient de commettre un crime à cause de la crainte du châtiment et de ses

L'efficacité attendue des lois sus-mentionnées repose sur des principes théoriques qui leur sont propres. Par exemple, les dispositions d'une réforme, i.e. la diminution des taux marginaux ou les baisses d'impôt, s'appuient sur le modèle économique en réduisant le fardeau fiscal et en changeant le calcul coût-bénéfice de la dissimulation de revenus, mais s'appuient aussi sur le principe de la neutralité, car cette mesure réduit l'incidence de l'impôt dans le fonctionnement de l'économie. Cette disposition repose donc à la fois sur les principes de l'approche économique et sur les principes moraux. Quant à l'amnistie, elle est axée, entre autres, sur la dissuasion, mais de façon limitée. L'amnistie est habituellement accompagnée d'un renforcement subséquent de la loi pour favoriser la conformité future des délinquants et ne pas détériorer celle des honnêtes contribuables : c'est l'élément dissuasif. La disposition principale des amnisties est l'allègement des pénalités normalement prescrites pour fraude : c'est la stratégie pour attirer les fraudeurs et diminuer les coûts apparents du retour à la conformité. Or, l'élément dissuasif est en quelque sorte neutralisé par l'indulgence immédiate à l'égard du crime commis. Cette absence de sanction immédiate annule l'effet de la dissuasion spécifique et nuit aussi à la dissuasion générale. C'est pour cette raison que les programmes de divulgations volontaires sont grandement controversés.

Bien que plusieurs auteurs soutiennent que les programmes de prévention basés sur les théories du choix rationnel et de la dissuasion sont efficaces pour prévenir la criminalité économique (Weisburd, Waring, & Chayet, 1990 ; Feld, Schmidt, & Schneider, 2007), cette affirmation repose sur des preuves empiriques discutables (Ali, Knoblett, & Knoblett, 2001 ; Blais & Bacher, 2007). Trois principales limites ressortent des études qui évaluent l'effet de l'introduction des lois et de leurs dispositions sur l'évasion fiscale.

Premièrement, très peu d'études utilisent des devis expérimentaux avec randomisation des participants dans les groupes témoin et expérimental (Blais & Bacher, 2007). Or, seule la randomisation assure que l'effet observé est attribuable à un programme de prévention et non à d'autres facteurs (Blais & Cusson, 2007 ; Weisburd, Petrosino, & Lum, 2001). Sur cette base, la crédibilité des résultats peut être remise en question.

---

conséquences, en fonction de la sévérité, de la célérité et de la certitude de l'application de la peine (Cusson, 1998). D'autres principes d'efficacité non négligeables sont à l'œuvre dans l'effet normatif des lois sur les comportements criminels et sont exploités par les autorités fiscales (sensibilisation, validation normative).

Deuxièmement, les seules études avec randomisation ont été réalisées en laboratoire dans des environnements contrôlés (Blackwell, 2002). Bien que les participants soient répartis aléatoirement dans les groupes témoin et expérimental (soumis à la condition dissuasive), il s'agit de mises en situation dans un contexte fictif. Les comportements de ces participants risquent d'être différents en contexte réel (Green, 1985 ; Cousineau 1988 ; Houston & Tran, 2001).

Troisièmement, aucune synthèse systématique n'a été réalisée à partir des évaluations des lois en matière de lutte contre l'évasion fiscale. Il est dès lors impossible de se prononcer sur l'effet des lois contre l'évasion fiscale. Selon plusieurs chercheurs, seule la synthèse systématique permet de poser un regard exhaustif sur les sections de la méthodologie et des résultats d'une population homogène d'études afin d'arriver à un consensus quant à leurs effets sur un comportement donné (Johnson, Larson, & McCullough, 2000 ; Petticrew & McCullough, 2000 ; Welsh & Farrington, 2005). Cette méthodologie consiste à repérer l'ensemble des études qui ont évalué les lois visant à prévenir l'évasion fiscale et à calculer un effet global basé sur l'ensemble des résultats présentés dans ces mêmes études. Ces dernières doivent également satisfaire certains critères pour assurer la validité des résultats.

Afin de pallier à ces limites, nous avons réalisé une synthèse systématique des évaluations des lois utilisant un devis méthodologique rigoureux, dans le but d'améliorer nos connaissances quant à la capacité des lois sur l'impôt à prévenir l'évasion fiscale. Cette démarche permet également de poser un regard critique sur les recherches évaluatives et possède deux autres forces. D'une part, elle met à l'épreuve des faits l'affirmation selon laquelle les mesures dissuasives sont efficaces pour contrer la criminalité économique et d'autre part, elle éprouve les hypothèses formulées sur les effets potentiels des amnisties. Notre recherche vise les objectifs suivants : (1) évaluer l'effet global des lois sur l'évasion fiscale, (2) déterminer les caractéristiques des lois efficaces, notamment en ce qui concerne l'application de leurs dispositions, et (3) étudier la relation entre les biais méthodologiques et les résultats des études évaluatives.

2. Méthodologie

2.1 Repérage et identification des études

Afin de maximiser les chances d'identifier l'ensemble de la littérature pertinente, 25 sources de données ont été consultées[2]. Les mêmes mots clés ont été utilisés pour interroger chaque base de données. La recherche documentaire se base sur tous les documents indexés en date de mai 2008 et ne contient pas de borne temporelle.

Un premier tri, basé sur le titre et la pertinence, a permis d'exclure d'emblée les études qui n'évaluent pas les interventions ciblées et celles s'appliquant aux entreprises ou n'ayant aucun lien avec l'impôt sur le revenu. Comme plusieurs titres ne permettent pas de déterminer si l'étude est pertinente ou non, un deuxième tri (revue rapide de l'article) a permis d'exclure d'autres études qui ne s'intéressent pas aux impacts des interventions sur la fraude. 18 832 titres ont été vérifiés et une fois les doublons retranchés, 9625 références ont été rejetées sur la base de la pertinence et 60 autres à la lecture du résumé.

2.2 Sélection des études : critères d'éligibilité

Pour être incluses dans notre synthèse, les études potentielles devaient satisfaire certains critères relatifs à la qualité de leur devis méthodologique, au type de loi et aux variables dépendantes utilisées. Plus précisément, les évaluations doivent étudier les comportements fiscaux d'individus et non d'entreprises. Les études doivent aussi comporter une variable dépendante reliée à l'évasion fiscale des particuliers visés par la loi. Sont ainsi exclues les études évaluant l'impact sur les attitudes envers l'évasion fiscale, les intentions de frauder, la taille de l'économie souterraine, ou la répartition des richesses.

Sur le plan de la méthodologie, les études doivent utiliser au minimum un devis quasi expérimental ou l'équivalent. Une échelle de rigueur méthodologique fut donc développée afin de distinguer les études. Chaque

[2] En plus des recherches dans les bases de données de périodiques scientifiques électroniques nationales et internationales, une recherche bibliographique des sections des publications et références des sites des agences du revenu du Canada, des États-Unis et de l'Australie a été réalisée. Comme stratégie de repérage de la littérature grise, le *System for Information on Grey Literature in Europe* et *Google Scholar* ont été consultés. Ces deux dernières sources recoupaient les études identifiées par les bases de données et plusieurs articles étaient uniquement en langue étrangère.

étude évaluative est évaluée en fonction de son respect de cinq critères et est cotée de 1 à 5[3].

Des 61 études retenues pour vérification de l'éligibilité, 26 étaient dans des formats inaccessibles. Vingt-sept des 35 études restantes ne remplissaient pas les critères d'éligibilité. L'échantillon final est composé de huit études contenant neuf évaluations.

3. Résultats : Effet des lois sur la fraude fiscale

Les résultats des neuf évaluations sont présentés en deux temps. Premièrement, les résultats de chaque étude sont présentés de manière descriptive. Deuxièmement, la stratégie du « *vote-count* » est employée pour calculer l'effet global des trois interventions sur l'évasion fiscale. Il s'agit de classer les résultats en trois catégories : (1) résultat favorable, (2) résultat neutre, et (3) résultat pervers. La catégorie avec le plus de votes est utilisée pour se prononcer sur l'effet général de la loi.

3.1 Résultats descriptifs

Les réformes

Deux réformes fiscales ont été évaluées à l'aide d'une méthodologie conforme à nos critères d'éligibilité.

L'étude de Gorodnichenko, Martinez-Vazquez et Peter (2008) évalue les retombées de l'introduction de l'impôt à taux fixe (13 %) en Russie en 2001. Pour ce faire, l'écart entre les dépenses et les revenus déclarés par les ménages est utilisé comme mesure d'évasion fiscale. Deux groupes ont par la suite été constitués, soit un groupe de contribuables qui connaissent les réductions d'impôt les plus importantes et un autre groupe constitué de contribuables pour qui la réforme n'entraîne peu ou pas de changement du taux d'imposition. Leurs analyses montrent que l'écart « consommation-revenu » diminue d'environ 9 à 12 % selon les modèles statistiques. Des analyses supplémentaires suggèrent que la diminution de l'évasion fiscale n'est pas attribuable à l'augmentation de la sévérité des peines ou des

[3]Les critères évalués sont les suivants : (1) La spécification de début de l'intervention étudiée, (2) la présence de variables contrôle, (3) un nombre d'observations suffisant, (4) le respect des postulats statistiques liés aux analyses réalisées (5) et finalement la présence de groupe ou série témoin aux fins de comparaison. Un point est donné pour la présence de chaque critère. L'addition est ensuite faite sur cinq points et plus le score est élevé, plus l'étude est robuste sur le plan de sa méthodologie.

probabilités d'être contrôlé, mais à l'amélioration de la conformité des déclarations fiscales (Gorodnichenko & coll., 2008)

Lopez-Laborda et Rodrigo (2003-2) ont évalué les retombées de la réforme introduite progressivement entre 1988 et 1991 en Espagne. Cette réforme remplace l'impôt familial par l'impôt individuel, comprend la diminution des taux d'impôt marginaux, le resserrement des pratiques de contrôle et l'augmentation des retenues à la source. L'incidence de la réforme est évaluée sur les recettes mensuelles provenant de l'impôt sur le revenu. À l'aide de leurs analyses, les auteurs constatent que la réforme est responsable de la hausse des recettes fiscales observée durant cette période.

Les lois

Deux études respectant les critères d'inclusion ont évalué l'effet de lois implantées à différents moments.

Das-Gupta, Lahiri, et Mookherjee (1995) ont évalué les effets de plusieurs modifications fiscales apportées entre 1965 et 1993 par le ministère du revenu de l'Inde. Ces modifications incluent : (1) une diminution du taux d'imposition, (2) une réduction des échelons dans la structure de l'impôt sur le revenu, (3) une modification dans les pratiques des enquêteurs pour augmenter le risque d'arrestation et de poursuite (parallèlement à cette dernière modification, le gouvernement a accru la sévérité des peines). Das-Gupta et coll. (1995) évaluent l'effet de ces différents changements sur les recettes fiscales et sur un indice de conformité (ratio entre les recettes de l'impôt sur le revenu et le montant des taxes réellement dues au gouvernement). À l'aide de leurs analyses, ils constatent que les changements dans le volume de vérifications sont suivis par une augmentation des recettes fiscales. Toutefois, la hausse dans les poursuites engendre un effet pervers tandis que le durcissement des peines ne produit aucun impact. Les résultats quant à la conformité des contribuables indiquent que l'augmentation du taux d'imposition et de la limite d'exemption produisent un effet pervers, tout comme les modifications dans les poursuites et sanctions pénales. Toutes ces modifications auraient notamment amené un déplacement des actifs vers l'économie au noir. Bref, les changements dans la structure de taxation ont eu des effets négatifs qui ont surpassé les effets positifs produits par l'application plus sévère de la loi.

Dans son étude, Serra (2003) a estimé les effets d'une série de mesures adoptées durant les années 1990 suite à l'élection du gouvernement démocratique, qui avaient comme objectifs de combattre la pauvreté, la fraude fiscale et d'augmenter les recettes fiscales du Chili. Ces lois consistaient en l'augmentation du taux de taxation (taxes à la consommation et sur les profits, impôts sur le revenu des particuliers les plus riches), l'implantation d'un nouveau système de vérification et la modernisation des processus. L'auteur estime l'effet des changements législatifs sur un taux de conformité. Bien que le taux de conformité soit passé de 76,8 à 81,7 % entre 1981 et 1999, ce changement n'est pas attribuable aux lois. Ce dernier serait plus dû à la croissance économique du pays.

Les amnisties

Cinq études ont évalué l'effet d'amnisties.

Lopez-Laborda et Rodrigo (2003-1) ont évalué un programme mené en Espagne entre les mois de juin et décembre 1991[4]. Cette amnistie visait principalement les bons du Trésor non déclarés dont les profits n'étaient pas supposés être imposables, tel que déclaré lors de leur émission. Les analyses de séries chronologiques montrent que ce programme ne produit aucun effet à court ou long terme.

Dans leur étude, Luitel et Sobel (2007) ont estimé les effets de plusieurs programmes sur les recettes fiscales, i.e. des programmes mis en place à deux ou trois reprises dans 27 États américains entre 1982 et 2004. Ils observent une augmentation des recettes variant entre 4 et 5 % durant les mois où la première amnistie est introduite. Des pertes d'environ 2 % sont toutefois enregistrées aux trimestres suivants. La deuxième amnistie ne produit pas d'effet à court terme, mais plutôt des effets péjoratifs à long terme. Des pertes d'environ 5 % sont observées à chaque trimestre. Des résultats similaires sont observés dans les États qui ont mis en place une troisième amnistie. Enfin, les amnisties semblent affecter négativement la conformité des contribuables à long terme.

De leur côté, Alm et Beck (1993) ont mesuré l'effet d'un programme mis en place dans l'État du Colorado (États-Unis) entre les mois de septembre et décembre 1985. Ils évaluent l'effet que produit l'amnistie sur la tendance des recettes fiscales mensuelles générées par l'impôt sur le revenu. Les auteurs réalisent trois types d'analyses qui mènent à la conclusion que le programme n'a pas permis d'augmenter les recettes fiscales.

Les amnisties introduites en Russie en 1993 et 1998 sont évaluées dans l'étude d'Alm, Martinez Vazquez et Wallace (2001). Bien que ces amnisties visent les entreprises, les auteurs avancent que ces dernières devraient aussi affecter le comportement des contribuables. Les analyses démontrent

[4] Comme les auteurs évaluent et mesurent de façon distincte l'impact du programme amnistie et de la réforme fiscale, cette étude a été considérée comme une évaluation d'amnistie et comme une évaluation de réforme fiscale.

qu'elles n'entraînent aucune hausse des recettes mensuelles. Les effets ne se manifestent pas au cours du premier mois, ni au cours des quatre mois visés par cette mesure.

Enfin, Christian, Gupta et Young (2002) ont évalué un programme réalisé dans l'État du Michigan (États-Unis) entre mai et juin 1986 (50 jours). Les auteurs évaluent la conformité subséquente des participants au programme. Les résultats établissent que 68 % des nouveaux déclarants que l'amnistie est allée chercher font des déclarations conformes à la loi sur l'impôt. De plus, les contribuables qui ont amendé leur déclaration de revenus se conforment davantage à la loi que les contribuables n'ayant pas participé au programme (88,5 % comparativement à 82,1 %). L'impact du programme sur les revenus est toutefois négligeable. Les 5 500 nouveaux contribuables enregistrés grâce à l'amnistie ont généré des revenus supplémentaires de 3,4 millions de dollars ce qui représente 0,1 % des recettes fiscales de l'impôt sur le revenu.

3.2 Effet global des lois et programmes

Le Tableau 1 présente une synthèse de 14 résultats en lien avec l'efficacité des mesures contre l'évasion fiscale ainsi que leur note à l'échelle méthodologie (EM dans le tableau)[5]. Seulement quatre résultats en faveur des mesures sont observés, ce qui pourrait remettre en question l'efficacité de celles-ci. À cet égard, la catégorie de résultats la plus nombreuse est celle des résultats neutres (n = 6/14). En moyenne, les études obtiennent une note de 3,3 à l'échelle de rigueur méthodologique. Toutefois, ces résultats sont généraux et ne permettent pas de distinguer l'efficacité en fonction des mesures.

Au regard des six résultats disponibles pour les évaluations d'amnisties, ces dernières ne semblent pas efficaces à contrer l'évasion fiscale. En effet, quatre des six résultats sont neutres, indiquant que l'introduction d'amnisties n'entraîne, de manière générale, ni hausse ni baisse de l'évasion. Nous observons également un résultat positif sur la conformité subséquente et un résultat négatif du point de vue des retombées à long terme. D'autre part, les résultats ne semblent pas varier en fonction de la rigueur méthodologique.

Les deux évaluations de réformes affichent des résultats positifs. Les deux études obtiennent également des notes de 4 à l'échelle de rigueur méthodologique, ce qui témoigne de la validité de leurs résultats. Finalement, les lois produisent principalement des effets neutres (3 résultats sur 8) ou pervers (3 résultats sur 8). Il appert que l'intensification des

[5] 14 résultats fiables et deux considérés à titre indicatif.

poursuites et le durcissement des peines entraînent des répercussions contraires à ce qui était attendu.

Tableau 1. Mesures d'effets des études de l'échantillon en fonction de leur cote de rigueur méthodologique

Auteurs ; Score à l'échelle méthodologique (EM) et méthodologie/stratégie analytique	Description de la loi ou du programme	Indicateurs d'évasion fiscale	Effet sur la variable dépendante		
			+	0	-
Réformes					
Gorodnichenko, Martinez-Vazquez et Peter (2008) EM = 4 Régression multiple selon l'approche différence-en-différence	Passage à l'imposition à taux fixe (13 %), réduction des pénalités draconiennes pour les infractions fiscales, renforcement de l'application de la loi.	Écart entre la consommation et le revenu	X		
Lopez-Laborda et Rodrigo (2003-2) EM = 4 Analyses de séries chronologiques interrompues	Remplacement de l'impôt familial par l'impôt individuel, diminution des taux d'impôt marginaux, resserrement des pratiques de contrôle, augmentation des retenues à la source .	Recettes fiscales mensuelles générées par l'impôt sur le revenu	X		

Lois						
Das-Dupta, Lahiri et Mookherjee (1995) EM = 2 Analyses de séries chronologiques interrompues	Différentes mesures implantées entre 1965 et 1993 en Inde : diminution du taux d'imposition, réduction des échelons dans la structure de l'impôt sur le revenu, modification dans les pratiques des enquêteurs pour augmenter le risque d'arrestation et de poursuite, augmentation de la sévérité des sanctions.	Recettes d'impôt sur le revenu	Vérifications	X		
			Poursuites			X
			Peines		X	
		Index de conformité fiscale	Vérifications		X	
			Poursuites			X
			Peines			X
Serra (2003) EM = 2 Approche de la frontière stochastique	Différentes mesures implantées durant la décennie 1990 : augmentation des taxes à la consommation et sur les profits, de l'impôt sur le revenu des particuliers les plus riches, implantation d'un nouveau système de vérification et modernisation des processus de déclarations/vérifications.	Coût de la conformité		(X)[6]		
		Taux de conformité			X	

[6] Résultats considérés à titre indicatif.

Amnisties					
Lopez-Laborda et Rodrigo (2003-1) EM = 4 Analyses de séries chronologiques interrompues	Amnistie visant à récupérer les redevances sur divers avoirs non déclarés, soit les bons du Trésor émis par le gouvernement espagnol. Un système spécial de dettes publiques a été créé afin d'inciter les détenteurs de bons à déclarer leurs avoirs en échange d'un retour de 2 % échangeable contre d'autres bons (cette mesure est volontaire en raison des conditions d'émission des bons, qui étaient non imposables).	Recettes fiscales générées par l'impôt sur le revenu		X	
Luitel et Sobel (2007) EM = 5 Analyses de séries chronologiques interrompues multiples (données transversales et temporelles)	Amnisties répétées, c'est-à-dire conduites pour une 2e ou 3e fois dans le même État. 40 États ont conduit une première amnistie, 27 ont répété le programme, 8 l'ont fait une 3e fois et un État a conduit une 4e amnistie au cours de cette période.	Recettes fiscales totales per capita			X

Alm et Beck (1993) EM = 4 Analyses de séries chronologiques interrompues	Amnistie permettant aux individus et entreprises de déclarer leurs infractions fiscales sans être l'objet de poursuites criminelles ou civiles. L'amnistie fait partie d'un programme de sensibilisation.	Recettes fiscales générées par l'impôt sur le revenu		X	
Alm, Martinez-Vazquez et Wallace (2001) EM = 2 Analyses de séries chronologiques interrompues	Deux programmes amnistie permettant aux entreprises de différer leurs arrérages de taxes et de bénéficier de réduction du taux d'intérêt sur leurs dettes.	Recettes fiscales générées par les principales sources de revenus de l'État		X[7]	
Christian, Gupta et Young (2002) EM = 3 Comparaison des % entre les groupes témoin et expérimental	Amnistie couvrant toutes les taxes impayées qui exempte de poursuites criminelles ou civiles l'omission de déclaration ou le non-paiement des obligations.	Conformité	X		
		Recettes générées par le programme		X	

[7] Résultats considérés à titre indicatif.

Conclusion

Cette recherche avait comme but d'améliorer les connaissances quant au potentiel des lois à prévenir l'évasion fiscale. En lien avec ce but et les objectifs spécifiques formulés au départ, les évaluations des lois répertoriées montrent que ces dernières n'apparaissent pas comme une mesure efficace pour contrer l'évasion fiscale. Ce résultat est cependant général. Alors que les lois et les amnisties ne semblent pas efficaces, les deux évaluations des réformes sont favorables. L'introduction des réformes russe et espagnole en 2001 et 1988 respectivement, s'est traduite par une baisse de l'évasion fiscale. De plus, ces deux évaluations obtiennent des notes de 4 à l'échelle de rigueur méthodologique, ce qui témoigne de leur forte validité interne.

Les résultats de cette recherche permettent également de se positionner par rapport aux modèles conceptuels à adopter lors de l'élaboration de loi. À cet effet, les répercussions possibles des amnisties ont fait l'objet d'un débat. Certains soutiennent que les amnisties amèneront les contribuables à cacher leur revenu en vue d'une éventuelle amnistie, alors que d'autres affirment que les amnisties permettent d'aller chercher des contribuables supplémentaires et que ces derniers continueront à se conformer, même lorsque l'amnistie arrivera à échéance (Luitel et Sobel, 2007 ; Christian et coll., 2002). La majorité des résultats sont neutres, invalidant par le fait même ces deux hypothèses. Il est toutefois probable que l'effet pervers des amnisties soit masqué par le renforcement subséquent de la loi et par conséquent, que les analyses statistiques ne soient pas en mesure de détecter ledit effet (Alm et Beck, 1993 ; Alm et coll., 2001 ; Christian et coll., 2002). Afin de déterminer si les modifications subséquentes masquent l'effet des amnisties, il conviendrait d'analyser les effets à plus long terme des amnisties.

Bien qu'implantées dans des contextes différents, les réformes apparaissent comme la seule mesure efficace pour contrer l'évasion fiscale. Pourtant, sur le contenu des dispositions, les réformes ne se distinguent pas particulièrement des lois, si ce n'est par une modification progressive des peines et moyens de contrôle. Les lois en place sont modifiées dans le but d'en améliorer le potentiel préventif. De plus, les lois indiennes furent implantées sur une période d'environ 30 ans tandis que plusieurs mesures sont introduites en même temps lors des réformes. Il est possible que la combinaison de plusieurs mesures produise un effet de synergie, assurant ainsi l'efficacité de la réforme. De plus, les résultats montrent que la considération des contextes est garante d'efficacité : les deux réformes ont été mises en place pour modifier des défectuosités bien précises qui engendraient des distorsions importantes dans la fiscalité des particuliers.

Finalement, les études emploient des indicateurs indirects de l'évasion fiscale et ne sont généralement pas en mesure d'en estimer l'ampleur et la nature. Il n'est pas dit que les dispositions prévues par la loi ou la réforme permettent de s'attaquer à la source du problème. Afin de maximiser l'efficacité des programmes de prévention de l'évasion fiscale, les autorités auraient intérêt à documenter l'ampleur du phénomène, les acteurs impliqués et les contextes d'évasion fiscale. Blais et Bacher (2007) soulignent notamment que les programmes de prévention de la criminalité économique qui n'intègrent pas le contexte délictuel risquent de se traduire en échec. De même, ces auteurs mentionnent que l'on peut conclure à tort à l'inefficacité d'un programme non pas parce que ce dernier n'a pas de potentiel, mais bien car l'étendue du problème n'est pas suffisante pour déceler une quelconque baisse.

Étude de cas sur la dénonciation dans une commission publique canadienne

CARLO MORSELLI
Professeur agrégé, École de criminologie, Université de Montréal

YANICK CHARETTE
M.Sc., École de criminologie, Université de Montréal

AMÉLIE-MAUDE LEMIRE
M.Sc., École de criminologie, Université de Montréal

Le scandale à saveur politique ou financière est l'un des phénomènes pour lequel la réaction sociale est vive et appelée à jouer un rôle particulièrement actif et significatif. À partir de la fin du XIXe siècle, les scandales reliés à la criminalité économique ou à la délinquance financière des élites ont fait couler beaucoup d'encre, noircissant des colonnes entières dans les journaux du monde. Au Canada, le *scandale des commandites*, rendu public par le journal *Globe and Mail* en 2000, est l'un des scandales politiques ayant semé la plus grande indignation populaire. Né de la gestion du *Programme fédéral sur les commandites et les activités publicitaires*, mis sur pied par le Parti Libéral du Canada au lendemain du référendum québécois de 1995, le scandale a véritablement éclaté suite au dépôt d'un rapport officiel par la Vérificatrice Générale du Canada, Madame Sheila Fraser, en février 2004. Les conclusions très médiatisées du rapport firent bondir la population notamment en raison de la désignation d'actes fautifs impliquant les hauts fonctionnaires de l'État, lesquels auraient administré le *Programme des commandites* de manière frauduleuse. Conformément aux recommandations émises par le Bureau de la vérificatrice générale, une commission d'enquête indépendante sur la gestion de ce programme fut mise sur pied sous la présidence du juge John Howard Gomery, agissant alors à titre de commissaire.

Effective à partir du 7 mai 2004, la commission avait le double mandat d'enquêter sur les faits soulevés par la vérificatrice générale en appelant des témoins à fournir des informations concernant le *Programme des commandites* et de formuler des recommandations liées aux constations établies. La commission n'avait donc aucun pouvoir de dénomination juridique ni d'adjudication criminelle des actes, étant uniquement autorisée à prononcer des conclusions de faits. Le premier rapport, déposé le 1er novembre 2005, a fait état d'un laxisme et d'une imprudence dans la gestion des fonds de l'État via un système de ristourne au Parti Libéral en échange d'attributions frauduleuses de contrats. De plus, l'octroi de financement par des agences de publicité au nom du gouvernement fédéral au profit de certains événements sportifs et culturels en échange de visibilité canadienne lors desdits événements était injustement distribué sur le territoire canadien. En effet, entre 1996 et 2003, les contribuables canadiens ont déboursé 332 millions de dollars pour ce programme qui bénéficia presqu'exclusivement au Québec. De ce montant, 162 millions ont été dépensés au profit des agences publicitaires et 164 millions pour le financement d'événements (Leblanc 2006). Ce système de pots-de-vin et d'ingérence politique dans des affaires administratives, principalement observé à l'intérieur de la filiale québécoise du Parti Libéral, est contraire à la *Loi électorale* et à diverses autres lois canadiennes et québécoises. Il a été nommément reproché au Parti Libéral d'avoir mis sur pied un système frauduleux de financement électoral incluant l'acceptation d'argent liquide, des pratiques contractuelles douteuses et l'octroi de contrats préférentiels. Concernant la représentation par les agences publicitaires du gouvernement dans la gestion du programme, il a été allégué qu'il y a eu surfacturation, services non rendus, sous-traitance sans appel d'offre et de nombreuses situations de conflits d'intérêts.

Les observations faites sur le déroulement de la Commission Gomery cadrent avec ce que Brodeur (1984) amenait dans sa propre étude des commissions publiques d'enquête sur la corruption et la déviance policière. En tant qu'enquêtes judiciaires, ces commissions ont pour mandat d'évaluer la responsabilité d'un groupe d'individus travaillant dans le domaine public. Brodeur (1984) mentionne que ce type de commission est limité dans la recherche de savoir, et ce pour plusieurs raisons – dont l'étendue de leur mandat –, les omissions faites dans les rapports finaux et la discrétion des membres et dirigeants (p. 300). Aussi, il soutient que ces commissions sont prévisibles puisqu'elles sont généralement la reproduction d'enquêtes précédentes ayant déjà mis en lumière la problématique soulevée sur la scène publique, et pour laquelle un jugement semblable est donc envisageable (p. 303). Brodeur croit que cela explique pourquoi les commissions publiques génèrent rarement la divulgation de faits nouveaux. Pour sa part, Thompson (2000) réfère à ce phénomène par la théorie du « sans-conséquence », théorie selon laquelle « le scandale n'a pas de signification à long terme et ne nous dit rien sur les valeurs permanentes de la vie sociale et politique » (p. 234). Ainsi, la commission d'enquête serait essentiellement un outil politique qui élèverait à un niveau de scandale des informations déjà connues. Finalement, Brodeur soulève un questionnement primordial au sujet de la portée d'une commission d'enquête, à savoir si les renseignements obtenus sont véridiques? À cette question, l'auteur propose une double réponse. D'un côté, il est d'avis que la majeure partie du savoir obtenu à travers ces commissions se base sur des preuves satisfaisantes, admises comme étant vraies (au moins au sens d'une vérité factuelle). D'un autre côté, il souligne aussi que : « pour vrai qu'il soit, un savoir circonscrit par le pouvoir politique ne peut donner lieu, à cause de ses omissions, qu'à une exploitation politique » (p. 304). La conclusion de Brodeur concernant sa propre étude met en évidence la futilité du savoir obtenu par les commissions publiques (p. 328). L'auteur pose un regard pessimiste quant à la portée de ces enquêtes publiques en soulignant l'échec général dans le changement des pratiques suivant une commission. Bref, de ce point de vue, la raison d'être de ces commissions, ne serait pas le partage de savoir ou la production d'un discours théorique suivi d'effets concrets, mais plutôt un simple exercice judiciaire dont son existence même représente sa principale fonction.

La vision pessimiste de Brodeur quant à l'utilité concrète des commissions publiques d'enquête est partagée par d'autres puisque la majorité des chercheurs sont d'accord pour dire que la commission vise essentiellement la transmission d'un message à la population. Cela sert à donner l'impression au public que des actions sont posées afin de prévenir la récurrence d'un tel événement dans le futur. Il s'agit en quelque sorte d'une réponse symbolique, d'une illusion (Wolanin 1975; Alford 1975). Le problème résulte beaucoup du fait que l'information diffusée concernant les activités et les individus sous enquête est révélée sans mise en contexte plus large.

Les réflexions précédentes tendent à susciter le questionnement qui suit : pourquoi, malgré la mise sur pied d'une enquête publique longue et coûteuse, n'est-il pas possible d'en retirer des révélations significatives concernant les pratiques déviantes dans les cercles politiques? Comment peut-on expliquer le sentiment de vide, l'impression de ne rien avoir appris même après que de tels efforts aient été déployés? Nous soutenons une explication selon laquelle collectivement, et non nécessairement consciemment, les individus partageant leur savoir et leurs expériences concernant les activités scandaleuses seront plutôt portés à rapporter ce qui a déjà été rendu public et à dissimuler les événements, les noms et les informations qui n'ont pas été divulguées. Or, il semble que ce sont ces dernières informations qui permettraient de comprendre en profondeur la problématique soumise au processus judiciaire.

Afin de soutenir notre hypothèse, nous analyserons dans cette étude les différents patterns de dénonciation qui se dégagent des témoignages faits devant la Commission Gomery sur le programme fédéral des commandites. Notre objectif est de mettre en évidence la manière dont le processus de dénonciation constitue, en lui-même, un obstacle à l'obtention de vérité. En effet, si l'examen de ce processus d'enquête permet de tirer une conclusion déterminante, celle-ci serait sans aucun doute que, même dans un contexte où la divulgation de la vérité est le principal objectif, le secret prévaudra généralement. Il en est ainsi puisque dans ce genre de processus, la dénonciation peut être ajustée individuellement ou collectivement en fonction de ce qui a déjà été dit et médiatisée.

Méthodologie

Les données utilisées dans cette étude ont été codifiées à partir des 131 volumes de transcription de la *Commission d'enquête sur le programme de commandites et les activités publicitaires* disponibles sur Internet à l'époque où la commission était active. Au cours de cette enquête publique, 172 personnes ont témoigné sur une période de 136 jours.

Pour la première partie de notre analyse, nous avons étudié tous les témoignages rendus afin de faire ressortir chaque personne citée par des témoins. Chacune des données, soit chaque nom cité par un témoin, a été triée et codifiée à l'intérieur d'une matrice de dénonciation. Cette matrice comprend deux axes; le premier sur lequel figurent les « dénonciateurs » et le second qui renseigne sur les « dénoncés ». Par la suite, chaque dénonciation a été codée selon cinq degrés d'implication de la personne dénoncée soit :

0. Non mentionné (27 387 dyades)
1. Uniquement nommé ou nommé en référence à une implication légitime dans le programme des Commandites (1429 dyades)
2. Dénoncé comme ayant une connaissance des activités déviantes sans y être impliqué (199 dyades)
3. Dénoncé comme ayant été impliquée activement dans les activités déviantes, mais selon un témoignage d'ouï-dire (29 dyades)
4. Dénoncé comme ayant été impliquée activement dans les activités déviantes, mais selon la connaissance directe du dénonciateur (368 dyades)

Pour la seconde partie de notre analyse, nous avons travaillé sous l'angle de la *théorie des jeux*. Cela a permis d'expliquer les comportements des acteurs dans des situations stratégiques où ils sont en interaction et où ils doivent prendre des décisions. Ces décisions des acteurs auront des répercussions sur les avantages que chacun d'eux retirera de la situation. Pour qu'il y ait « jeu », il doit donc y avoir plusieurs « joueurs », plusieurs décisions possibles pour chacun, ainsi que différents avantages (ou coûts) spécifiques à chacune des combinaisons « joueur-décision ». Considérant ou anticipant la décision des autres joueurs, un joueur devra chercher à prendre une décision rationnelle. Pour la présente étude, nous considérerons la commission comme étant le contexte de jeu, les témoins comme étant les joueurs et la dénonciation comme étant la décision du joueur.

Afin d'adapter notre étude initiale aux conditions essentielles qu'impose la *théorie des jeux*, nous avons effectué certains ajustements. D'abord, étant donné que dans un contexte de « jeux » les deux intervenants doivent interagir (une dyade), nous avons uniquement pris en considération les témoins (n=172) sans tenir compte des autres acteurs dénoncés qui n'ont pas été amenés à témoigner. Afin de faire ressortir l'impact de chacune des «dyades de jeu», nous avons bâti une nouvelle base de données à partir de la matrice de dénonciation. Nous avons obtenu 29 412 situations de dyade de jeux (172^2-172). Toutefois, étant donné la structure chronologique linéaire d'un procès (Schéma 1) et le fait qu'un témoin n'a qu'un seul droit de parole, certains témoins se trouvent à témoigner avant d'autres, empêchant ces derniers de répliquer contre un accusateur éventuel ou d'ajuster leurs décisions. Ainsi, le témoin-clé 1 du schéma 1 ne pourra répliquer aux accusations du témoin-clé 2 et ainsi de suite. Étant donné cet ordre, nous devons travailler seulement avec la moitié de ces situations théoriques afin d'exclure au fur et à mesure les témoins qui ont déjà témoigné (n=14 706).

Schéma 1 : Schéma de la situation temporelle des témoins clés et des autres témoignages dans le procès

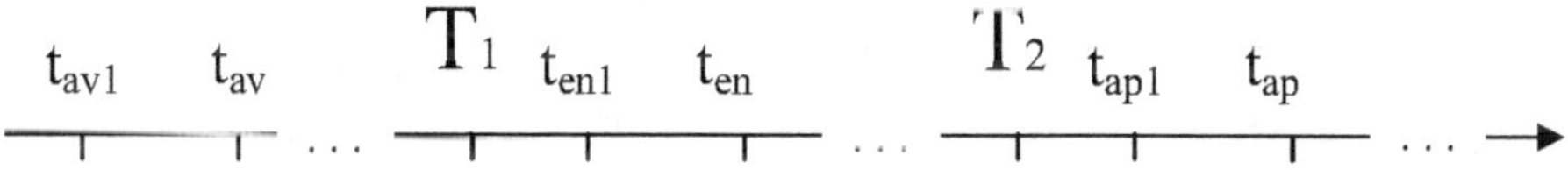

T_x : Témoins-clés
t_{avx} : Témoignages avant le premier témoin clé
t_{enx} : Témoignages entre le premier et le deuxième témoin clé
t_{apx} : Témoignages après le deuxième témoin clé

Par la suite, pour qu'un témoin dénonce un autre témoin, il doit nécessairement le connaître, ou au moins avoir un certain lien avec celui-ci. On référera à ce postulat sous le concept *d'opportunité de dénonciation*. Par exemple, un employé de la Banque du Canada qui n'a pas dénoncé un membre du Ministère des Travaux Publics n'avait peut-être tout simplement pas l'opportunité de le faire puisque ces deux entités ne sont pas directement liées. Puisque les données à notre disposition ne nous permettent pas de déterminer tous les liens existant entre les témoins, nous nous fierons uniquement à ce qui a été établi dans le cadre des audiences publiques incluant les interventions des témoins, mais aussi des avocats et des vérificateurs lors des auditions. Ainsi, pour qu'une «dyade de jeu » fasse partie de l'analyse, au moins un des deux « joueurs » doit avoir été nommé dans le témoignage de l'autre, ceci établissant l'opportunité de le dénoncer. En retirant les cas où il apparaît que les témoins n'avaient pas l'opportunité de dénoncer un autre témoin, on se retrouve avec un échantillon 1507 dyades de jeu.

Au fil de notre réflexion générale sur la non production de savoir nouveau ou significatif dans le cadre d'une commission publique d'enquête, deux hypothèses de travail nous ont guidés. Premièrement, nous avons avancé qu'il est possible que les témoins ne possèdent tout simplement pas le savoir recherché. N'ayant ainsi rien à partager, il est évident qu'ils ne dévoileront rien. Se poserait alors notamment la question de la pertinence du choix des témoins. Deuxièmement, nous avons aussi avancé qu'il est possible que les témoins utilisent l'adage: «dans le doute, il vaut mieux s'abstenir». Cherchant à ne pas abîmer leur réputation ou à s'attirer des ennuis, les témoins en diront le moins possible. Se poserait alors la question de l'impact du caractère public de l'enquête et de la grande visibilité des acteurs qui entraînent un risque élevé de répercussions non seulement pénales.

Description du processus de la dénonciation

Comme premier coup d'œil, il est intéressant de visualiser, à l'aide des sociogrammes de la figure 1 à 4, la distribution à travers le temps du processus de dénonciation des témoins devant la commission en fonction de la sévérité de la dénonciation. Ces sociogrammes sont représentés sous la forme d'une horloge, où l'on retrouve à «midi» le début du procès et la suite distribuée selon le sens des aiguilles d'une montre. Chacun des points représente un témoignage rendu.

Figure 1 : Réseau des dénonciations et des mentions (n=169)

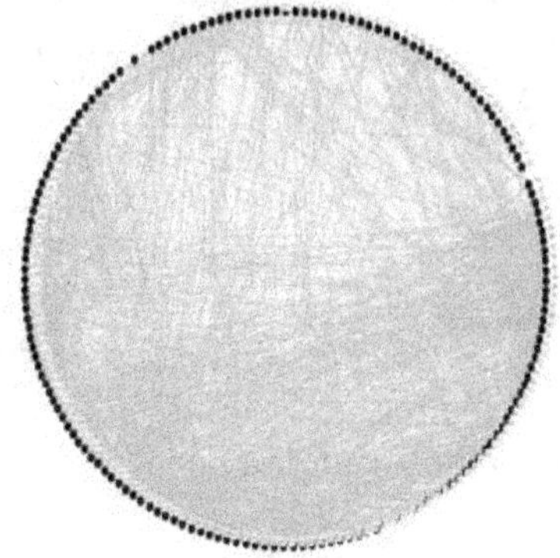

Figure 2 : Réseau des dénonciations basées sur des preuves factuelles (n=117)

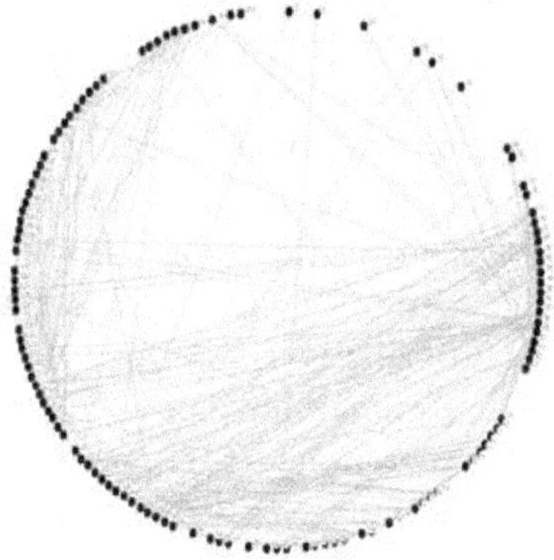

Figure 3 : Réseau des nouvelles dénonciations basées sur des preuves factuelles (n=87)

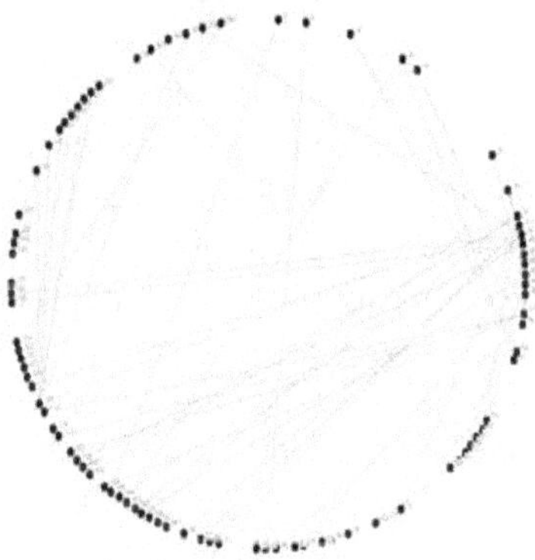

Figure 4 : Réseau des nouvelles dénonciations en fonction de la centralité de degré sortante (n=87)

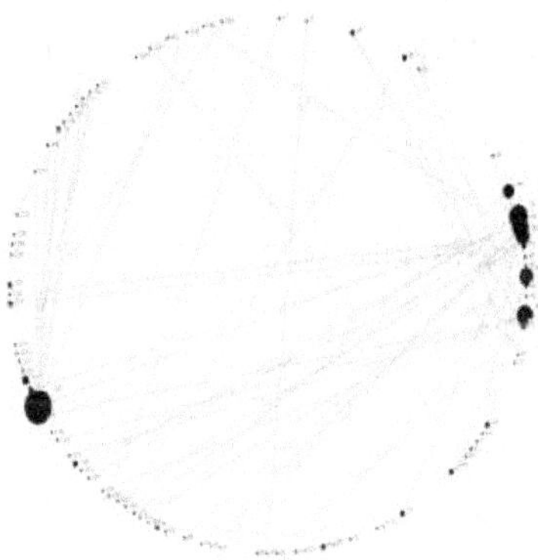

Tout d'abord, on constate que le nombre de dénonciations diminue en fonction de la sévérité des dénonciations. Il y a donc plus de liens dans le réseau des mentions (figure 1) que dans celui de l'accusation directe (figure 3). Ces graphiques font aussi ressortir que certaines portions de la commission ont amené une charge plus importante de dénonciations. On retrouve un premier groupe de dénonciateurs vers « trois heures ». Étant donné qu'il se retrouve relativement au début de la commission, il pourrait s'agir des *whistleblowers* (Miceli, Near et Dworkin 2008), soit les premiers dénonciateurs qui mettent le scandale sur la table. Comme les premiers témoins sont les vérificateurs officiels, cela nous apparaît être une probabilité élevée. S'en suit un temps mort comprenant environ 60 témoins (47 jours d'audience) durant lequel seulement de petites bribes d'informations nouvelles sont révélées, mais où, en majorité, les témoins s'en tiennent aux dénonciations précédentes. Ensuite, une deuxième vague importante de nouvelles dénonciations se retrouve entre « six et neuf heures ». Ces témoins sont ceux qui certes dénoncent (figure 2), mais aussi ceux qui amènent de nouvelles dénonciations (figure 3). Quant à la figure 4, elle permet de cibler les individus les plus bavards. On retrouve encore une fois « le groupe de trois heures », mais aussi un individu qui se retrouve avec la plus grande centralité de degré sortante (le N117, vers 8 heures). On pourrait le qualifier de *whistleblower tardif*. En effet, alors que le processus de dénonciation semblait devenir redondant, ce témoin donne un nouvel élan à la commission, dénonçant 17 personnes, dont 9 qui n'avaient pas été dénoncées auparavant.

La concentration des dénonciations

Suite à l'étude des sociogrammes, il ressort qu'il y a un certain débalancement dans les dénonciations: certains témoins offrent beaucoup plus d'informations que d'autres. Comme l'illustre le tableau 1, les dénonciations les plus sévères sont aussi les plus rares. On retrouve 2026 références aux individus, mais seulement 368 sont des dénonciations directes de type 4. De plus, seulement 40,7% des témoins ont fait l'objet d'au moins une dénonciation directe de type 4 de la part d'un autre témoin. Face à ce constat, on pourrait se demander pourquoi ces témoins qui n'étaient pas impliqués ont été entendus? Une des explications possibles est que ces derniers aient servi à dénoncer d'autres témoins. Pourtant, lorsqu'on regarde le nombre de témoins ayant formulé une dénonciation directe, il n'y en a que 61,6%. En tout, 55 témoins (32,0%) n'ont ni émis, ni été l'objet d'aucune dénonciation directe. On retrouve ainsi la pertinence de nos hypothèses de travail puisque cela peut s'expliquer tant par le fait que les témoins ne connaissent pas l'information ou ne sont pas impliqués dans les actes déviants (hypothèse 1), que par le fait qu'ils taisent les informations dont ils disposent (hypothèse 2).

Tableau 1 : Nombre de dénonciations entrantes et sortantes et la concentration de la distribution

Type de dénonciation minimale	n[a]	Dénonciations sortantes %[b]	Dénonciations sortantes % des dénonciateurs ayant effectué 80% des dénonciations	Dénonciations entrantes %[b]	Dénonciations entrantes % des dénoncés ayant reçu 80% des dénonciations	Rhô
Référence légitime (1 et plus)	2026	95,9	46,5	91,3	35,5	0,78**
Dénonciation sans être impliqué (2 et plus)	596	77,9	38,4	65,1	29,1	0,54**
Dénonciation sur ouï-dire (3 et plus)	397	64,5	33,7	40,7	18,6	0,45**
Dénonciation directe (4)	368	61,6	33,1	40,7	18,6	0,48**

[a] : Nombre de dénonciations total de ce type au cours de la commission
[b] : Pourcentage de témoins ayant fait ou subi au moins une dénonciation
** $p < 0,001$

Il ressort de ce tableau que le débalancement de la concentration des dénonciations se retrouve dans le nombre de témoins dénoncés impliqués, mais aussi dans le nombre de dénonciations par témoin. Selon le type de dénonciations faites, on constate qu'entre 46,5% et 33,1% des témoins ont fait 80% des dénonciations. Plus la dénonciation est sévère, plus un petit groupe de témoins représente la majeure partie des dénonciateurs. Un peu de la même façon, une faible proportion des témoins a fait l'objet de la majeure partie des dénonciations. Par exemple, seulement 18,6% des témoins ont reçu 80% des dénonciations directes. Cela tend à démontrer que les dénonciations visent toujours les mêmes personnes et donc cela validerait notre deuxième hypothèse de travail. De plus, le coefficient de corrélation démontre que le lien est assez fort entre le fait de dénoncer et celui de se faire dénoncer. Ceci établit une certaine réciprocité dans les dénonciations : plus une personne dénoncera, plus elle se fera dénoncer. À l'inverse moins elle dénonce, moins elle sera dénoncée ce qui, de nouveau, appuie la seconde hypothèse de travail.

Pour illustrer ce processus de réciprocité, pour voir dans quelles situations il se produit et pour mieux comprendre pourquoi un si petit nombre de témoins dénonce, nous traiterons chacune des interactions entre les témoins à l'aide de dyades sous la forme du dilemme du prisonnier.

Le jeu de la dénonciation et le dilemme du « témoin »

Axelrod (1984) décrit de façon concise le dilemme fondamental auquel font face les participants placés dans une situation où ils peuvent se dénoncer entre eux. Ce qui est le mieux pour chaque personne individuellement mène à la trahison (*dénoncer*), alors qu'au niveau collectif tout le monde aurait été en meilleure posture avec une coopération mutuelle (*ne pas dénoncer*) (p. 9).

Tableau 2 : Représentation des stratégies dans un dilemme du prisonnier

		Joueur 2	
		Coopère	**Trahit**
Joueur 1	**Coopère**	Coopération mutuelle	J1: *Sucker* J2: Traître
	Trahit	J1: Traître J2: *Sucker*	Trahison mutuelle

Transposer les règles et les gains du dilemme du prisonnier (établi à l'origine pour étudier un univers privé) à un univers public comme la Commission Gomery nécessite certaines adaptations. Globalement, dans le cas de la commission publique les prisonniers (témoins) ont davantage de contrôle sur l'issue que dans le cas d'un huis clos puisque les témoignages sont rendus instantanément publics. Cela permet donc au témoin de s'adapter et de réajuster sa stratégie en fonction des témoignages qui l'ont précédé ou en fonction de sa propre position dans le processus global. D'une part, les témoins appelés devant une commission publique sont généralement informés de ce qui a été dit à leur sujet au cours des témoignages précédents. Ainsi, plus le témoin entre en scène tardivement (témoin 2), plus il a de contrôle sur les gains récoltés pour chaque dyade dans lesquelles il a déjà été impliqué. Il s'offre alors à lui 4 options. Il peut soit dénoncer ceux qui l'ont déjà dénoncé (option lui procurant les faibles gains associés à une trahison mutuelle), soit dénoncer ceux qui ne l'ont pas déjà dénoncé (option la plus avantageuse), soit ne pas dénoncer ceux qui ne l'ont pas dénoncé (option amenant un avantage moyen) ou enfin soit ne pas dénoncer ceux qui l'ont dénoncé (en absorbant stoïquement les pertes du *sucker*). D'autre part, il faut considérer que le témoin hâtif (témoin 1) est conscient que ses divulgations seront médiatisées et qu'elles pourront être, par décisions stratégiques des témoins subséquents, utilisées contre lui, qui plus est, sans qu'il n'ait alors l'occasion de se défendre. Placé dans cette position désavantageuse d'avant-coureur, il se peut que le témoin 1 craigne les représailles futures et de ce fait, qu'il ne dénonce pas. Il se peut aussi qu'il choisisse, de manière plus intrépide, de jouer la carte de la sympathie et qu'il dénonce en espérant retirer un capital de reconnaissance publique supérieure aux désavantages que pourrait lui occasionner un statut de *traître.* Enfin, il faut tenir compte du fait que tous les témoins, peu importe leur rang, peuvent observer les patterns ressortant des audiences publiques et choisir soit de se conformer ou au contraire d'enfreindre la tendance générale qui se dégage.

Tableau 3 : Distribution théorique des stratégies utilisées selon le scénario collectif de vérité et de secret

La vérité prévaut si ...

		Témoin 2	
		Coopère	**Trahit**
Témoin 1	**Coopère**	Faible	--
	Trahit	--	Élevé

Le secret prévaut si...

		Témoin 2	
		Coopère	**Trahit**
Témoin 1	**Coopère**	Élevé	--
	Trahit	--	Faible

La tendance générale suivie collectivement représente aussi l'étendue de savoir révélée par une commission publique. Comme schématisé au tableau 3, si les témoins s'engagent dans un processus de trahison mutuelle, le savoir à propos du scandale exposé en commission sera copieusement révélé. Par contre, si les témoins choisissent plutôt une stratégie de coopération à un niveau collectif, les révélations seront limitées. Dans le premier cas, la vérité est privilégiée alors que dans le second, le secret prévaut.

Tableau 4 : Distribution des stratégies utilisées par les témoins et les témoins « impliqués » lors de la commission

Tous les témoins

		Témoin 2	
		Coopère	**Trahit**
Témoin 1	**Coopère**	1181 (78%)	114 (8%)
	Trahit	170 (11%)	42 (3%)

Témoins *impliqués* [a]

		Témoin 2	
		Coopère	**Trahit**
Témoin 1	**Coopère**	498 (71%)	69 (10%)
	Trahit	91 (13%)	42 (6%)

[a] : Tous témoins qui furent dénoncés au moins une fois au cours de la commission

En exposant les dyades sous la forme du dilemme du prisonnier, nous avons pu établir quelle stratégie à été privilégiée par les témoins devant la Commission Gomery. Ainsi, en référant au tableau 4, il ressort que si tous les témoins sont considérés, 78% des dyades utilisent la stratégie de la coopération mutuelle et seulement 3% celle de la trahison mutuelle. Nous avons mis ce résultat à l'épreuve en considérant qu'il était possible que la sous-représentation soit due au fait que les personnes qui n'étaient réellement pas impliquées ne pouvaient nécessairement pas se faire dénoncer. Pourtant, même en considérant uniquement les témoins ayant été dénoncés au moins une fois, la proportion de trahison mutuelle reste minoritaire (6%), alors que celle des coopérations mutuelles demeure largement majoritaire (71%). Bref, cela établit que la stratégie collective mise en place devant la Commission Gomery favorise la coopération des témoins et le maintien du secret.

Conclusion

Nos résultats nous permettent de constater que la Commission Gomery, comme plusieurs commissions publiques, est teintée par un phénomène de redondance dans la production du savoir. Notre étude démontre que :

1) les dénonciations faites par les témoins étaient grandement concentrées autour des mêmes personnes;

2) la majorité des témoins n'ont pas dénoncé quelqu'un dont l'implication n'était pas déjà révélée;

3) la majorité des témoins ont coopéré pour maintenir le secret en fonction des dyades dans lesquelles ils étaient impliqués.

La *règle* de la redondance démontre que la majorité des témoins collaborent entre eux en ne révélant ainsi que très peu de savoir sur les activités déviantes sous enquête. Afin de maintenir le secret, ils révèlent surtout les noms de personnes déjà mentionnés et n'ajoutent que rarement d'autres acteurs. Ceci nous amène à discuter des conséquences et des limites du regard scandaleux dans les affaires de criminalité économique. À travers des entrevues avec des journalistes impliqués dans la production des plus grandes histoires scandaleuses de crime en col blanc, Levi (2006) soulève que la diffusion publique de ces événements par les médias brouille l'étiquette de « fraude » ou de « corruption » initialement applicable aux gestes posés en y ajoutant des propos moins pertinents à l'intérieur desquels l'essence se perd. Levi soutient que ceci se produit dans un contexte d'*infodivertissement*, qui ne privilégie pas la révélation des pratiques déviantes, mais qui vise plutôt une atteinte à la réputation des individus, l'identification des fragilités des entreprises et de la faiblesse des cercles d'élites. Les quelques acteurs qui tomberont dans le filet du scandale seront par conséquent amenés dans le jeu de la dénonciation devant la commission publique d'enquête dont les balises typiques et l'issue recherchée semblent prédéterminées par le processus même. Alors que nous avons pu établir que devant la Commission Gomery le secret prévalait sur la vérité, le scandale demeurait néanmoins diffusé à travers le public avec un haut niveau de certitude suggérant ainsi que la commission en avait établi la véracité. Cela laisse croire que lors des audiences publiques, le cœur du problème a vraiment été exposé alors que, dans les faits, cela ne semble pas être le cas.

Le phénomène de dénonciation limitée à des gens préalablement impliqués amène également des réflexions sur la notion de bouc émissaire. La théorie du bouc émissaire tire ses origines du domaine religieux et a surtout intéressé Girard (2001) dont les travaux philosophiques, anthropologiques et religieux se penchent sur la fonction du bouc émissaire : par son sacrifice, les sociétés sont temporairement soulagées d'un mal auquel elles s'opposent. Dans le cadre de scandales et de dénonciations publiques, il est évidemment coutume que certains individus soient ciblés afin de répondre de l'indignation populaire. Ces « boucs émissaires » sont fréquemment constitués par les médias, qui jouent un rôle déterminant dans la divulgation du scandale et des éléments qui le constituent. Dans le cadre de la Commission Gomery, nos analyses suggèrent qu'il y a eu une forte tendance à désigner certains acteurs centraux sous la forme de boucs émissaires auxquels a été attribuée toute la responsabilité de l'affaire.

En outre, notons que les observations faites sur la Commission Gomery cadrent aves celles que Brodeur (1984) a faites dans sa propre étude au sujet des commissions d'enquête publiques sur la corruption et sur la déviance policière. En tant qu'enquêtes judiciaires, elles ont pour mandat d'évaluer la responsabilité d'un groupe d'individus travaillant dans le domaine public. À ce titre, Brodeur (2004) insiste sur le fait que ces commissions et l'attention qu'elles reçoivent sont basées sur un « monde de perception » plutôt que sur un « monde de connaissance » (p. 154) et c'est pourquoi les commissions publiques permettent rarement la révélation de matériel pertinent nouveau.

Nous avons établi que la Commission Gomery n'a pas nécessairement apporté des éléments nouveaux ou enrichis du point de vue du savoir collectif, mais la population a tout de même réagi à la mise en examen de scandale. Une baisse importante de la confiance envers le gouvernement fédéral fut observée dans l'indice de la corruption de *Transparency International*. Ainsi, l'indice de corruption est passé de 9,2 en 2000 à 8,4 en 2005, soit le score le plus bas attribué au Canada depuis la première publication des indices de corruption en 1996. Cette situation a fait chuter la position mondiale du Canada du 5ème rang des pays les moins corrompus en 2000 au 14ème rang en 2006 ce qui constitue le rang le plus faible occupé par ce Canada depuis 1996. Cette baisse dans la confiance collective envers le gouvernement n'est pas survenue au moment de l'annonce publique du scandale, mais s'est plutôt concrétisée, même si peu d'éléments nouveaux en sont ressortis, quelques mois après la commission d'enquête sur ce scandale. A ce moment, le parti Libéral a perdu sa première élection fédérale depuis plus de 10 ans.

Bibliographie

Alford, R. (1975). *Health Care Politics*. Chicago: University of Chicago Press.

Axelrod, R. (1984). *The Evolution of cooperation.* Basic Books.

Brodeur, J.P. (2004). « Expertise Not Wanted : The Case of the Criminal Law », Pp. 123-158 dans E. Kurz-Milcke et G. Gigerenzer (eds.) *Experts in Science and Society*. New York : Kluwer.

Brodeur, J.P. (1984). *La délinquance de l'ordre : recherche sur les commissions d'enquête.* LaSalle, Québec: Hurtubise.

Girard. R. (2001). Le bouc-émissaire. Paris: Le livre de poche.

Leblanc, D. (2006). *Nom de code: Machouette—l'enquête sur le scandale des commandites*. Montréal: Libre Expression.

Levi, M. (2006). The media construction of financial white-collar crimes. *British journal of criminology , 46* (6), 1037-1057.

Thompson, J. (2000). *Political scandal : power and visibility in the media age.* Maiden, MA: Blackwell.

Wolanin, T.R. (1975). *Presidential Advisory Commissions*. Madison: University of Wisconsin Press.

5. Criminalité organisée et trafic de stupéfiants

Les problèmes de délimitation entre organisations criminelles et organisations terroristes
Conséquences pratiques pour la poursuite pénale en Suisse

JULIETTE NOTO
Procureure fédérale

Introduction

Lors de l'introduction de l'article 260ter du Code pénal suisse (ci-après CP), lequel réprime la participation à une organisation criminelle ou le fait de soutenir une telle organisation, le législateur suisse espérait avoir trouvé un arsenal légal efficace pour contrer le phénomène du crime organisé.

Introduit en 1994 dans l'espoir d'avoir à disposition un instrument pertinent pour combattre les organisations mafieuses en Suisse, le dispositif n'a jusqu'à ce jour pas réellement répondu aux attentes. En effet, il n'y a eu que peu d'arrêts en la matière et beaucoup de procès se sont soldés par des acquittements. Très peu de décisions pertinentes ont été rendues dans ce domaine, révélant ainsi que cette norme peine à être appliquée hormis dans le domaine de l'entraide pénale internationale. L'application de cette disposition est en effet rare, ce qui n'est pas uniquement le fait de son champ d'application restrictif, mais également une conséquence de son caractère subsidiaire.

Or, ce même article difficile à manier constitue aussi l'une des deux seules dispositions dont dispose la justice pénale pour poursuivre des faits terroristes, le législateur ayant fait le choix d'abandonner le terrorisme comme infraction autonome. Estimant que le droit en vigueur était suffisant pour combattre le terrorisme, le législateur suisse a refusé d'édicter une loi antiterroriste à l'image de celles adoptées aux Etats-Unis (*Patriot Act*), en Grande-Bretagne ou en France, se contentant d'introduire la norme de financement du terrorisme afin de satisfaire aux exigences imposées par la ratification de la Convention pour la répression du financement du terrorisme entrée en vigueur le 23 octobre 2003[1] complétant ainsi le

[1] RS 0.353.22 ; Message du Conseil fédéral FF 2002 5014.

dispositif normatif international constitué de douze conventions et protocoles additionnels conclus sous l'égide de l'ONU.

La présente contribution tente d'exposer, au travers du dispositif législatif en matière de lutte contre les organisations criminelles et les organisations terroristes, la nature et les caractéristiques du dispositif suisse. Elle vise également à rendre compte de la rare jurisprudence en la matière, en particulier dans le domaine du terrorisme. Il conviendra enfin de démontrer que le dispositif normatif restreint, assimilant simplement les organisations terroristes à des organisations criminelles, ne tient pas compte des nouvelles facettes du terrorisme contemporain auxquelles sont confrontées les autorités de poursuite pénale.

Faisant face à un contexte sécuritaire plus difficile pour eux, les réseaux terroristes ont en effet été poussés vers de nouvelles méthodes de fonctionnement. Ces nouveaux modes opérationnels se caractérisent notamment par une stratégie d'implantation de petites cellules autonomes, une division du travail entre doctrinaires, logisticiens, financiers et auteurs, ainsi que par un raccourcissement des trajectoires d'embrigadement entre le recrutement et le passage à l'acte.

Ces nouvelles caractéristiques interdisent dès lors toute modélisation et commandent, avant tout, une grande souplesse dans la compréhension et l'approche juridique de ce phénomène complexe, afin de pouvoir lui apporter les ripostes judiciaires adaptées.

1. Instruments juridiques pour lutter contre les organisations criminelles

Conformément à l'article 260ter CP, une organisation criminelle est une association de plusieurs personnes tenue secrète vis-à-vis de l'extérieur, durable et structurée hiérarchiquement, qui poursuit le but de commettre des actes de violence criminels ou de se procurer des revenus par des moyens criminels.

La participation à une organisation criminelle ou le soutien apporté à une telle organisation est puni de la réclusion de cinq ans au plus. Se rend punissable celui qui soutient de manière générale l'activité d'une organisation criminelle, sans qu'un lien direct entre ce soutien et une infraction concrète soit nécessaire. Toute contribution décisive telle que par exemple la mise à disposition d'un élément de l'infrastructure logistique ou un soutien relevant du service financier, renforçant l'organisation, est considérée comme soutien à celle-ci. L'auteur doit nécessairement connaître l'existence de l'organisation. L'infraction est consommée dès que l'auteur envisage ou accepte que son agissement serve les buts de l'organisation.

Entrée en vigueur en 1994, cette disposition, hormis dans des cas d'entraide pénale fondée sur des jugements étrangers ayant retenu l'infraction d'organisation criminelle, peine à être appliquée par les tribunaux suisses[2].

L'application de l'article 260ter CP se heurte à différents obstacles. Dans bien des cas, le magistrat se trouve face à des structures criminelles présentant une dangerosité certaine, sans pour autant pouvoir les assimiler à des structures réunissant tous les éléments requis par la loi. Il s'agit notamment de structures assimilées à des bandes organisées internationales sans que tous les éléments constitutifs de l'organisation criminelle soient réunis[3].

Alors que le Tribunal fédéral restreint fortement la notion d'organisation criminelle, l'ouverture d'une enquête de police judiciaire pour soutien ou participation à une organisation criminelle est souvent rapidement ordonnée afin que le magistrat puisse, sans délai, ordonner certaines mesures de contrainte adéquates (mesures de surveillance ; investigation secrète).

A cet égard, il convient de relever que la notion d'organisation criminelle est une notion découlant de la criminologie englobant une multitude de formes d'organisations possibles (nationales, internationales et régionales) axées sur un type de criminalité qui a vocation d'affaiblir l'Etat dans ses fondements. Or, la définition juridique du phénomène est essentiellement basée sur les éléments structurels, qualifiant les organisations criminelles classiques.

Bien que notre Haute Cour ait reconnu que plusieurs organisations répondaient aux critères définis, force est de constater que ces divers cas concernaient tous des organisations aux structures mafieuses alors que la réalité du crime organisé, en particulier celle en matière de terrorisme, est évolutive et que de nombreux aspects de la criminalité organisée à vocation terroriste peuvent difficilement être rattachés aux agissements d'organisations ou groupements remplissant les conditions étroites de l'article 260ter CP.

2. Instruments juridiques pour lutter contre les organisations terroristes

Le droit suisse ne connaît pas de définition du terrorisme ou une disposition pénale qui réprime expressément et directement l'acte terroriste. La jurisprudence assimile les groupements ou associations terroristes aux

[2] ATF 8.G.88/2002 ; ATF 132 IV 132 ; ATF 129 IV 271.
[3] ATF 8G.88/2002.

organisations criminelles de type mafieux[4]. Selon le Tribunal fédéral, les brigades rouges italiennes[5], l'ETA basque[6] ou Al Qaida[7], entre autres, constituent des organisations criminelles au sens de cette disposition considérant que l'objectif que ces organisations poursuivent est fondamentalement le même, à savoir commettre des actes violents motivés par des considérations politiques ou religieuses. Toutefois, il convient de noter que dans les affaires susmentionnées le Tribunal fédéral n'a jamais procédé à la vérification des éléments constitutifs de l'article 260ter CP, considérant que le caractère des organisations alors en cause était notoirement connu (*gerichtsnotorisch*).

2.1. Renforcement du dispositif de droit pénal

Bien que le Code pénal suisse ne contienne avant 2003 pas de norme visant expressément le terrorisme et son financement, on y trouvait déjà de nombreuses dispositions générales pouvant s'y appliquer. Citons par exemple les infractions contre la vie et l'intégrité corporelle (art. 111 ss CP), la séquestration, l'enlèvement et la prise d'otages (art. 183 ss CP) ou encore les crimes ou délits créant un danger collectif comme l'incendie intentionnel ou les actes commis au moyen d'explosifs (art. 221 ss CP). Sont aussi punissables la tentative ainsi que l'instigation et la complicité en rapport avec les actes précités.

Suite à la ratification de la Convention internationale pour la répression du financement du terrorisme du 9 décembre 1999 visant les sources de financement du terrorisme et non plus uniquement l'acte terroriste, et en accord avec les diverses initiatives internationales découlant des évènements de 2001[8], la Suisse s'est par la suite dotée d'une norme supplémentaire, à savoir l'article 260quinquies CP, qui réprime le financement du terrorisme[9].

Le financement du terrorisme diffère clairement du soutien financier à une organisation terroriste. L'article 260quinquies CP réprime le soutien financier à un acte terroriste précis. Son auteur doit connaître cet acte, le vouloir et y contribuer de manière causale[10], alors que l'article 260ter CP

[4] Message du conseil fédéral du 30 juin 1993 ; FF 1993 III 269 ss (288) et ATF 125 II 569 consid. 5c p. 574.

[5] ATF 128 II 355 ; ATF 125 II 569.

[6] ATF 1A.174/2002.

[7] ATF 1A.194/2002.

[8] Résolutions de l'ONU n° 1267 et 1373.

[9] La Suisse a ratifié et mis en application dix des douze conventions et protocoles additionnels conclus sous l'égide de l'ONU.

[10] Dol direct.

requiert uniquement que l'auteur favorise, par un soutien financier, les buts de l'organisation par dol éventuel.

L'infraction est consommée dès la réception des avoirs par l'intermédiaire qui connaît et veut l'affectation future à l'organisation d'un acte de terrorisme, l'établissement d'un lien de causalité directe avec une infraction n'est pas nécessaire.

L'objectif visé à travers cette disposition est de sanctionner de manière aussi complète que possible les personnes qui, volontairement, participent au financement d'attentats terroristes. En rendant ainsi pénalement répréhensibles des activités qui se situent en amont des actes terroristes, le législateur espérait saper les bases financières du terrorisme.

3. Jurisprudence suisse en matière de terrorisme

Par arrêt du 21 juin 2007, le Tribunal pénal fédéral (Cour des affaires pénales) a condamné deux activistes islamistes pour activités de propagande illicite sur Internet et a notamment retenu, pour la première fois, l'incrimination de soutien à une organisation terroriste selon les termes de l'article 260ter CP[11].

Au regard de cette disposition, il leur était reproché d'avoir toléré la publication par l'intermédiaire de leurs sites Internet de messages contenant des informations illicites (notamment différents manuels et directives opérationnels) et d'avoir ainsi activement mis à disposition d'une ou plusieurs organisations criminelles un outil de c

S'agissant de l'application de l'article 260ter CP, l'auteur ne sera puni pour participation ou soutien à une organisation criminelle que si son comportement pénalement répréhensible n'est pas déjà sanctionné, dans tous ses aspects, par une autre disposition du code pénal. Or, dans le cas présent, et ce pour la première fois, il a été jugé que les actes de soutien imputables aux accusés n'ont pas entièrement été appréhendés par d'autres dispositions du Code pénal ou d'une autre loi. Le Tribunal a clairement considéré que certains actes commis, à savoir la diffusion de messages conspiratifs de menaces émanant du réseau Al Qaida et des messages revendiquant et glorifiant des attentats et prises d'otages commis par le même réseau, constituaient *per se* le soutien au réseau Al Qaida.

En l'espèce, la Cour a non seulement fait preuve d'une réelle ouverture en ce qui concerne le champ d'application de l'article 260ter CP en constatant que les divers mouvements islamistes ayant profité des services fournis par l'inculpé étaient *de facto* liés à l'organisation Al Qaida, mais a aussi apporté un éclaircissement substantiel quant au caractère subsidiaire de la norme.

Or, bien que dans ce cas précis la jurisprudence ait évolué, il convient de constater que les mutations dans le mode de fonctionnement des mouvances terroristes tendent à démontrer que l'article 260ter CP risque de devenir inapplicable, du fait des conséquences des nouveaux modes de fonctionnement des réseaux islamistes échappant au champ d'application du dispositif normatif suisse en matière de terrorisme.

4. Mutations dans la mouvance terroriste

Alors que dans le passé, Al Qaida était une organisation structurée disposant de camps d'entrainement dans le sanctuaire afghan, de donneurs d'ordre gravitant autour d'Oussama Bin Laden et d'une planification d'opérations à long terme, cette dernière est devenue une sorte d'étiquette utilisée par des cellules de plus en plus autonomes. Les opérations militaires en Afghanistan après 2001 ont eu pour conséquence une modification

croyant pour se conformer aux règles du Coran. On retrouve cette référence dans divers versets du Coran, sous des formes différentes : répandre l'islam par la persuasion, combattre pour repousser une attaque contre l'islam, etc. L'islam se posant comme un universalisme, sa propagation est un devoir pour la communauté musulmane, que tous les courants de l'islam admettent. De même qu'on distingue l'islam de son exploitation politique (« l'islamisme »), il faut différencier la notion religieuse de jihad du « jihadisme », qui en est le dévoiement par l'action violente.

radicale du fonctionnement de la mouvance terroriste islamiste internationale.

Les organisations terroristes tendent de plus en plus à adopter des structures organisationnelles en réseaux décentralisés, dont le lien avec la mouvance se fait principalement à travers l'emploi systématique des moyens de communication issus des technologies de l'information[14]. Les individus rattachés à ces réseaux n'ont souvent pas transité par les camps de formation de l'organisation et ne sont pas nécessairement rattachés à des individus du cercle des personnes identifiées comme étant des proches des leaders de la mouvance. Le lien avec l'organisation mère est très ténu et se résume souvent à un suivisme idéologique sans relation financière ou de chaîne de commandement identifiable. Enfin, les individus passent aisément d'une cellule à une autre, ignorant les frontières étatiques.

Deux tiers des individus arrêtés en 2008 dans l'Union européenne en relation avec une activité terroriste islamiste n'étaient pas liés à un groupe affilié à une organisation terroriste connue, mais avaient une affinité idéologique avec le Jihad promu par Al Qaida. Ceci souligne l'augmentation de cellules ou d'individus autonomes et la montée en puissance du *home grown* terrorisme.

Ces petits groupes autonomes assimilés, selon le droit suisse, à de simples bandes, s'adonnent à des délits de droit commun avant de basculer dans la délinquance commise à des fins de financement de groupes islamistes radicaux, sans que la délimitation soit perceptible et repérable.

Dans les enquêtes menées en Suisse, il a été constaté que la visée terroriste se situait à long terme et que la planification d'actions violentes n'était souvent qu'à un stade de projet idéologique, ne permettant pas aux autorités de poursuite pénale d'appliquer les dispositions sanctionnant les actes préparatoires délictueux (art. 260bis CP), étant donné que les auteurs présumés n'avaient pas encore pris des dispositions assez concrètes.

Un autre phénomène croissant est l'éclosion de citoyens occidentaux convertis à l'islam radical qui ne correspondent pas, à première vue, aux profils connus et facilement repérables.

Parmi les activités terroristes difficiles à appréhender et à poursuivre par des moyens judiciaires figurent par ailleurs la propagande, l'endoctrinement, la formation militaire (souvent faite à travers l'Internet) et le recrutement[15].

[14] Cf. Kevin ANDERSON, *Militants weave web of terror*, cité par Benoît GAGNON, Les opérations terroristes réseau-centriques, in : Criminologie, 39/1 (2006).

[15] La Suisse n'a pas encore signé la Convention du Conseil de l'Europe pour la prévention du terrorisme du 16 mai 2005

Il sied de relever que la radicalisation et le recrutement affectant particulièrement les immigrants de deuxième génération en Europe, ne s'effectuent pratiquement plus dans les mosquées ou associations, mais dans les lieux privés et les prisons[16].

La difficulté est d'identifier et de poursuivre des individus n'évoluant pas dans des structures repérables, ne dégageant que très peu de signes visibles de radicalisation, mais poursuivant néanmoins des activités obscures, n'enfreignant toutefois pas directement le Code pénal suisse. A titre d'exemple, ce dernier ne contient pas de normes pour pouvoir poursuivre l'endoctrinement ou la formation paramilitaire à visée terroriste.

Enfin, les difficultés à appliquer les normes pénales en matière de terrorisme découlent également du fait que de nombreux mouvements ou groupes soupçonnés d'activités criminelles ou terroristes présentent deux aspects : une vitrine politique et idéologique largement médiatisée, permettant d'ériger officiellement leur combat en combat légitime, alors qu'une autre frange de l'organisation, secrète, commet des infractions dans un but terroriste.

Ces organisations à but mixte, se disant souvent elles-mêmes victimes de violations de droit de l'homme et se consacrant officiellement à un combat légitime pour la démocratie, n'entrent dès lors pas dans le champ d'application des articles 260ter et 260quinquies CP.

5. Absence de listes terroristes

Il est enfin important de relever que les listes des Nations Unies et de l'Union européenne des organisations terroristes et des personnes liées à des activités terroristes n'ont aucune portée, en Suisse, sur le plan pénal. Ces listes, qui ont pour objectifs principaux le gel des avoirs des personnes citées et l'interdiction de voyager, ne constituent en aucun cas des preuves d'activités ou de participation à des activités terroristes.

Tout au plus, la publication de noms pourra-t-elle susciter des recherches préliminaires et dans l'éventualité la plus favorable, constituer des soupçons permettant l'ouverture d'une procédure pénale.

Conclusion

Le terrorisme constitue l'une des formes les plus graves et les plus dangereuses de la criminalité internationale. Il vise à terrifier en créant une

(www.conventions.coe.int/treaty/fr/Treaties/Html/196.htm).

[16] La diaspora musulmane en Europe a fourni près de 80% des recrues moudjahedines qui ont rejoint le salafisme jihadiste global.

peur collective, en déstabilisant les Etats de droit et en mettant en cause les principes mêmes sur lesquels reposent nos démocraties.

Or, les normes à disposition des autorités de poursuite pénale suisses pour lutter contre ce fléau ont été pensées pour être efficace dans un contexte criminel défini de manière étroite, et formulées pour couvrir une réalité qui se veut évolutive et multi-facettes.

Les membres de la mouvance terroriste mondiale sont cosmopolites et socialement diversifiés et par conséquent particulièrement difficiles à repérer. Ils ne se font remarquer ni par une ferveur religieuse ni un militantisme particuliers et saisissent toutes les possibilités offertes par la mondialisation pour dissimuler leurs activités clandestines. La flexibilité et la perméabilité des structures terroristes, souvent associées à des réseaux criminels de droit commun, rendent la lutte antiterroriste particulièrement difficile.

Cette réalité nécessite une adaptation du cadre normatif, mieux apte à concilier les nouveaux aspects du terrorisme, à l'instar de la norme française « association de malfaiteurs en relation avec une entreprise terroriste »[17] qui réprime le projet terroriste dès le stade embryonnaire de sa mise en œuvre[18]. Bien que la jurisprudence en Suisse ait récemment évolué, démontrant une prise de conscience certaine, il conviendrait, si nous voulons garder une longueur d'avance sur les groupes terroristes, d'adopter une nouvelle approche juridique, capable de concilier les multiples aspects du phénomène et de faire ainsi évoluer notre dispositif pour lutter contre le terrorisme.

[17] Le délit d'association de malfaiteurs en vue de préparer des actes de terrorisme est prévu par l'article 421-2-1 du code pénal français.

[18] La notion d'association de malfaiteurs n'est pas sans rappeler celle de *conspiracy*, institution anglo-saxonne que l'on pourrait traduire par plan concerté ou complot, et qui implique une résolution commune autant qu'un accord sur les moyens à utiliser.

Hybrides et « mégagangs » : les figures nouvelles du crime organisé

XAVIER RAUFER

Directeur, Etudes & recherches, DRMCC, Paris

1. Figures criminelles nouvelles : que rechercher ?

Dans le désordre mondial, nous, criminologues, devons déceler ce qui est (vraiment et durablement) dangereux et situé devant nous, sur la route de l'avenir. Non ce qui est maintenant périlleux et dont nous décrèterions, par paresse ou négligence, qu'il le sera encore demain - puisqu'il l'est aujourd'hui. Nous intéresse ce qui, pensons-nous, sera demain quasi-certainement problématique dans tel ou tel azimut criminel ou terroriste - sinon dans ces deux catégories réunies. Ce bien sûr, où que ce soit au monde.

Ignorons donc ceux qui pensent que le Mexique, ou l'Inde, c'est loin et méditons en revanche la prophétie de Paul Valéry, énoncée en 1945[1]: *« Le monde auquel nous commençons d'appartenir, hommes et nations, n'est qu'une figure semblable du monde qui nous était familier. Le système des causes qui commande à chacun d'entre nous, s'étendant désormais à la totalité du globe, le fait résonner tout entier à chaque ébranlement ; il n'y a plus de questions finies pour être finies sur un point ».*

1.1 Hybridations terrorisme – crime organisé

L'homme adore ranger, classer - de préférence une fois pour toutes - ses sujets de préoccupation ou d'étude : le terroriste dans son petit casier, le bandit dans le sien... Or c'est le plus sûr moyen de rater les évolutions, mutations et hybridations significatives. C'est ce qu'en 2005 constate Moses Naïm, rédacteur en chef de la revue américaine « *Foreign Policy* ». Dans son livre (de grand intérêt) « *Illicit* »[2], il s'inquiète de notre collective rigidité mentale : « Il devient toujours plus difficile d'apprécier les tactiques, procédés et activités des terroristes, sans s'intéresser à ceux qu'ont initiés les réseaux mondiaux de trafics... Mais notre tendance à les observer séparément pose un problème majeur ».

---

[1] « Regards sur le monde actuel », Gallimard, 1945.
[2] « Illicit », Moses Naïm, Doubleday, NY, oct. 2005.

Il n'est pas le premier à s'alarmer de ces étranges côtoiements entre malfaiteurs variés : la résolution 1373 de l'ONU (28/09/2001) relève déjà la proximité régnant désormais « entre le terrorisme international, le trafic de stupéfiants, le blanchiment d'argent, les trafics d'armes illicites, de substances nucléaires, chimiques ou biologiques clandestines »[3].

Bien auparavant, à la fin de la Guerre froide, des observateurs - alors négligés - indiquaient vers 1990 qu'au Salvador (Amérique centrale) où s'achevait une sanglante guerre civile, les inexpiables ennemis d'hier (guérilla castriste et milices « patriotiques ») pratiquaient désormais ensemble un banditisme primitif : vols de cargaisons, d'entrepôts et de véhicules, cambriolages, *carjackings* suivis d'enlèvements, etc. En 1990 encore, paraissait un livre au titre révélateur « Narco-terrorism »[4] ; mais tous ces faits et écrits ne suscitaient alors que l'intérêt fugitif des officiels occidentaux, la logique bureaucratique (stups' d'un côté, antiterrorisme de l'autre) ou judiciaire (difficulté d'inculper efficacement un prévenu de façon transversale, ou pointilliste), l'emportait le plus souvent.

Dans l'esprit du plus grand nombre (administrations, opinions publiques) l'entité transnationale dangereuse de référence est donc restée « al-Qaïda », alors qu'à mi-chemin du terrorisme et du crime organisé, émergeaient dans l'indifférence et parfois depuis près d'une décennie (on le verra plus bas), des hybrides au moins aussi dangereux.

Pourquoi cette émergence ? A la chute du Mur de Berlin, la mondialisation galopante a bousculé, voire tué (Somalie) les Etats les plus fragiles - surtout ceux tenant plus du fictif que du réel, provoquant une re-tribalisation du monde, un repli vers la société clanique. « Dans le village global, dit ainsi Loretta Napoleoni (*op.cit.*)[5], une tendance se dessine: le tribalisme, les clans, l'agrégation de noyaux ethniques ou religieux, deviennent des acteurs socio-économiques importants, profitant de l'économie sauvage et de la mondialisation ».

Or dans un clan, ou dans une tribu, les miliciens et les trafiquants, les fanatiques et les pirates, les contrebandiers et les terroristes, sont cousins, frères parfois. Ils ont le même sang, la même foi, la même terre. Et donc

---

[3] En décembre 2004 encore, la revue de l'Office des drogues et du crime des Nations-Unies, *Forum on crime and society*, Volume 4, N°1 & 2, publie l'important dossier « Terrorism and organised crime » des criminologues Frank Bovenkerk et Bashir abou Chakra.

[4] « Narco-terrorism », Rachel Ehrenfeld, Basic Books, NY, 1990.

[5] « Rogue Economics », Seven Stories Press, New York, 2008.

l'échange de services (« fournis-moi des armes, je protègerai ta cocaïne ») y est spontané et naturel. Souvenons-nous de l'exemple libanais :

Après la vague d'attentats de septembre 1986 à Paris, les policiers exhumèrent à Fontainebleau une poubelle contenant *ensemble* des explosifs et de l'héroïne brune. Des journaux titrent alors « les terroristes se financent en vendant de la drogue ». Trop simpliste : car rien n'est vraiment *individuel* dans une société clanique - l'activisme politique ou religieux moins que le reste. On n'adhère pas au Hezbollah ou au PKK comme à l'UMP ou au PS, en poussant *seul* la porte d'un local et en remplissant un formulaire.

Une tribu, un clan, rallie en fait l'entité dont elle attend son salut (en ce bas monde ou dans l'autre) puis vit en symbiose avec elle. Dans le cas du Hezbollah, l'envoyé du clan à Paris (un étudiant méritant) « renvoie l'ascenseur » à ses parents de Baalbek qui paient ses études. L'oncle Ali est garagiste ? Il lui expédie ses pièces détachées. Le cousin Imad contrôle un laboratoire d'héroïne ? Il stocke ou vend sa poudre. Abou Hussein, autre cousin et émir local d'« Amal islamique » va frapper le « Satan » français ? L'étudiant héberge ses « artificiers » et leurs bombes.

Mais, hormis les notoires Hezbollah et PKK, qui sont aujourd'hui ces hybrides dangereux ? En existe-t-il une liste - et surtout celle de futurs nocifs ? Non bien sûr. Voudrait-on la dresser ici que cette liste serait périmée, l'encre du livre à peine sèche. Car l'ère de l'ennemi lourd, stable et lent – donc identifié, visible et descriptible est révolue.

Preuve : qui au Japon connaissait la secte Aum Shinrikyo avant l'attentat au gaz sarin dans le métro de Tokyo ? Qui aux Etats-Unis avait repéré la micro-scission des « Branch Davidians » (elle-même issue des Adventistes du VIIe jour) avant les 170 morts d'Oklahoma City ? Qui savait le sens du mot *Salafiya* avant les attentats de Nairobi et Dar es-Salaam ? Qui se doutait qu'une modeste *jamaa islamiya* nommée *Fatah al-Islam* infligerait 140 morts à l'armée libanaise – ouvertement soutenue par les Etats-Unis et en douce par Israël – avant de disparaître, ses cadres s'étant volatilisés lors de la prise de Nahr el-Bared ? Qui en Afrique connaissait le nom de la milice *Janjawid* avant les massacres du Darfour ? Personne : sinon, tout ou partie des horreurs projetées par ces entités dangereuses aurait bien sûr été *prévenu*.

On peut en revanche montrer ce qu'il faut surveiller pour éviter toute mauvaise surprise. Insistons sur le fait qu'il faut avoir à l'œil ces hybrides même s'ils semblent distants, folkloriques et loin de nos soucis ordinaires, car nous vivons désormais dans un monde sans distances ni durée :

- Des hybrides comme la *D-Company* de *Dawood Ibrahim.* Une bande criminelle apparue dans la communauté musulmane de Bombay (aujourd'hui

Mumbai). Spécialisée à l'origine (années 1980) dans le trafic d'or entre Dubaï et l'Inde, cette bande prolifère du Népal au Pakistan, investit l'économie légale et rackette tout ce qui prospère à Bombay – dont l'importante industrie du cinéma (« *Bollywood* »). Or le 12 mars 1993 une série de bombes (au total, 8 tonnes d'explosifs type RDX) provoque un carnage à Bombay : plus de 300 morts et 700 blessés sérieux. Opérant sans doute pour les services spéciaux du Pakistan, la D-Company, vidant une querelle entre musulmans et hindouistes, avait un instant posé sa casquette criminelle pour enfiler - avec quelle terrible efficacité - sa cagoule terroriste[6].

- Des « guérillas dégénérées » comme le PKK (Parti des travailleurs du Kurdistan), soi-disant mouvements de libération survivant par voie de racket ou de trafic. La police allemande constate ainsi qu'à Cologne, les « soldats » du PKK contrôlent le marché du sexe (boîtes échangistes, Eros-center, salons de massage, sex-shops, etc.), qui paye pour être « protégé ». Or l'imbrication des activités para-terroristes et criminelles du PKK est, à l'échelle européenne, une parfaite *terra incognita*. Chaque police ou service de sécurité national sait en gros ce qui se passe chez lui ; la coopération européenne lors d'une enquête dévoile parfois des actions transnationales illicites du PKK - présent dans toute l'Union européenne et au-delà. Mais aujourd'hui, nulle surveillance permanente et à l'échelle européenne de cette dangereuse entité n'est opérée - alors qu'à l'instant, le PKK peut monter une vague d'attentats façon Bombay, avec la même compétence meurtrière que la D-Company. *Idem* pour les Tigres de l'Eelam Tamoul, etc.

- Plus complexe encore, des alliances hybrides, d'un côté une mafia, de l'autre une milice dégénérée, ou une guérilla passée au narcotrafic. Observons ici une alliance formée par effet pervers d'une mesure antiterroriste prise après 9/11. A la fin 2001 en effet, le *Patriot Act* contraint toute banque, américaine ou étrangère licenciée aux Etats-Unis, d'avertir les autorités de toute transaction suspecte en dollars, où que ce soit au monde. Résultat : dès le printemps 2002, les Cartels colombiens ou mexicains peinent à manipuler et investir leurs millions de dollars U.S. à l'insu des autorités financières américaines.

[6] The Hindu, 22/07/2006 « Nairobi arrests points to deepening Lashkar-Dawood links ... Mafia and terror groups share resources in East Africa ». Par *Lashkar*, le quotidien indien entend *Lashkar e-Taiba*, la « Légion des Purs », groupe islamiste membre du « Front islamique international de lutte contre les juifs et les croisés », créé par Oussama ben Laden, alors en Afghanistan, le 23 février 1998. Chercher « Dawood Ibrahim » ou « D-Company » sur *Google* (des milliers de pages) montre l'ampleur de ce phénomène criminel.

Pour toute autre devise (Livre Sterling, Euro) rien de changé. Une alliance se noue alors entre des Cartels et la Ndrangheta (mafia calabraise, donc européenne) qui devient le prestataire de services illicites des narcos colombiens en Europe. Une « famille » de la Ndrangheta importe en Calabre une tonne de cocaïne appartenant au cartel X. Elle vend (gros, demi-gros) la drogue et recycle l'argent ainsi gagné, puis restitue aux Colombiens le montant (déjà blanchi, argent fiduciaire, actions, bien immobilier) des deux-tiers de la vente (700 kilos de cocaïne) et garde pour elle le produit du reste (300 kilos)[7].

- Des nébuleuses activistes-criminelles-tribales (militants palestiniens, éléments criminalisés de tribus bédouines du Sinaï, gangs régionaux divers, « mafia russe », etc.) qui, de Rafah (Egypte) à la Bande de Gaza, contrôlent les tunnels souterrains alimentant en tous biens illicites un Hamas palestinien constamment assiégé. Par ces tunnels circulent armes, munitions et explosifs, stupéfiants, des prostituées pour les marchés du sexe israélien et palestinien - tout ce qui sert à la fois des scènes criminelle et terroriste ainsi imbriquées par nécessité logistique - et demain sans doute indiscernables.

Ce n'est pas tout : aujourd'hui apparaissent les précurseurs de ce qui deviendra demain, si l'on persiste dans l'aveuglement, de vraies armées criminelles. Impossible ! S'écrieront (comme d'usage, devant tout ce qui les dérange...) les tenants de la vieille criminologie sociologisante. Eh bien si, possible. Et même, bel et bien là :

Le 16 mai 2007[8], 15 véhicules remplis d'une centaine d'hommes armés foncent sur le commissariat, au centre d'un village, y enlevant 7 policiers et 2 civils. Les assaillants abattent ensuite 4 policiers et s'enfuient avec des otages - les autres policiers désertent le commissariat, jetant leurs armes et rentrant chez eux, terrifiés. Traqués dans les montagnes voisines, les tueurs tiennent tête deux heures durant aux militaires appelés en renfort. Après de violents combats, le convoi disparaît enfin laissant 15 morts sur le terrain.

Irak ? Afghanistan ? Non : la scène se déroule au village de Cananea, dans l'Etat mexicain de Sonora - à la frontière sud des Etats-Unis, à 30 km.

---

[7] Voir AGI-Rome, 28/05/05 « *The secret pact between italian mafia, terrorists and colombian cartels* », sur les liens entre la Ndrahgheta, ETA et les milices colombiennes « Autodefensas Unidas de Colombia », AUC, elles-mêmes alors dirigées par Salvatore Mancuso, colombien d'origine sicilienne. Certains grands narcos colombiens (« Tovar Pupo » à Baranquilla, « Los Mellizos » Mejia Munera dans la province du Meta) ont leur propre « ambassadeur » de la Ndrangheta sur leur territoire.

[8] « *A war we are still losing* » *Washington Times,* 8/11/2007.

de Nogales, Arizona. Les assaillants sont des *Zetas*, soldats des forces spéciales mexicaines retournés par le Cartel du Golfe, dont ces déserteurs forment désormais la troupe de choc. Une unique escarmouche ? « En un sinistre rappel de la dangerosité du Mexique, un commando de 60 tueurs d'un cartel, lourdement armés, a, en 8 minutes, semé la mort vendredi dans la cité nordiste de Culiacan, abattant douze personnes en trois fusillades distinctes[9]» (juillet 2008). Au 1er semestre 2007, les « batailles criminelles » entre Cartels avaient fait un millier de morts. On en compte 2 600 de janvier à août 2008.

1.2 D'autant plus dangereux que folklorisés, les gangs

Un cran (criminel) sous les grandes mafias « historiques »[10], d'abord par l'ancienneté et parfois par la dimension, les « méga-gangs », plus nombreux et tout aussi dangereux, à leur échelle[11]. Nul de ces « méga-gangs » n'ayant jusqu'à présent passé le crucial cap de la première génération, on ignore s'ils tiendront le choc pour devenir des formes criminelles permanentes - la permanence étant ce qui fait une mafia, sa caractéristique majeure.

1.3 Points communs et différences entre mafias et méga-gangs

- Mafias et méga-gangs sont des entités territoriales : tous deux ont une aire de chasse, de prédation, bien définie (quelle que soit sa dimension),
- Mafias et méga-gangs sont des généralistes du crime, ont des savoir-faire et des spécialités variables, évoluant selon une logique coût-bénéfice,
- Les méga-gangs ont bien sûr (tout ou partie et à des niveaux variables) des rites d'entrée, hiérarchies, « uniformes », tatouages, graffitis, signes de main, et parfois un argot, spécifiques,

Mais :

- Une mafia est historique, les méga-gangs sont récents,
- Une mafia a une légende, les méga-gangs n'ont qu'une réputation,
- Une mafia a sa loi, son code d'honneur, les méga-gangs n'ont qu'une discipline collective propre.

---

[9] « *Drug cartels threaten Mexican democracy* », *Financial Times* - July 13, 2008.

[10] Cosa Nostra, Camorra, Ndrangheta, Sacra Corona Unita, Italie, « maffya » turque, mafia albanaise, Triades (Chine), Yakuza (Japon), Mafia italo-américaine.

[11] Ce phénomène des « méga-gangs » est dépeint par Misha Glenny dans son livre « McMafia : a journey through the global criminal underworld », Knopf, NY, 2008.

Généralistes du crime, ces super-bandes souples, mais cohérentes et opérant sur (ou à partir de) un territoire donné, diffèrent aussi des cartels de Colombie et du Mexique, eux, spécialistes d'une variété précise de narcotrafic (cocaïne, mais aussi marijuana, amphétamines et à moindre échelle, toujours en Colombie et au Mexique, héroïne).

Si ces « méga-gangs » sont liés à leurs Etats respectifs (corruption, pillage de ressources naturelles, services rendus), comme au *business* des pays où ils sévissent (« protection... ») ; si tel trafic les amène ici ou là à fréquenter des terroristes ou guérilleros, dégénérés ou non, ce ne sont pas (pour l'instant et à notre connaissance) des *hybrides* à double casquette criminelle-terroriste, comme par exemple la *D-Company*.

Les plus actives et dangereuses de ces « super-bandes » sont (pour l'heure...) : les grandes « *Bratva* » (fraternités) issues de l'ex-URSS (nous revenons plus bas sur celle de *Solntsevo*), les gangs tchétchènes ; les bandes bulgares, ou issues de l'espace balkanique (Serbie, Croatie, Monténégro, Macédoine-Skopje) ; les sociétés criminelles israéliennes, les gangs nigérians et sud-Africains, les « armées criminelles » du Brésil, etc.

1.4 *« Solntsevo »*

C'est une triste banlieue du sud-ouest de Moscou, portant un nom quasi-ironique : Solntsevo signifie « côté soleil ». Certes du mauvais côté du M-KAT, le périphérique de Moscou, l'emplacement de Solntsevo n'en constitue pas moins un grandiose « effet d'aubaine » pour de jeunes voyous rusés et actifs de l'ère soviétique finissante. Tout près, en effet, deux aéroports (Vnukovo et Domodedovo) ainsi que Yuzhny Port (« le Port du Sud ») l'immense havre fluvial de Moscou : trois intarissables sources de rackets et de trafics.

Partant de là, « Solntsevskaya Bratva » se structure, s'étoffe et prolifère. Dans l'agglomération moscovite elle contrôle au fil du temps des marchés, des gares, et investit l'argent du racket dans des bars, hôtels et supermarchés – des banques, même, disent des magistrats moscovites. Comment structurer et organiser cette « start-up » du crime ? En une confédération horizontale de gangs (les « brigades »), dirigées par un « brigadier » souverain sur son territoire. En cas de problème, un arbitrage sans appel est rendu par l'un des quatre dirigeants de la « Bratva », dont Serguei Mihaïlov, son fondateur.

Opportuniste, prédatrice, liée à d'importants centres du pouvoir russe, « Solntsevskaya Bratva » opère aussi bien dans la protection, le racket, le trafic de biens licites (métaux, pétrole) ou illicites (armes, stupéfiants), la contrefaçon. Hors de Russie, la « fraternité » est désormais implantée dans d'ex-Pays de l'Est (Pologne, république Tchèque, Hongrie, « Transdnistrie », Ukraine), à Chypre, en Israël et aussi en Chine. Pour la justice russe, elle compterait aujourd'hui de 5 000 à 7 000 « soldats » et cadres. Une réelle puissance criminelle de vingt-trois printemps, libre de ses mouvements et dont nul chef important n'est à présent détenu.

1.5 Amérique centrale et Caraïbes, paradis des méga-gangs

C'est en Jamaïque que sont apparus les premiers méga-gangs de la région, là encore dans la décennie 1980. Depuis lors, ces indéboulonnables entités criminelles dont les soldats sont baptisés « Yardies », constituent l'une des formes criminelles les plus meurtrières au monde : 1 574 homicides en 2007 en Jamaïque (dont 252 malfaiteurs tués par la police) pour une île comptant moins de 2,8 millions d'habitants[12].

« Localement, dit un expert, le gang impose son propre système de loi et d'ordre... Il lève un impôt sur les entreprises locales en échange de sa protection, il punit ceux qui refusent de payer en s'en prenant aux biens et aux personnes. Il offre [au quartier qu'il domine] un semblant de sécurité sociale, en aidant les populations sous sa coupe, en payant des frais de scolarité et de cantine et en procurant des emplois[13]. »

Implantés en Grande-Bretagne comme en Amérique du Nord, les gangs jamaïquains contrôlent bien sûr l'important trafic de cocaïne transitant par l'île, du cône nord de l'Amérique latine jusqu'aux Etats-Unis.

Dans l'Amérique centrale continentale, où se créent de véritables « zones grises », notamment dans les bidonvilles, la situation est telle qu'on y parle désormais de désagrégation, d'« africanisation »[14]. Des bandes criminelles juvéniles, les *maras*[15] y ont connu depuis la décennie 1990 une monstrueuse prolifération, au point que l'on compterait aujourd'hui 70 000 *mareros* au minimum dans la région (Salvador, Honduras, Guatemala ; des experts avancent même le chiffre de 200 000 *mareros*), certaines *maras* contrôlant désormais des territoires entiers. Au Salvador, la « *Mara Salvatrucha* » compterait ainsi plus de 11 000 « soldats ».

---

[12] Si la France avait le même taux d'homicides que la Jamaïque, elle en compterait ces dernières années... 33 000 par an (au lieu d'environ 1 100 homicides en 2006 et 2007).

[13] « *The new middle-age* », *Foreign Affairs*, may/june 2006.

[14] Ce qui est injuste, car (du moins, les statistiques officielles l'affirment) il y a plus d'homicides criminels en Amérique latine qu'en Afrique (voir plus bas).

[15] A l'origine, une *mara* est une colonne de ces fourmis très agressives et dangereuses qui ravagent les forêts tropicales, dévorant tout devant elles. Il y a deux *maras* majeures en Amérique centrale *Mara Dieciocho* (M 18) et *Mara Salvatrucha* (MS 13).

Ces *mareros* sont jeunes, moins de 15 ans parfois ; affolés par la drogue, le cerveau « lavé » par leurs anciens, ils sont prêts à tout et tuent ou torturent comme ils respirent, parfois juste pour passer à la télévision...

Pratiquant une criminalité « tous azimuts » : trafics locaux de stupéfiants et d'armes, vols à main armée, enlèvements crapuleux, assassinat sur gage, prestation de services criminels pour des cartels de Colombie et du Mexique, des mafias (italiennes et italo-américaines) et diverses guérillas plus ou moins dégénérées (Farc, etc.) opérant dans la région, les *maras* constituent aujourd'hui pour les Etats-Unis un défi d'ampleur stratégique :

- d'abord par leur prolifération même, par leur infiltration au sud du Mexique, au Brésil et même en Colombie,
- surtout, dans leurs pays d'origine et désormais dans toute la région, l'hyperactivité criminelle des Maras pousse une part de la population, terrifiée, à fuir massivement vers l'Amérique du nord, renforçant encore une vague migratoire désormais moins bien supportée aux Etats-Unis.

2. Aires criminalisées : un cas concret, la zone Amérique latine-Caraïbes

Exposons (au sens premier, *poser devant*) des entités, territoires et flux inquiétants aujourd'hui peut-être, mais plus encore demain, afin de permettre au lecteur professionnellement intéressé de concevoir de façon souple et évolutive ce qui mérite préparation d'abord, puis prévention[16].

2.1 La criminalisation massive de l'Amérique latine et des Caraïbes[17]

Voici un problème négligé par d'importants pans de la médiasphère et de l'intelligentsia. Il est ainsi médiatiquement entendu que le Brésil, chouchou du Forum de Davos et des médias, est économiquement plein d'avenir et culturellement « sympa »[18].

[16] La *prévention* diffère de *l'action préventive d'autodéfense*, admissible dans une urgence immédiate et manifeste, ne laissant ni le choix des moyens, ni le temps de la réflexion. Ces multiples termes débutant par *pré* permettront-ils à ceux qui, sans cesse, crient au « tout répressif », d'entrevoir que la criminologie ne travaille *que* dans le préventif ? Espérons-le.

[17] Voir : « *Saving the Americas* », Andres Oppenheimer – Random House, NY, 2007.

[18] Sur la vision libérale du Brésil, « gendre idéal » pour l'homme de Davos, lire « Amid global gloom, Brazil brims with hope », étrange article en « une » d'un *International Herald Tribune* (30/07/2008) d'usage plus lucide. Pas un mot n'y est dit de l'enfer criminel vécu par les brésiliens urbanisés ; les figures du nouveau « bonheur » brésilien exaltées par l'article étant en fait deux victimes de fantasmes

Or le Brésil est en fait ravagé par une criminalité massive (17 millions d'armes à feu y circulent sans contrôle) ; les graves inégalités qui y règnent sont loin de régresser[19]; il y règne une corruption babylonienne - de l'aveu même des médias brésiliens ; enfin, une sévère boulimie de drogues en fait le second consommateur de cocaïne au monde après les Etats-Unis.

Extrait du *Petit Journal*, bulletin des français de l'étranger, 26/11/2006

Chaque jour, 150 personnes meurent par homicide au Brésil *(qui)* détient le record du monde des homicides par arme à feu ; il y a quelques années, l'ONU avait désigné la favela Jardim Angela, « quartier le plus dangereux au monde »... 55.312 : c'est le nombre ahurissant d'homicides répertoriés en 2005 selon le ministère de la Justice... d'innombrables homicides n'y sont jamais signalés. Victimes et meurtriers se ressemblent étrangement : des hommes (90% des cas), jeunes (40% ont moins de 25 ans), noirs (2 cas sur 3), défavorisés, s'entretuent en toute impunité. Il y a 30 homicides pour 100 000 habitants contre 7 aux Etats-Unis... Ce taux n'est dépassé que par la Colombie ou l'Afrique du Sud.

Allons maintenant au-delà du Brésil : quel est le continent le plus ravagé par le crime ? L'Afrique ? Raté, c'est l'ensemble Amérique latine + Caraïbes : selon l'Organisation mondiale de la santé, on y dénombre 27,5 homicides pour 100 000 habitants, contre 22/100 000 en Afrique[20].

mercantiles, un nouveau riche possédant 39 voitures et 14 maisons et une déséquilibrée multipliant, fortune faite, les opérations de chirurgie esthétique.

[19] *UN Office on Drugs and Crime, Regional Office Brasil, 2007* : « Dans les lieux touristiques de Rio de Janeiro comme Copacabana et Ipanema, le taux d'homicides est de 5 pour 100 000 personnes, analogue à celui des villes les plus sûres d'Europe ; tandis que dans des *favelas* distantes d'à peine 2 à 3 kilomètres, ce taux bondit à 150 homicides pour 100 000 personnes ».

[20] 15/100 000 en Europe orientale, 2/100 000 en moyenne dans l'Union européenne. Dans les causes de décès, l'homicide arrive en 7e position en Amérique latine, 14e en Afrique, 22e, mondialement.

Dans le classement mondial des homicides, 16 pays de la zone Amérique latine - Caraïbes figurent dans les 20 premiers[21], l'Amérique centrale connaissant le plus fort taux d'homicides du monde. Autre fléau : les enlèvements. Le continent latino-américain, où vit environ 8% de la population mondiale, recense 75% des *kidnappings* recensés dans le monde. Côté sécurité maintenant : l'Amérique latine compte 2,5 millions de vigiles et gardes, 400 000 pour Sao Paulo (trois fois plus que de policiers) ; la capitale colombienne, Bogota, compte 7 vigiles ou gardes pour un policier.

2.2 Misère, chômage et crime : le contre-exemple de la zone Amérique centrale et Caraïbes

D'où provient cette marée criminelle, et quelles en sont les conséquences ? Un écrasant héritage social-chrétien fait de l'Amérique latine le dernier fief d'une vieillotte et hugolienne « culture de l'excuse », pour qui la misère, et elle seule, explique le crime ; les malfaiteurs, tels Jean Valjean (que seule la faim pousse à voler un pain), devant disparaître avec la pauvreté.

2.2.1 Caraïbes : quel lien entre misère et homicides ? [22]

Pays	***PNB par habitants (2005)***	***Homicides connus (2007)***
Guyana		± **15** pour 100 000
Trinidad & Tobago	10 440 dollars	± **28** pour 100 000
Jamaïque	3 396 dollars	± **59** pour 100 000

Source : Nations-Unies, dernières données disponibles

Pour les Caraïbes dans leur ensemble, le taux d'homicide est de 30/100 000 (Source : ONUDC + Banque Mondiale, mars 2007), le plus élevé au monde et de loin.

[21] Homicides connus (2005-2007, dernières statistiques disponibles : *Jamaïque* (59,2 hom. sur 100 000 personnes) *Guatemala* (47/100 000) - *Honduras* (Estim. : 39/100 000) - *Colombie* (36/100 000) - *Venezuela* (33/100 000, 105/100 000 à Caracas, la capitale) - *Salvador* (32 homicides/100 000, 40% attribués aux *Maras*) - *Trinidad & Tobago* (28/100 000) - *Brésil* (27/100 000, environ 600 000 homicides de 1980 à 2000...) *Belize* (23/100000), etc.

[22] Voir sur ce point : Jane's Intelligence Review, 23/06/08, *Serious & Organised Crime* – « *Paradise lost : violent crime in the Caribbean* ».

- Dans les opulentes *Iles Vierges Britanniques*, le PNB par habitants est en 2007 de 41 800 dollars (plus élevé que ceux de la France ou de l'Allemagne...) et on y compte 23 homicides/100 000 (Grande-Bretagne, PNB par habitant 37 632 dollars : 2,1 homicides/100 000).

- A la *Jamaïque*, l'île la plus criminogène, on a compté (pour une population constamment inférieure à 3 millions) : 145 homicides en 1971, 889 en 1980 et 1 574 en 2007, 70% attribuables à des gangs.

- A *Trinidad et Tobago*, il y a eu 1 304 homicides de janvier 2005 à mai 2008, dont 66% attribués aux gangs.

- *En Amérique centrale*, le critère explicatif de la prolifération des *Maras* n'est pas le niveau de pauvreté du pays, mais le nombre de *mareros* expulsés des Etats-Unis et revenus « vivre et travailler au pays », ainsi, l'émigration nicaraguayenne aux Etats-Unis étant faible, les *Maras* sont insignifiantes au Nicaragua, seul pays de la région épargné par le fléau.

2.2.2 Homicides et chômage à Trinidad & Tobago, quel lien ? [23]

Année	*Taux de chômage*	*Homicides connus*
1987	22%	± **7** pour 100 000
1997	15%	± **13** pour 100 000
2007	5%	± **28** pour 100 000

Source : Nations-Unies, dernières données disponibles

Or bien sûr, la réalité est toute autre : la violence et l'insécurité effraient les hommes d'affaires internationaux, les entrepreneurs et commerçants locaux, comme les touristes.

Pour la Chambre de commerce des Etats-Unis (citée par A. Oppenheimer) une entreprise américaine dépense en frais de sécurité 3% de son budget pour s'implanter en Asie... Et 7% en Amérique latine-Caraïbes. Il s'agit bien là du premier frein au développement de ce continent, et de loin ?[24]

[23] Voir sur ce point : Jane's Intelligence Review, 23/06/08, *Serious & Organised Crime – « Paradise lost : violent crime in the Caribbean »*.

[24] Reuters - 3 May 2007 « *Caribbean murder rates hurting growth - World Bank* - Tourism-dependent Caribbean may now have the world's highest murder rate as a region, severely affecting potential economic growth, the World Bank and a U.N. agency said in a report on Thursday. Blaming most of the violent crime in countries like Jamaica and Trinidad and Tobago on the trafficking of Colombian cocaine to Europe and the United States, the report said the region's homicide rate of 30 per

2.2.3 UN Office on Drugs and Crime – Annual Report 2008 (activities in 2007)

L'Amérique centrale :

« La criminalité est mauvaise pour les affaires. Si rien n'est fait contre elle, le tourisme, industrie dépendante des perceptions de la clientèle et dont vit l'économie régionale, souffre. Des études montrent que si Haïti et la Jamaïque ramenaient leur taux d'homicides à celui du Costa Rica, pays considéré comme stable, ils verraient leur croissance annelle progresser de 5,4%. Réduire d'un tiers les taux d'homicides dans les Caraïbes ferait doubler la croissance économique régionale... Des années d'une criminalité explosive ont privé l'Amérique centrale de tout investissement privé ».

Conclusion

Ce texte vise à offrir des perspectives, à ouvrir un horizon ; il n'est bien sûr pas question d'apporter ici des réponses aux problèmes soulevés, mais de poser le diagnostic le plus proche possible du réel, sur ce qui est dangereux ou menaçant, devant nous sur la route. Car sans perspectives et sans horizon, nul ne peut surmonter des problèmes, dangers, etc., qu'il faut à l'inverse avoir justement décelés et ce, à temps, dans l'idée d'imaginer des ripostes appropriées aux dangers du monde, présent et à venir. C'est ce sur quoi nous concluons, à partir du concept juridique de « cadre criminel ».

Les entités durablement dangereuses du monde réel (criminelles, terroristes, hybrides) opèrent toutes dans un cadre donné[25]. Toutes ont des lois propres, des règles, des réseaux, des modèles[26] et s'ancrent dans un tissu social et économique propre - même si ce cadre n'est pas celui que nous imaginons, voudrions, ou pensons connaître. Or aujourd'hui, nul système juridique au monde ne réprime vraiment le cadre criminel dans lequel opèrent forcément toutes les entités dangereuses dépeintes dans cette étude[27] :

100,000 inhabitants a year was higher even than troubled southern and western Africa », etc. Voir également : « Un monde de gangs », dossier, *Courrier International*, 5/06/08.

[25] Ce cadre criminel d'activité crée en fait un « champ préalable d'inspection », concept évoqué plus haut (voir notes 12 & 14).

[27] Voir la pertinente analyse « Deux types de criminalité organisée : mafia et corruption, leurs points de rencontre », Dossier/La lutte contre la corruption, Recueil Dalloz, 2008.

- L'association de malfaiteurs n'envisage que l'immédiat ; c'est une circonstance aggravante pour les auteurs et complices d'un acte précis (vol à main armée, homicide, etc.).

- Et même si le fameux article 416 bis du Code pénal italien réprimant « le délit d'appartenance à une association de type mafieux » perçoit bien l'association encadrant le crime, il ne sanctionne finalement que des individus.

Or nos systèmes juridiques actuels, s'ils permettent de punir plus ou moins efficacement des individualités, sont parfaitement incapables de démanteler, de détruire une bonne fois pour toutes, des entités criminelles et/ou terroristes. Toutes les justices des Etats de droit[28], tous nos dirigeants politiques, espèrent en fait la même chose : que la répression individuelle finira au bout du compte par affaiblir, puis anéantir l'organisation, le réseau, un peu comme la leucémie tue le patient à force de détruire ses globules. Annonçant en 2003 que « les deux-tiers des cadres d'al-Qaïda ont été mis hors de combat », la Maison Blanche semble ainsi considérer ces fanatiques comme les pièces d'un jeu de Dames, au nombre fixé d'avance et qu'il suffit de les prendre toutes pour gagner la partie. Or cet espoir implicite est vain, tout le montre, « al-Qaïda », les familles mafieuses siciliennes, les *Maras* et le Hezbollah (pris entre cent autres) disposant tous à l'évidence de puissants et efficaces dispositifs de régénérescence.

Envisager la répression d'entités dangereuses ou menaçantes à partir de leur cadre criminel est donc important - d'autant que la prise en compte dudit cadre, partant de tout un préalable travail de renseignement et d'analyse, permettra de déceler un monde d'harmonies criminelles aujourd'hui ignorées, ou négligées. Voici un exemple d'harmonie criminelle. Le maire de New York (à l'époque, Rudolf Giuliani) décida un jour de réprimer fermement la fraude dans le métro. Son ambition était morale : comment exiger des Newyorkais qu'ils paient leurs écots quand, sous leurs yeux, les fraudeurs sautaient gaillardement les bornes de contrôle ? Dans le respect des lois en vigueur, les fraudeurs furent donc interpellés, contrôlés, sanctionnés. Or le service de sécurité du métro constata peu après une baisse énorme, 50% et plus, du nombre des « vols avec violence » ! Une enquête consécutive démontra que, pour nombre des agresseurs, payer le métro est une pratique de « cave », donc exclue. Un « vrai mec » ne paye pas le métro, point final. De même, user d'un téléphone portable « honnête » répugne à ces individus,

[28] Toutes fondées en leur temps pour prendre en compte individuellement et sanctionner de façon mesurée des malfaiteurs considérés dans leur singularité.

leur « statut social criminel » exigeant que leur portable soit « bricolé » ou volé. Frauder et porter un portable volé multiplie les risques ? Raisonnement de bourgeois froussard. Un « vrai mec » prend des risques - c'est même son orgueil.

Quels coups sévères porterait-on à toutes ces entités, les terroristes, les mafieuses et les hybrides, et ce dans tous leurs champs d'action, en considérant désormais comme stratégique le cadre et les harmonies - le terreau criminel - dans lesquels ils opèrent, puis en entreprenant de les nettoyer ? Ce, au lieu de « saucissonner » l'ensemble en mille procédures tatillonnes, pathétiquement lentes et finalement inutiles, selon des codes dépassés - et aussi futiles face à de tels agrégats de bandits et de fanatiques que l'usage d'un mousquet à pierre contre un avion de chasse ?

Une police du 21ème siècle pour lutter plus efficacement contre le trafic des produits stupéfiants[1]

PIERRE ESSEIVA

Docteur en Sciences forensiques, Professeur assistant, Ecole des Sciences Criminelles, Institut de Police Scientifique, Département analyses de stupéfiants, Université de Lausanne

OLIVIER GUÉNIAT

Docteur en Sciences forensiques, Chef de la police judiciaire, Police neuchâteloise

Résumé

L'ADN et la base de données CODIS[2] ont été une révolution et ont fait la gloire de la fin du 20ème siècle en matière de lutte contre la criminalité en Suisse. Le profilage des produits stupéfiants s'inscrit dans une démarche similaire et un contexte identique.

Le monde policier est actuellement en pleine mutation. Ces bouleversements sont essentiellement stimulés par le développement des nouvelles technologies, les contraintes économiques et les liens évidents que le crime organisé entretient avec le terrorisme. Le renseignement devient l'élément central du fonctionnement de l'organisation. Dans ces démarches axées sur le renseignement, encore marginales en Suisse dans le domaine des stupéfiants, la place de l'information véhiculée par les liens physico-chimiques entre les saisies de produits stupéfiants devrait devenir plus claire.

La recherche en matière de profilage développée à l'Institut de Police Scientifique (IPS) de l'Ecole des Sciences criminelles (ESC) de la Faculté de droit de l'Université de Lausanne (UNIL) a contribué à montrer l'énorme potentiel dans l'investigation policière que présentent les liens entre les saisies sur des marchés régionaux différents.

L'étape suivante devrait se focaliser sur l'implémentation de ce modèle de manière plus systématique et si possible au niveau national voire

[1] Guéniat O. et Esseiva P. “Le profilage de l'héroïne et de la cocaïne. Une méthodologie moderne de lutte contre le trafic illicite”, Presse Polytechniques et Universitaires Romandes, Lausanne, 2005.

[2] Combined DNA Index System.

international. La phase d'harmonisation est une étape qui doit être poursuivie si l'on veut extraire le maximum du potentiel de renseignement que recèlent les liens mis en évidence.
En conclusion, les liens obtenus au moyen du profilage, additionnés aux informations traditionnelles, peuvent être exploités afin de mieux connaître la structure du marché et d'appliquer des stratégies d'investigations à moyen et long terme.

Introduction

L'ADN et la base de données CODIS ont été une révolution et ont fait la gloire de la fin du 20ème siècle en matière de lutte contre la criminalité en Suisse. Le profilage des produits stupéfiants s'inscrit dans une démarche similaire et un contexte identique.

Le monde policier est actuellement en pleine mutation. Ces bouleversements sont essentiellement stimulés par le développement des nouvelles technologies, les contraintes économiques et les liens évidents que le crime organisé entretient avec le terrorisme. Le renseignement devient l'élément central du fonctionnement de l'organisation. Dans ces démarches axées sur le renseignement, encore marginales en Suisse dans le domaine des stupéfiants, la place de l'information véhiculée par les liens physico-chimiques devrait devenir plus claire. Néanmoins il semble que les autres acteurs suisses de l'analyse de produits stupéfiants tendent à se rallier à la philosophie proposée. Cette volonté laisse donc entrevoir un signe encourageant quant à l'évolution du profilage au niveau suisse.

La loi fédérale sur les stupéfiants de 1951 est la base légale en Suisse qui définit ce que l'on entend par produit stupéfiant, qui statue sur sa fabrication, sa dispensation, son acquisition et son utilisation, qui fixe son contrôle, les dispositions pénales relatives et les organes engagés dans la lutte contre le trafic illicite.

Pour répondre aux besoins générés par cette loi, le travail scientifique intervient à deux niveaux principaux. Premièrement, il est le seul moyen permettant d'identifier le produit stupéfiant défini par la loi et par-là même de prouver l'infraction. Deuxièmement, par l'analyse quantitative du produit stupéfiant, la qualification de l'infraction peut être définie, distinguant le cas grave du cas simple. En Suisse, aucun office scientifique centralisé n'a été mis sur pied pour l'analyse des produits stupéfiants. De même, aucune procédure n'a été établie quant aux exigences minimales requises pour l'analyse scientifique. Ainsi, divers laboratoires (une vingtaine) indépendants les uns des autres, d'Etat ou privés, existent et mènent leurs analyses librement, sans directive et sous aucun contrôle central. Les mandats que reçoivent les laboratoires se font par l'intermédiaire des magistrats cantonaux au fur et à mesure des nouvelles affaires. Les questions généralement posées par les magistrats se concentrent principalement sur deux niveaux : premièrement si l'échantillon contient un produit stupéfiant et si oui lequel, ensuite dans quelles proportions. Les rapports d'analyse contenant les résultats sont retournés aux juges sous une forme hétéroclite, car aucune uniformisation n'a été instituée ; les techniques analytiques et les séquences d'analyse diffèrent d'un laboratoire à l'autre, les résultats quantitatifs sont souvent calculés de manières fort distinctes pour les mêmes produits ; les résultats eux-mêmes peuvent concerner un produit cible ou établir un profil partiel ou complet de l'échantillon.

Le corollaire de cette situation veut que, bien que tous les échantillons saisis soient dans une large mesure analysés, aucune utilisation des résultats rendus à la justice ne peut être tentée hors du cadre des tribunaux. L'exemple type est la statistique qui est faite par l'office central des stupéfiants qui ne recense sur les produits stupéfiants que le poids total de toutes les saisies au cours d'une année, par classe de produits et par canton. Ces chiffres, bien qu'ils doivent permettre de mesurer l'évolution du phénomène et son ampleur, ne montrent aucun intérêt stratégique et ne tolèrent aucun discours concret sur la situation réelle du marché. Il n'existe aucune rigueur d'évaluation en Suisse.

Ainsi, personne ne connaît objectivement l'organisation du marché suisse hormis ceux qui le détiennent. Personne ne peut dire, à un temps T, si la drogue vendue à Bâle est la même que celle vendue au Tessin ou à Neuchâtel. Aucune donnée n'est disponible sur la composition des stupéfiants saisis, sur les impuretés, les diluants et les adultérants qu'ils contiennent. Si l'on sait que l'origine de l'héroïne ou de la cocaïne, la méthode de fabrication utilisée ainsi que l'habitude du trafiquant peuvent être déterminées scientifiquement de manière relativement aisée, il est étonnant de constater qu'aucune structure n'ait été mise en place en Suisse, alors même que la plupart des pays européens (Autriche, Hollande, Allemagne, Grande Bretagne, Suède, etc.) ont officialisé ce type d'analyses et de compilations depuis plusieurs années. Ainsi, aucun interlocuteur helvétique ne peut participer à la dynamique de la lutte contre le trafic illicite en Europe et dans le monde.

Au niveau national, la lutte active contre le trafic illicite est rendue difficile par la structure fédérale helvétique. Grâce à l'analyse du profil des stupéfiants saisis par les polices cantonales,

- il est possible de réunir des données objectives sur l'organisation du marché, à l'intérieur d'un canton aussi bien qu'entre cantons (dans une ville et entre villes) ;
- des relations peuvent être établies alors même qu'elles seraient restées muettes et insoupçonnées par le seul moyen de l'enquête de police ;
- les analyses de profils peuvent réciproquement renforcer les liens établis par les enquêtes de police en apportant un moyen de preuve incontestable et une nouvelle arme pour compenser les effets de la raréfaction de l'aveu en matière de stupéfiants et des dénégations des trafiquants appartenant à des organisations criminelles étrangères ;
- ces moyens de preuve peuvent également intervenir au niveau des tribunaux et prendre part activement au procès pour démontrer objectivement l'étendue de l'activité d'un trafiquant ou prouver simplement son appartenance à un réseau.

Autre particularité de la lutte contre le trafic des stupéfiants, que ce soit sur le plan international ou national, même au niveau régional, si l'on double les effectifs de la police, le nombre de saisies sera multiplié. Lorsque les effectifs de police sont au plus haut, le nombre de saisies est au maximum ; en période de vacances, par exemple, le nombre de saisies diminue. Ce phénomène existe à quelque niveau de lutte que ce soit. Même la nature de la saisie, au-delà du type (héroïne ou cocaïne), dépend du travail de la police. Si celle-ci concentre ses efforts contre une organisation criminelle définie, les saisies concerneront cette organisation-là et le reste (ou une partie du reste) sera occulté. Si, par la gestion des informations qu'elle détient, la police s'engage dans une lutte contre le trafic de haschisch, c'est le marché de l'héroïne qui jouit d'une certaine quiétude, temporairement pour le moins. En bref, la police ne peut agir sur tous les fronts en même temps, ses effectifs ne le permettant pas, ni son organisation.

Ainsi, le contenu même des saisies n'est pas le reflet de l'activité criminelle, mais le reflet du travail de la police. Même s'il existe une interdépendance entre les actions mafieuses et la répression, la seconde ne peut présumer et anticiper le crime. La police fonctionne en général au coup par coup et passe d'une affaire à une autre sans qu'il existe un véritable fil conducteur. Le renseignement chimique s'intégrera dans un contexte connu parce que voulu, et contribuera à ajouter de la qualité dans la gestion des enquêtes, voire apportera un autre point de vue sur l'organisation du trafic et de ses acteurs.

L'analyse des drogues par l'étude de leurs profils chimiques peut revêtir une part importante de l'investigation criminelle, car le renseignement est une composante essentielle et sensible de l'enquête, tant au niveau stratégique qu'opérationnel. Elle peut servir aussi de moyen de preuve objectif et permettre de déférer un revendeur devant un tribunal en prouvant qu'il a vendu une drogue déterminée à des consommateurs, prouvant ainsi l'étendue de son activité délictueuse. Quels enquêteurs, au plan régional ou local de la lutte, ne sont pas à la recherche d'informations sur la constitution du marché illicite contre lequel ils doivent opérer et sur les réseaux de distribution ? Même au plan national ou international, l'étude des profils chimiques des drogues peut apporter des informations extrêmement précieuses, car objectives, permettant l'identification de nouveaux réseaux, de nouvelles voies d'accès entre les pays producteurs et consommateurs, entre le lieu d'entreposage d'un stock de drogue et les points de vente.

La science du profilage des produits stupéfiants (qu'ils soient d'origine naturelle - cocaïne, héroïne, dérivés du cannabis - ou synthétiques - dérivés amphétaminiques) a terriblement progressé ces quinze dernières années. Aujourd'hui, elle est prête à être mise au service de la lutte contre le trafic en Suisse. Les renseignements qu'elle est susceptible de fournir peuvent servir, avec l'aide de l'analyse criminelle, à établir des stratégies et à définir des objectifs tant au niveau national qu'au niveau des voies d'acheminement. La compréhension et l'appréhension des marchés des produits stupéfiants sont enfin du domaine du possible, ce qui ne l'était simplement pas par le passé. Une nouvelle ère doit commencer, celle du 21ème siècle.

1. Le processus du renseignement

Les stratégies possibles de lutte contre le trafic de stupéfiants sont multiples. Elles visent à agir sur les structures du trafic, de manière préventive ou répressive, à chaque étape du processus qui part de la production pour aboutir à la distribution et à la consommation des stupéfiants dans les marchés locaux. Pour les autorités judiciaires, il s'agit d'opter pour les stratégies et les méthodes opérationnelles les plus efficaces en fonction des ressources disponibles. Une démarche axée sur le *renseignement* (*Intelligence-Led)* consiste à fonder ses choix d'actions sur des connaissances solides des mécanismes criminels en jeu, obtenues par le traitement structuré et systématique des données disponibles.

Une telle approche nécessite donc de formaliser et de mettre en œuvre des processus de traitement des informations dont la finalité est d'engendrer des renseignements. La première étape consiste à recueillir les données pertinentes auprès de sources humaines ou électroniques et à les organiser. Une fois cette information colligée dans des bases de données, elle est interprétée afin de générer des hypothèses utiles et de formuler des recommandations qui aident à la prise de décision[3].

Les quantités considérables de stupéfiants saisis auprès des trafiquants constituent des jeux de données susceptibles d'alimenter utilement de tels processus. Une question préliminaire essentielle reste néanmoins largement en suspens : quels sont les renseignements qu'il est possible d'extraire à partir de ces produits illicites?

Les expériences suisses de profilage visent à répondre à cette question en répertoriant systématiquement les caractéristiques chimiques et physiques de divers produits stupéfiants saisis. Les jeux de données ainsi constitués sont interprétés dans la perspective de produire des renseignements utiles sur le trafic de stupéfiants, tant à un niveau opérationnel que stratégique.

Les processus judiciaires typiques exigent une analyse des aspects qualitatifs et quantitatifs relatifs à la seule substance interdite. Ces derniers sont généralement interprétés comme des éléments de preuves sur lesquels la justice peut se baser pour punir en fonction des règles en vigueur. Une démarche fondée sur le renseignement est plus ambitieuse et élargit les formes d'exploitations possibles des collections de produits stupéfiants saisis.

Un processus de renseignement basé sur les saisies de produits stupéfiants peut être représenté sous une forme très générale par la Figure 1. Plusieurs organisations coopèrent à son fonctionnement selon une distribution des tâches qui doit être définie, mais qui correspond globalement aux compétences de chaque participant. Par exemple, les polices et les gardes-frontière saisissent les stupéfiants, les transmettent à des laboratoires, parfois éloignés, qui les analysent et interprètent les résultats. Toutes ces opérations se déroulent dans un contexte juridique et économique qui délimite un cadre parfois très contraignant et souvent spécifique à chaque juridiction.

Le renseignement, pour être utile, doit être transmis en temps réel, c'est-à-dire dans un délai compatible avec l'évolution des phénomènes criminels traités. Une analyse stratégique, permettant d'évaluer l'ampleur, l'évolution et l'impact du trafic s'accommode plus facilement de retards dans la mise à disposition des informations qu'une analyse opérationnelle pour laquelle le renseignement est susceptible d'orienter une enquête en cours. La rapidité de l'acheminement des saisies vers le laboratoire qui extrait les caractéristiques physiques et chimiques des échantillons remis est donc cruciale. Une fois les

[3] Ribaux O., Girod A., Walsh S. J., Margot P., Mizrahi S. and Clivaz V. *"Forensic intelligence and crime analysis"*, *Law, Probability and Risk*, 2003 ; 2 (1) : pp. 47-60.

stupéfiants en possession du (ou des) laboratoire(s) participant à la démarche, il est possible de procéder aux analyses physiques et chimiques qui permettront d'extraire les caractéristiques des produits saisis. Cependant, l'ensemble de la saisie ne peut pas être systématiquement analysé, car cette opération coûterait bien trop cher et prendrait beaucoup trop de temps. Ainsi, seules de petites quantités (échantillons) sont sélectionnées pour être analysées. On supposera ensuite que les grandeurs mesurées (le profil) représentent bien les caractéristiques de l'ensemble du lot saisi. Cette opération, appelée "*échantillonnage*", suit des stratégies basées sur des considérations d'ordre statistique.

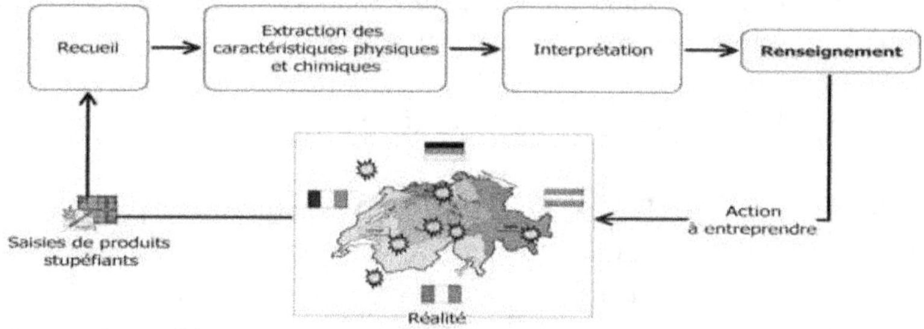

Figure 1 - Intégration du renseignement

Dans la perspective de constituer des collections de données à l'échelle internationale, il est impensable de centraliser l'ensemble des traitements dans un seul laboratoire. Il faut donc s'assurer que tous les participants utilisent les mêmes méthodes, de la même manière, avec des installations semblables pour que les résultats obtenus puissent être comparables. Cette recherche d'harmonisation n'est pas terminée, tant les paramètres à prendre en compte sont nombreux et les méthodes appliquées sont sensibles.

Les données sont ensuite organisées dans une mémoire, généralement informatisée. Les saisies ne sont pas stockées individuellement, mais elles sont mises en relation et regroupées dans des classes qui indiquent une proximité entre les profils extraits. Comment définir ces classes et comment les interpréter ? Les relations entre les saisies sont de différentes natures, à différents niveaux : signifient-elles que les stupéfiants appartiennent au même lot, sont distribués dans le cadre de mêmes réseaux ou proviennent de la même région?

La question de la représentativité des données répertoriées mérite une attention particulière. Montrent-elles plutôt l'activité de la police ou les données indiquent-elles des caractéristiques réelles du trafic? Une description claire des conditions dans lesquelles les saisies ont été effectuées peut donner des indications qu'il s'agira d'intégrer aux interprétations.

Une fois la mémoire constituée, il s'agit évidemment de l'exploiter, c'est-à-dire d'en extraire des renseignements. Pour cela, il est possible d'appliquer des techniques automatisées de reconnaissance de structures (*patterns*) dans de grandes quantités de données. Ces *patterns* doivent attirer l'attention sur des jeux de données spécifiques particulièrement intéressants. Par exemple, un composé peut apparaître en quantité inhabituelle durant une période déterminée. Ces structures peuvent être cachées dans les grandes quantités de données répertoriées et sont pourtant susceptibles de fournir des renseignements précieux sur l'évolution d'un trafic.

L'intégration des renseignements dans les connaissances liées aux enquêtes judiciaires et aux analyses stratégiques donne des indications sur les exploitations possibles de ces jeux d'informations.

2. Gestion, visualisation et exploitation des liens

Les outils de gestion et de visualisation des liens[4]

La diffusion de l'information concernant les liens chimiques mis en évidence par le procédé décrit auparavant est une étape cruciale nécessitant une gestion rationnelle et cohérente de ceux-ci. Elle est avantageusement mise en œuvre par l'utilisation de logiciels informatiques spécialement conçus pour gérer (iBase®[5]) et représenter (Analyst's Notebook®[4]) ce genre de données.

[4] Guéniat O. et Esseiva P. op. cit.
[5] i2 Ltd.

Architecture de la base de données

L'architecture de la base de données est articulée de la manière suivante : chaque échantillon est entré dans la base de données en spécifiant le type de produit rencontré, sa pureté, ses produits de coupage ainsi que la classe chimique (entité regroupant des échantillons ayant un même profil chimique) à laquelle il appartient (voir Figure 2).

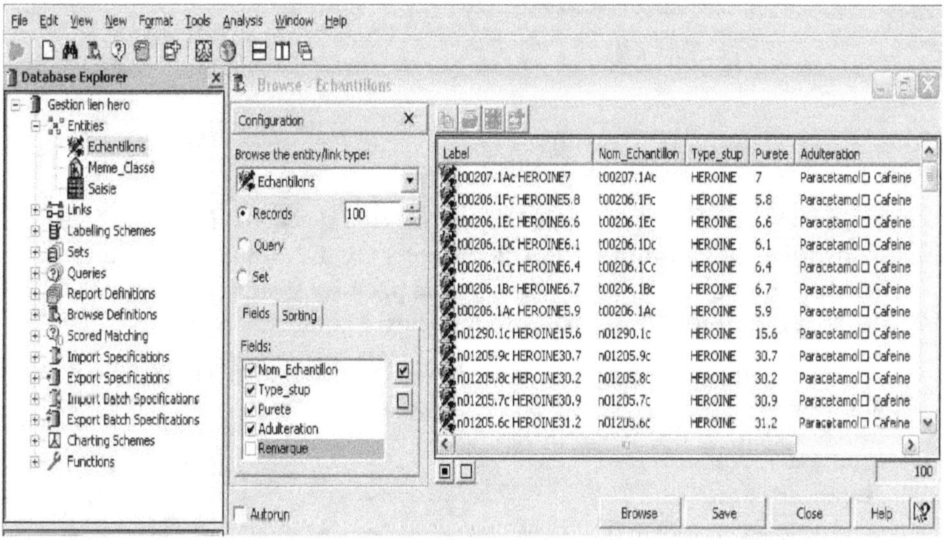

Figure 2 - Exemple d'une page de la base de donnée iBase® adoptée pour les échantillons.

L'échantillon est l'unité centrale de la gestion des liens, il constitue le niveau fondamental. De ce niveau fondamental se dégage un niveau général défini par l'appartenance de l'échantillon à une saisie (données circonstancielles) et son appartenance à une classe chimique (données analytiques, chimiques). Les classes chimiques sont liées directement avec les échantillons d'une saisie et non avec cette dernière. En effet, une saisie peut être constituée d'échantillons ayant des profils chimiques différents (plusieurs groupes) pouvant être liés à des classes différentes. Le schéma ci-après illustre ce qui précède (Figure 3). Il a été réalisé avec Analyst's Notebook®, un logiciel connecté de manière dynamique et bidirectionnel à la base de données. En effet, il permet non seulement de visualiser les entités et leurs relations, mais en plus les modifications effectuées sur le schéma par l'utilisateur sont reprises automatiquement dans la base de données.

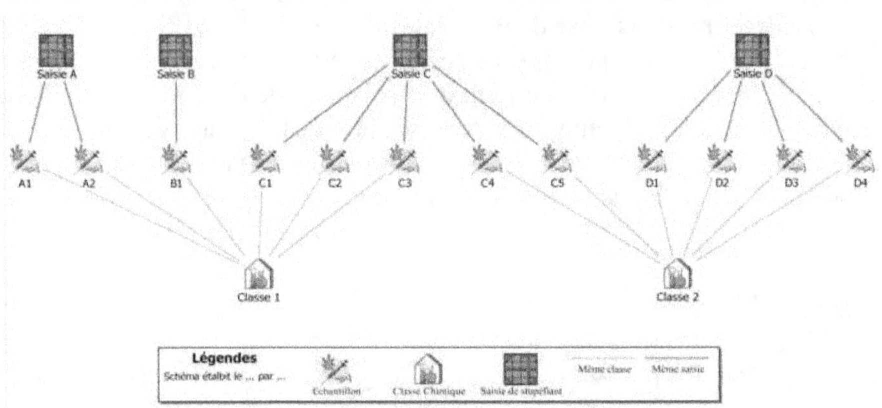

Figure 3 - Schématisation de la construction des liens. La saisie C est constituée de 2 groupes. Les échantillons C1, C2, C3 et C4, C5 ont des profils chimiques différents puisque le premier groupe appartient à la classe chimique N°1 et le second à la classe chimique N°2.

Une autre entité répertoriée est la saisie. L'interface, servant à entrer les informations, est représentée par la Figure 4.

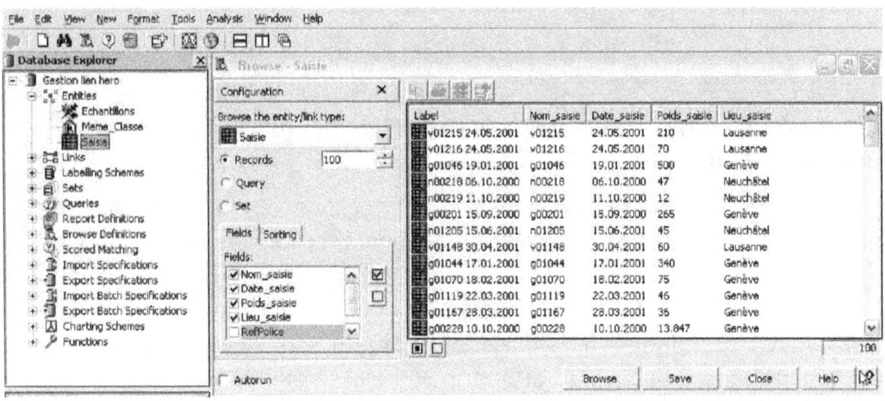

Figure 4 - Exemple d'une page de la base de donnée iBase® adoptée pour les saisies.

Les informations enregistrées au sujet des saisies, sont, entre autres, le nom de cette dernière, sa référence police, sa date et son lieu de saisie. Enfin la dernière entité représentée concerne les différentes classes chimiques mises en évidence au sein de la base de données (voir Figure 5).

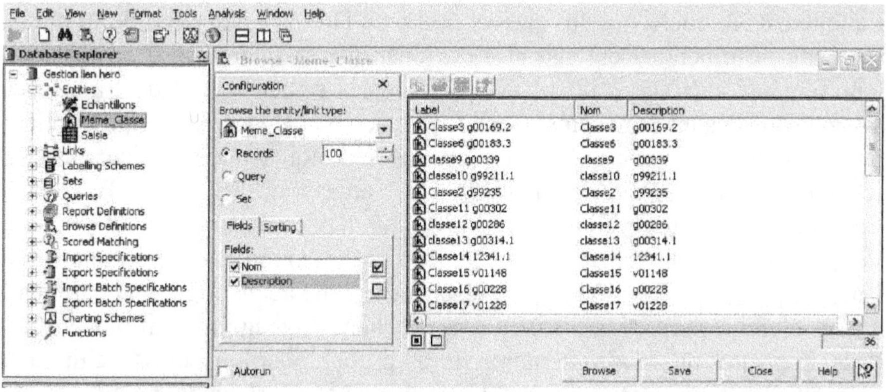

Figure 5 - Exemple d'une page de la base de données iBase® adoptée pour les classes chimiques.

L'exploitation des liens : structures d'inférences

Les liens chimiques ou physiques, regroupés dans des classes, ont sans aucun doute un potentiel de description de phénomène ou de séries. Néanmoins, il est important de garder à l'esprit que ces types de bases de données, de part la complexité associée à leurs entités, ne peuvent pas être utilisées de la même manière que les bases de données ADN ou celle des empreintes digitales (AFIS)[6]. En effet, ces bases de données sont efficaces pour identifier la source de ces traces (le suspect a le même ADN que la trace trouvée sur la scène de crime). Par contre deux échantillons ayant un profil chimique similaire peuvent être liés du niveau de la production à celui de la distribution.

L'utilisation des liens pour confirmer les informations de police

Lors des investigations policières sur un réseau de distribution, les enquêteurs obtiennent de nombreuses informations circonstancielles. Ils se basent sur ces informations pour inférer des liens (et les qualifier) pouvant exister entre les différentes personnes actives au sein d'un réseau de distribution. Les liens ainsi mis en évidence par les moyens traditionnels d'enquêtes peuvent être confirmés voire renforcés par l'existence d'un lien physique ou chimique. Ceux-ci peuvent également mettre en évidence de nouveaux liens d'enquête non perçus, comme nous le verrons par la suite.

---

[6] Ribaux O. et Margot P. "*Inference structures for crime analysis and intelligence : the example of burglary using forensic science data*" *Forensic Science International*, 1999 Vol. 100, pp. 193-210.

L'exemple de la Figure 6 illustre ces propos. Dans l'affaire X, l'enquêteur a conclu que les saisies A, B, C, D et E font partie de la même structure criminelle. Ces cinq saisies, ainsi que les éléments d'enquête qui leur sont associés, constituent la vision que la police se fait du trafic. Les saisies B et D sont connectées par l'intermédiaire de la saisie C qui contient des échantillons appartenant aux classes chimiques de ces deux saisies (encadré 1). Ainsi, la vision de l'enquêteur concernant les saisies B, C et D est confirmée par le profilage.

On peut également expliciter, par cet exemple, l'importance de l'échantillonnage. En effet, la saisie C possède des échantillons appartenant à trois classes chimiques distinctes. Si l'échantillonnage n'avait pas été fait dans l'optique du renseignement, il est probable qu'une classe chimique n'aurait pas été mise en évidence. Cette lacune aurait donc débouché sur une perte d'information. Par exemple la classe chimique du milieu de l'encadré 1 montre un lien vers une autre saisie qui permet d'agrandir la vision du trafic ; si cette dernière n'avait pas été échantillonnée cette information aurait été perdue.

Un cas particulier de cette interaction entre les liens obtenus par les profils chimiques et les informations policières est schématisé à la Figure 7 Ici, les liens mis en évidence sont issus des contrôles téléphoniques rétroactifs (CTR), soit des données de facturation. Un indicateur déclare que les deux personnes se contactent indirectement via quelques cabines téléphoniques situées sur les lieux d'achats et de ventes qu'elles fréquentent. Les nombres inscrits sur les liens indiquent le nombre d'appels et la flèche la direction de l'appel. Le résultat de l'analyse des CTR met bien en évidence ce système (encadré 1) et les analyses des stupéfiants saisis confortent cette hypothèse, car les personnes étaient en possession d'échantillons appartenant à la même classe chimique (encadré 2).

La réciproque est aussi envisageable : des données de police peuvent permettre de lier deux classes chimiques distinctes selon nos méthodes d'analyses et nos critères. Ainsi, les deux sources d'informations complètent la vision des structures et leur fonctionnement. Elles permettent de maintenir à jour la mémoire de la base de données et les inférences qu'on peut en extraire. L'interprétation des résultats obtenus par les enquêteurs au regard des liens physico-chimiques est un élément essentiel permettant de faire évoluer les raisonnements aboutissant à la production de renseignements.

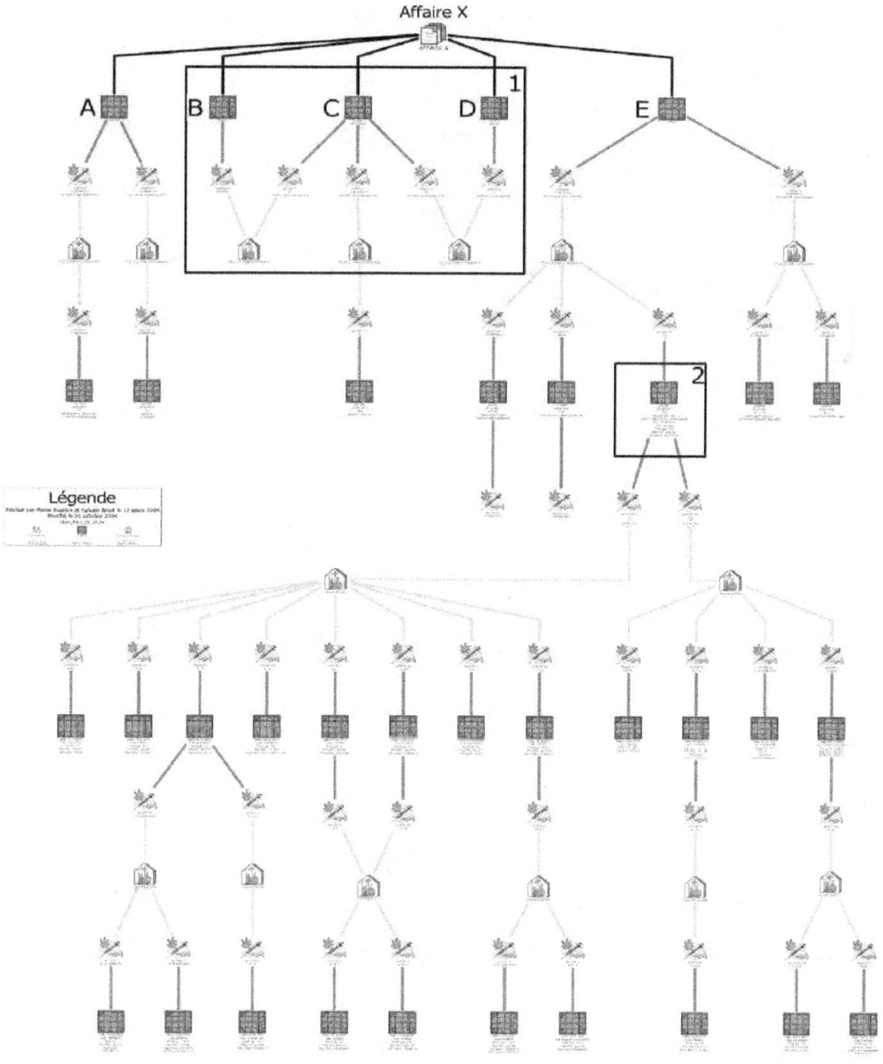

Figure 6 - Exemple de confirmation des informations d'enquête (encadré 1) et de priorités d'interventions que l'on pourrait effectuer en choisissant d'investiguer en premier lieu les informations relatives à la saisie entourée de l'encadré 2.

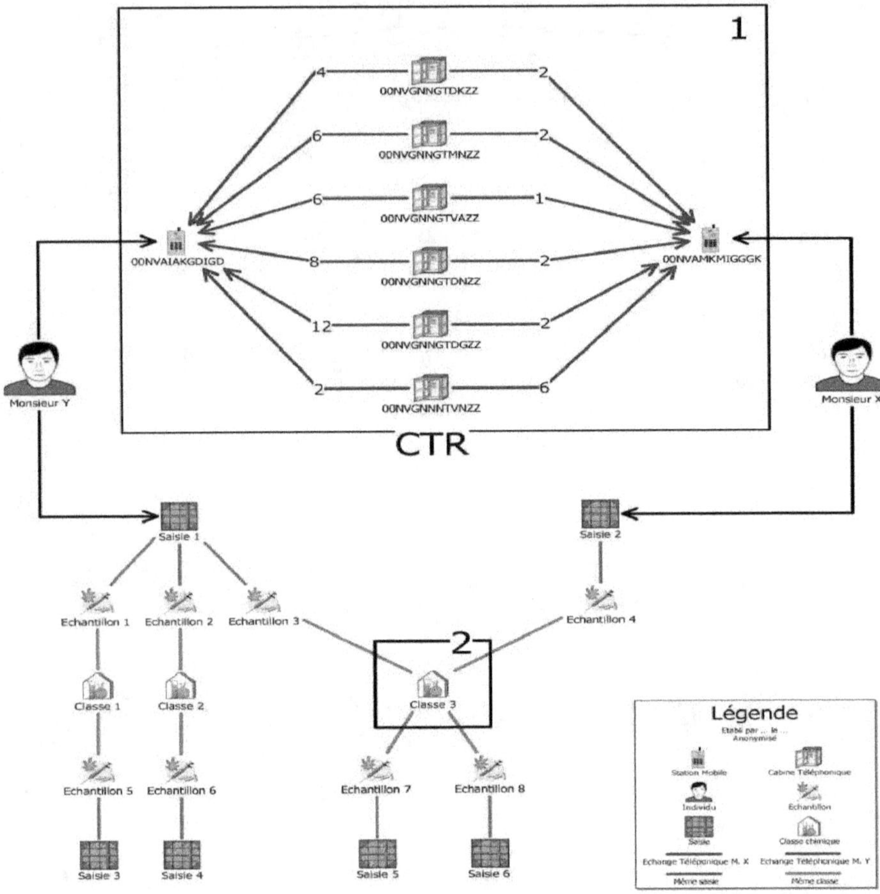

Figure 7 - Intégration des informations policières.

Exemple

Dans l'affaire 1, présentée sur la Figure 8, de la cocaïne a été trouvée dans des éventails lors de la saisie A. Il s'est avéré que tous les échantillons issus des éventails appartiennent à la même classe chimique, de même que les échantillons d'une nouvelle saisie d'éventails (saisie B) ayant eu lieu quelques jours plus tard. Les deux sources d'informations (conditionnement et classe chimique) se recoupent. Quelques mois plus tard, une nouvelle saisie (saisie C), dont les échantillons appartiennent à la même classe chimique que les échantillons des saisies A et B, est effectuée au domicile d'un revendeur. Dans le cas présent, le conditionnement, vu son originalité, peut être considéré comme un marqueur d'un réseau de distribution. Le fait d'avoir saisi des échantillons appartenant à la classe chimique 1, comme c'est le cas dans l'encadré 1, permet à l'enquêteur d'être informé du fait que ce réseau de distribution est vraisemblablement à nouveau actif.

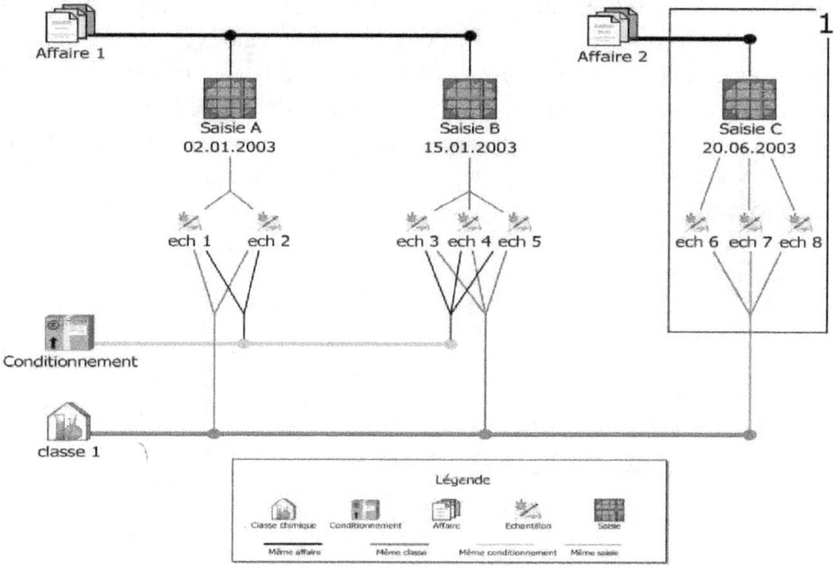

Figure 8 - Importance des informations d'enquête et alerte sur des phénomènes (schéma temporel).

L'utilisation des liens pour orienter l'investigation et suggérer des priorités

La visualisation des liens entre plusieurs saisies peut diriger l'enquête dans une voie ignorée précédemment. La détermination des liens permet également d'être à la source de nouvelles enquêtes ou de fixer des priorités d'interventions, lorsqu'une personne se retrouve liée à d'autres individus et joue un rôle central dans le cadre d'un micromarché. Les liens peuvent mettre en évidence des connexions insoupçonnées par les moyens habituels d'enquête, car elles sont souvent volontairement dissimulées par les consommateurs et les trafiquants.

La Figure 6, encadré 2, indique une saisie contenant plusieurs échantillons ayant des profils chimiques différents. Cette affaire est la seule entité qui lie le haut et le bas du schéma. Il serait donc prioritaire de s'intéresser aux protagonistes de cette saisie, car il semble qu'ils jouent un rôle central dans l'affaire en question.

Estimateur de l'ampleur du trafic

Les informations sur les profils chimiques (y compris les produits de coupage) et physiques (dont celles spécifiques aux comprimés) peuvent être utilisées pour estimer la durée pendant laquelle un lot a été distribué, sa masse totale ainsi que sa distribution géographique. La Figure 9 montre la durée de vie de différents lots. La longueur des segments horizontaux est proportionnelle à la durée d'observation de la classe chimique, alors que l'épaisseur est proportionnelle à la quantité de stupéfiant saisie. Les paragraphes suivants sont consacrés plus spécifiquement aux produits de coupage et aux différences entre les stupéfiants saisis sous forme de poudres et sous forme de comprimés.

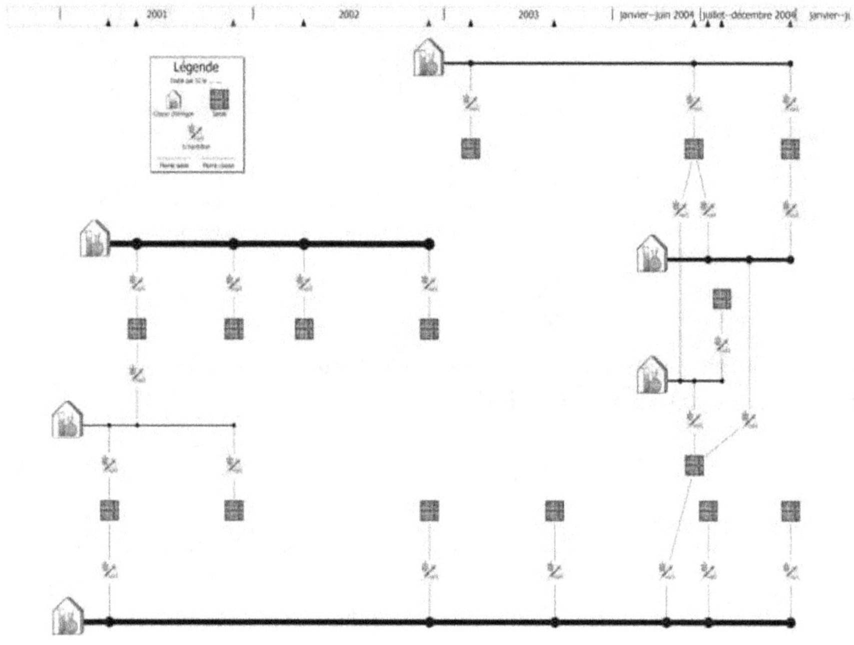

Figure 9 - Estimation de la durée de vie et de la quantité totale écoulée de 6 classes chimiques.

Les produits de coupage

La plupart des stupéfiants sont vendus sous forme de poudre ce qui permet, à chaque niveau de la distribution, de les diluer avec des produits de coupage. Cette augmentation de volume permet de vendre davantage de doses et d'augmenter le chiffre d'affaires. Le profil des produits de coupage peut donc changer à chaque niveau de la chaîne du producteur aux distributeurs en passant par les grossistes. Cependant, la méthodologie utilisée à l'Institut de Police Scientifique (IPS) de l'Ecole des Sciences criminelles de la Faculté de droit de l'Université de Lausanne, de par l'analyse des composés principaux de l'héroïne et de la cocaïne, permet d'identifier un lot de production. Ainsi, la pureté du lot et la combinaison des substances de coupage sont des informations qui permettent d'énoncer des hypothèses sur le niveau de trafic auquel la saisie appartient.

Dans le cas des comprimés, le processus d'ajout de substances prend fin lors de la phase de compression. Le comprimé ainsi constitué ne peut plus être modifié. Il contient des substances de type excipients ou produits de coupage qui sont utilisées soit pour faciliter la compression, soit pour diluer le stupéfiant pour des raisons de rentabilité. Dès lors, les hypothèses relationnelles relatives à ces substances diffèrent de celles pouvant être émises avec les stupéfiants sous forme de poudre. Le lien se situe directement au niveau de la compression, comme schématisé à la Figure 10. Il permet donc de remonter au niveau du laboratoire de fabrication de la pilule – si le mélange est suffisamment discriminant – qui peut être soit le laboratoire de synthèse si ce dernier est équipé d'une presse, soit comme schématisé ci-dessous, un autre laboratoire spécialisé uniquement dans la compression des pilules.

Cependant il faut noter que la présence de mélanges différents n'implique pas que l'étape de compression a été effectuée dans un autre laboratoire. Cela peut simplement signifier que le producteur s'est fourni ailleurs.

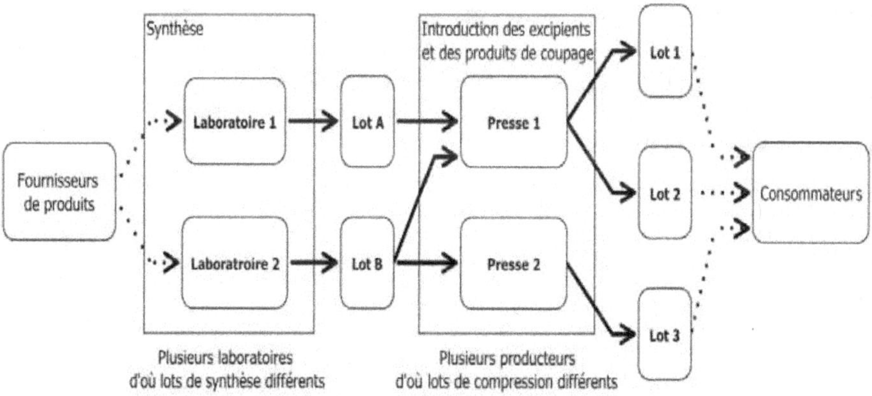

Figure 10 - Etapes de production des comprimés d'ecstasy. Le lot 1 et le lot 2 ont le même logo, mais pas le même profil chimique. Le lot 2 et le lot 3 ont le même profil chimique mais pas le même logo.

3. Communication de l'information

Visualisation : mise en valeur de l'information

L'interaction de iBase® avec l'Analyst's Notebook® en fait un outil remarquable de visualisation et d'interprétation. iBase® permet, avec les différentes entités (saisies, échantillons, classes physico-chimiques) qu'il répertorie, le développement de tous les liens en relation avec un élément spécifique de la base de données. Un exemple de résultat est représenté à la Figure 6 et à la Figure 7.

Formation

La principale difficulté à la mise en place d'un tel processus consiste à trouver les interlocuteurs adéquats pour gérer et interpréter cette nouvelle information. Bien que destinée aux enquêteurs des brigades stupéfiants, il semble utopique de demander à ces derniers de gérer ces données. Ceci pour deux raisons principales : la première relève d'un point de vue purement pratique qui découle de la charge de travail importante qui incombe déjà aux investigateurs et la seconde du fait de la complexité de cette information. Cette complexité nécessite une formation spécifique, ainsi que du temps afin d'extraire tout le potentiel de ce nouvel outil.

Idéalement, la création d'une entité fonctionnant à la manière d'une cellule d'analyse criminelle qui centralise, analyse et redistribue l'information serait souhaitable. Elle devrait permettre d'émettre des hypothèses relatives à la structure des associations criminelles et d'en expliquer les relations. En adoptant une approche hypo-déductive, en émettant certaines hypothèses de travail qui sont ensuite évaluées au travers des informations récoltées et des informations de l'enquête policière, elle devrait permettre l'utilisation rationnelle de ces données.

Ainsi le schéma de gestion et d'interprétation des liens peut être représenté selon la Figure 11.

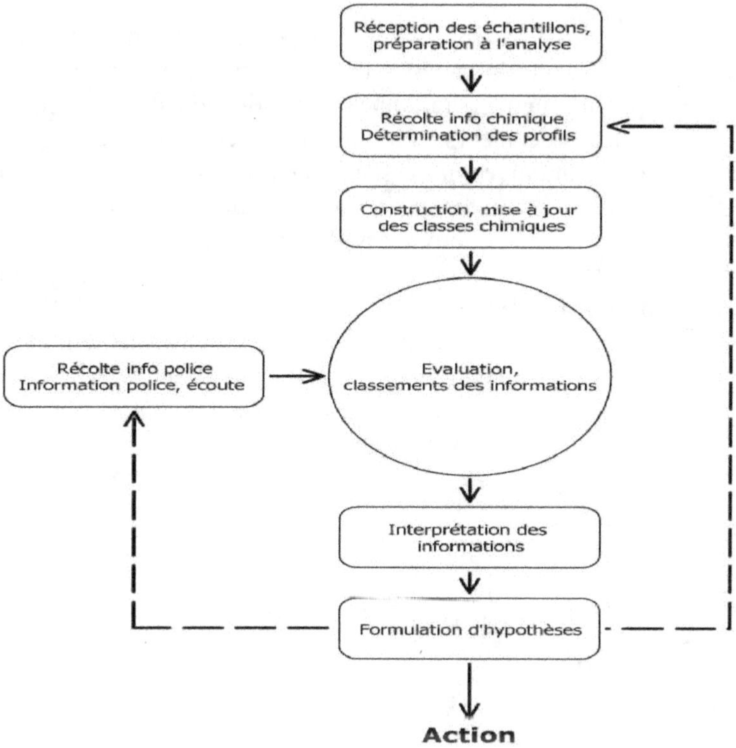

Figure 11 - Schéma de gestion et d'interprétation des liens chimiques.

En résumé, les différents liens gérés dans iBase® fournissent une vision actualisée de l'évolution du marché de distribution des produits stupéfiants cibles de la police. Ainsi, lors de la mise en évidence de l'activité d'un réseau de distribution, représentée par une classe d'échantillons, il est possible d'effectuer des liens entre différentes saisies. Par extension, on peut lier les saisies de produits stupéfiants aux personnes impliquées et, par conséquent, obtenir une représentation aussi proche et complète que possible de la situation réelle. La démarche visant à gérer des liens entre des saisies de stupéfiants permet aux forces de police de fixer des priorités sur les actions à mener dans le temps et dans l'espace, de même que de fournir une information consolidée de l'étendue du réseau lors d'une arrestation. Tout cela est vrai à la condition que l'information de lien chimique soit obtenue en temps réel.

4. Etat des lieux en Suisse, perspectives et conclusions

Depuis 1992, l'IPS, à travers son groupe spécialisé dans l'analyse des stupéfiants, sensibilise les policiers à l'utilité du profilage physico-chimique. Des renseignements, tant opérationnels à destination des enquêteurs, que stratégiques pour les décideurs, sont communiqués en sus des informations qualitatives et quantitatives nécessaires aux magistrats pour déterminer l'infraction commise. Très vite, les policiers ont saisi la plus value à l'enquête que pouvait leur apporter ce nouveau type de renseignement.

Grâce à l'intérêt suscité, les stupéfiants saisis dans les cantons de Genève, Vaud, Neuchâtel, Jura, Tessin, par la police judiciaire fédérale, ainsi que par la police de la ville de Lausanne, sont analysés dans les laboratoires de l'IPS. Une démarche coordonnée avec la police de la ville de Zurich (*Wissenschaftlicher Dienst*) permet une analyse représentative des saisies d'amphétamines et dérivés, sur un large territoire (Figure 12).

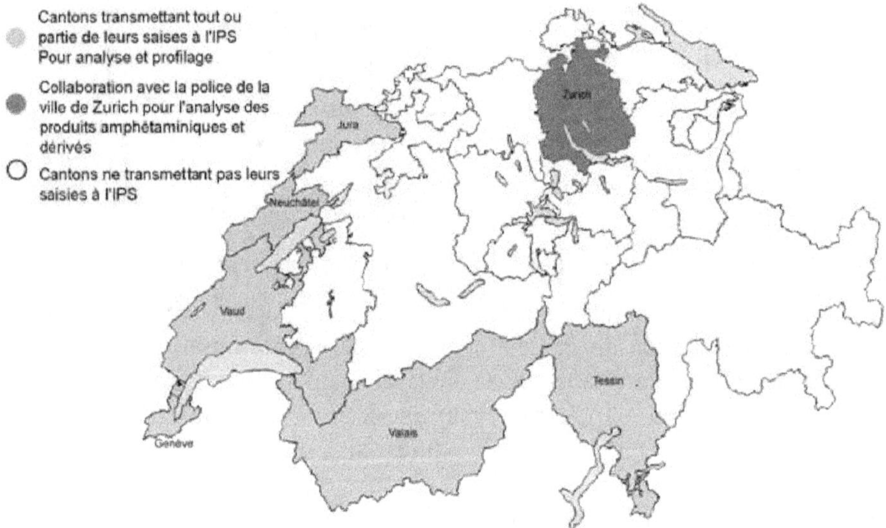

Figure 12 - Vue d'ensemble des cantons transmettant des stupéfiants à l'IPS

Les données portent donc sur l'ensemble des parties ouest et sud du pays, ainsi que sur la région zurichoise pour les produits amphétaminiques et dérivées. On peut regretter l'absence d'une structure centralisée ou d'un réseau de laboratoires qui utiliseraient des méthodes harmonisées. Cette absence de coordination a pour conséquence de masquer une partie des liens, rendant une vision nationale impossible (problème appelé "*linkage blindness*"). Toutefois, la représentativité des données est suffisamment bonne pour disposer d'un système opérationnel d'analyse systématique des stupéfiants saisis capable de fournir des renseignements opérationnels concrets aux policiers dans une région limitée. Sur la base des expériences réalisées, il est maintenant possible de définir les contours d'un processus plus ambitieux, couvrant une région plus large.

1600 analyses, pour 260 cas en moyenne, sont effectuées chaque année. Les stupéfiants les plus analysés sont l'héroïne, puis la cocaïne, et enfin les dérivés amphétaminiques et le chanvre. Les divers autres stupéfiants, tels que l'amphétamine, la méthamphétamine, le khat, les psilocybes, le LSD, etc., ne sont saisis que de manière anecdotique dans les régions concernées.

Actuellement, le processus de profilage développé à l'IPS est opérant. L'originalité de la démarche découle du fait que cette dernière est axée sur une action opérationnelle, utilisable directement par les brigades des stupéfiants des organes locaux de poursuites pénales. L'aspect du profilage, incluant les méthodes analytiques, statistiques et informatiques, a été testé et développé dans le but de permettre la mise en évidence rapide de liens entre échantillons de stupéfiants. Le défi consistait à gérer les liens chimiques d'une manière cohérente tout en offrant la possibilité d'une visualisation optimale de la configuration de ces derniers, indispensable à l'interprétation et à la distribution de cette information. Ce travail a contribué à montrer l'énorme potentiel dans l'investigation policière que présentent les liens entre les saisies sur des marchés régionaux différents.

La méthodologie et le prototype mis en place se sont révélés efficaces et ont permis de gérer des volumes importants d'échantillons (environ 3000 échantillons d'héroïne et 2800 de cocaïne). Les résultats prometteurs ont été confirmés et utilisés par les organes judiciaires. L'étape suivante devrait se focaliser sur l'implémentation de ce modèle de manière plus systématique et si possible au niveau national voire international. Cette phase contraignante d'harmonisation est néanmoins une étape nécessaire, si l'on veut extraire le maximum du potentiel de renseignement que recèlent les liens mis en évidence. De plus, les relations obtenues sont effectuées entre les différents cantons, dont l'IPS analyse les échantillons. Par ailleurs, des saisies d'héroïne de grande taille effectuées dans le canton du Tessin possèdent des liens avec des échantillons saisis dans les cantons de Genève, Vaud et Neuchâtel. Or, la dynamique de distribution suisse montre que les stupéfiants entrant par le Tessin approvisionnent les régions de Berne et

Zurich qui sont, avec la région de Bâle, les principaux centres de stockage de produits stupéfiants.

Dès lors, il paraît essentiel d'étendre la vision actuelle pour obtenir une évaluation plus pertinente de la taille et de la dynamique du marché suisse. La mise en place d'un groupe en charge de récolter cette information et possédant une vision plus globale des connexions pouvant intervenir entre les différentes affaires est, selon nous, une condition nécessaire au succès d'une telle entreprise.

Cette nécessité d'harmonisation de la transmission et de l'accessibilité de l'information a été intégrée dans la nouvelle base JANUS de la Police Judiciaire Fédérale. Ce système informatisé, utilisé par toutes les polices suisses, regroupe les données relatives au crime organisé, comme la fausse monnaie, le trafic d'êtres humains, la criminalité économique, le blanchiment d'argent ou encore le trafic de stupéfiants[7]. Depuis 2005, un champ spécifique au profilage des produits stupéfiants a été introduit. Cette évolution constitue une avancée remarquable au niveau de l'utilisation des liens chimiques découlant de l'analyse des produits stupéfiants. En effet, à notre connaissance il s'agit de la première base de données regroupant dans une même architecture des informations de polices traditionnelles et des informations de profilage.

Cette initiative offre la possibilité d'étudier les relations entre ces différentes sources d'informations et de pouvoir évaluer les hypothèses relatives à la structure d'un marché ou d'un trafic (validation, signification, phénomènes).

En conclusion, les liens obtenus au moyen du profilage, additionnés aux informations traditionnelles, peuvent être exploités afin de mieux connaître la structure du marché et d'appliquer des stratégies d'investigations à moyen et long terme. L'enquêteur aura donc à disposition l'organigramme de toutes les saisies liées chimiquement à la sienne. La démarche visant à combiner les informations investigatrices aux données physico-chimiques implique nécessairement la mise en place d'une entité au sein de la police à même de pouvoir gérer ce type d'information, entité qui fait défaut aujourd'hui.

[7] Loi fédérale du 7 octobre 1994 sur les Offices centraux de police criminelle de la Confédération, RS 360.0 – http://www.admin.ch/ch/f/rs/c360.html.

L'HARMATTAN, ITALIA
Via Degli Artisti 15 ; 10124 Torino

L'HARMATTAN HONGRIE
Könyvesbolt ; Kossuth L. u. 14-16
1053 Budapest

L'HARMATTAN BURKINA FASO
Rue 15.167 Route du Pô Patte d'oie
12 BP 226 Ouagadougou 12
(00226) 76 59 79 86

ESPACE L'HARMATTAN KINSHASA
Faculté des Sciences Sociales,
Politiques et Administratives
BP243, KIN XI ; Université de Kinshasa

L'HARMATTAN GUINEE
Almamya Rue KA 028 en face du restaurant le cèdre
OKB agency BP 3470 Conakry
(00224) 60 20 85 08
harmattanguinee@yahoo.fr

L'HARMATTAN COTE D'IVOIRE
M. Etien N'dah Ahmon
Résidence Karl / cité des arts
Abidjan Cocody 03 BP 1588 Abidjan 03
(00225) 05 77 87 31

L'HARMATTAN MAURITANIE
Espace El Kettab du livre francophone
N° 472 avenue Palais des Congrès
BP 316 Nouakchott
(00222) 63 25 980

L'HARMATTAN CAMEROUN
Immeuble Olympia face à la Camair
BP 11486 Yaoundé
(00237) 99 76 61 66
harmattancam@yahoo.fr

L'HARMATTAN SENEGAL
« Villa Rose », rue de Diourbel X G, Point E
BP 45034 Dakar FANN
(00221) 33 825 98 58 / 77 242 25 08
senharmattan@gmail.com

637772 - Janvier 2016
Achevé d'imprimer par

1livre.com
du rêve à la réalité !

www.ingramcontent.com/pod-product-compliance
Lightning Source LLC
LaVergne TN
LVHW011442061026
849535LV00004BA/919